Ernst Meckelburg

PSI-Agenten

Ernst Meckelburg

PSI-Agenten

Die Manipulation unseres Bewußtseins

Mit 42 Fotos

Langen Müller

Bildnachweis

Archiv Autor: 2, 4, 5, 6, 7, 8, 12, 14, 14a, 16, 17, 18, 20, 21, 31, 32, 33, 34, 35, 36, 37, 38, 42a; Bearden: 30; Gerken: 22; Hesemann: 39; IPA Fraunhofer-Institut für Produktionstechnik und Automatisierung: 41; Mind Science Foundation: 28, 29; Naumow: 1, 13, 15; New York Public Library: 23; PSI TECH: 40; SRI: 3, 9, 10, 11, 24, 24a, 25, 26, 27; Stenzel: 42; Uphoff: 19

Vor- und Nachsatz: Technisierte Bewußtseinskontrolle, das heimliche Eindringen in den inneren Kosmos, *ist die ultimate Form geistiger Vergewaltigung – das Böse schlechthin.*

Gedruckt auf chlorfrei gebleichtem Papier

Vollständig neugefaßte, erweiterte und illustrierte Neuausgabe von »Geheimwaffe Psi« (Ullstein)

Umschlagentwurf: Wolfgang Heinzel
Umschlagfoto: Image Bank, München
Satz: Schaber Satz- und Datentechnik, Wels
Gesetzt aus 11/13 Punkt September auf Scantext 2000
Druck: Jos. C. Huber KG, Dießen
Printed in Germany
ISBN 3-7844-2513-5

Dank

Dieses Buch widme ich in Dankbarkeit all jenen, die sich um ein besseres Verständnis grenzwissenschaftlicher Phänomene – das Zusammenwirken von Bewußtsein und Materie – verdient gemacht haben: John Alexander, Colonel (Ret.) der US-Army; Thomas E. Bearden, Lt. Col. (Ret.), Nuklearphysiker und Flugabwehrspezialist; Erich von Däniken, Autor; Ed Dames, Major (Ret.), Präsident PSI TECH; Dr. med. Vladimir Delavre, Facharzt und Redakteur der Zeitschrift »Transkommunikation«; Dr. Brenda Dunne, Labor-Managerin des Princeton Engineering Anomalies Research Laboratory, Princeton University; Gert Geisler, Chefredakteur des Magazins »esotera«; Siegmar Gerken, Verleger; Dr. Paola Giovetti, Autorin; Richard Groller, Major, U.S.A.R., Defense Intelligence Agency; Prof. John Hasted, University London, Birkbeck College; Michael Hesemann, Autor und Verleger; Rainer Holbe, Autor und TV-Moderator; Barbara Iwanowa, Parapsychologin, früher Moskau (wo immer sie sich jetzt aufhalten mag); Robert G. Jahn, Professor für Luft- und Raumfahrt-Wissenschaften, Princeton University; Dr. Kurt Klein, Leitender Wissenschaftlicher Direktor a. D. der Bundeswehrakademie für Psychologische Verteidigung, Bonn; Peter Krassa, Journalist und Autor; Illobrand v. Ludwiger, Physiker und Systemanalytiker; Univ.-Professor Dipl.-Ing. Dr. techn. Franz E. Moser, Institut für Verfahrenstechnik, Technische Universität, Graz; Dr. med. Hans Naegeli-

Osjord, Spezialarzt FMH für Psychiatrie und Psychotherapie, Basel; Eduard Naumow, Präsident des »Zentrums für Psychotronik und Volksmedizin«, Moskau; Dr. H. E. Puthoff, Physiker, früher SRI, Menlo Park, Kalifornien; Prof. Dr. Dr. P. Andreas Resch, Verleger und Dozent an der Lateran-Universität, Innsbruck/Rom; Jack Sarfatti, Physiker; Prof. Dr. E. Senkowski, Physiker, Gesellschaft für Psychobiophysik e.V., Mitherausgeber von »Transkommunikation« und Autor; Prof. Dr. A. Stelter, Physiker; Dr. Berthold Schwarz, M. D., Psychiater, Vero Beach, Kalifornien; Walter H. Uphoff, New Frontiers Center, Oregon (USA).

Dem Verleger, Herrn Dr. Herbert Fleissner, und der Verlagsleiterin Dr. Brigitte Sinhuber danke ich für ihre Entschlossenheit, auch vor einem problematischen Thema nicht zu kapitulieren. Bedanken möchte ich mich auch bei meinem Lektor, Hermann Hemminger, der mit viel Geduld und Umsicht dieses Buch mitgestalten half, sowie bei meiner Familie, die mich bei Abfassung des Manuskripts liebevoll unterstützte.

Ernst Meckelburg

Inhalt

I

Begegnung in Basel

»Physikalische Theorien müssen unvollständig bleiben,
wenn beim Definieren der Realität
Bewußtsein nicht auf irgendeine Weise
als aktives Element miteinbezogen wird.«

PROFESSOR ROBERT JAHN, Princeton University, PEAR,
in *»Margins of Reality«*

Eduard Naumow. Wer kennt ihn nicht, den großen »alten« Mann der russischen Parapsychologie, den heutigen Präsidenten des »Zentrums für Psychotronik und Volksmedizin«?
Zu keiner Zeit hatte ich gehofft, ihm irgendwann einmal persönlich zu begegnen, ihm die Hände zu schütteln, mich mit ihm stundenlang ausgiebig über die Psi-Forschung in der ehemaligen Sowjetunion zu unterhalten. Und dann war doch alles ganz anders gekommen.
November 1992. Wieder einmal finden in Basel die nicht nur von Insidern geschätzten, stark frequentierten »Psi-Tage« statt. Die internationale Zusammensetzung des Publikums macht die Veranstaltung zu einem Medienereignis ersten Ranges. Ein Eldorado für all jene, die gern einmal »hinter die Kulissen« der Macher schauen möchten.
Eduard Naumow ist mit seinem Dolmetscher und einem Team profilierter Heiler angereist, um Experimentalvorträge zu halten und die zahlreichen Besucher über den derzeitigen Stand der paranormalen Heilung in Rußland zu

informieren. Moderator des von Naumow geleiteten Workshops ist Professor Dr. Dr. Andreas Resch, Innsbruck, ein langjähriger Freund, der uns, auf meine Bitten hin, unmittelbar nach der Veranstaltung zusammenführt.
Mir gegenüber sitzt ein schmaler, von jahrzehntelangen Entbehrungen und Enttäuschungen geprägter Mann, ein Mensch, an dem die Vergangenheit offenbar nicht spurlos vorübergegangen ist. Wir schauen uns lange in die Augen und verstehen uns auf Anhieb. Die Sympathie, die ich ihm entgegenbringe, beruht wohl auf Gegenseitigkeit.
Wir sprechen über all das, was mich brennend interessiert: Über die bis zum Ende des kalten Krieges mit hohem Aufwand betriebene sowjetische Psi-Forschung, die Leistungen der zahllosen russischen Spitzenmedien – Naturtalente, mit denen er jahrelang experimentierte – und über Naumows heutige Aktivitäten, die nahezu ausnahmslos auf das breite Spektrum der paranormalen Heilung abzielen.
Es ist ein offenes, herzliches Gespräch, in dessen Verlauf Naumow vieles von dem bestätigt, das ich bereits vor nahezu zwei Jahrzehnten aus sogenannten »Samisdatpapieren« und US-Geheimdienstdokumenten erfahren hatte, das jetzt zur Gewißheit wird: In der ehemaligen Sowjetunion untersuchten zahlreiche mit Psi-Experimenten betraute Wissenschaftler die Möglichkeit des Einsatzes paranormaler und paraphysikalischer Phänomene in militärischen und nachrichtendienstlichen Bereichen. Es gab dort (und natürlich auch in den USA) tatsächlich eine Entwicklung, die eindeutig destruktive Zwecke verfolgte und daher auch strengster Geheimhaltung unterlag. Naumow war aufgrund seiner engen Kontakte zur sowjetischen Psychotronik-Szene mit dieser Entwicklung wohlvertraut. Seine Bemühungen, sie aus den militärisch-strategischen Untiefen herauszuhalten, mit Wissenschaftlern im Westen ge-

meinsam nach den Ursachen der ihm in praxi vorgeführten Phänomene zu forschen, schlugen fehl. Schlimmer noch: Sie brachten ihm letztlich einige Jahre Arbeitslager und KGB-Überwachung ein.

Wir unterhalten uns über das inzwischen verstorbene hochbegabte Psychokinese-Medium Nina Kulagina, mit der ihn eine fünfundzwanzigjährige Freundschaft verband, über Tofik Dadaschew, mit dessen Hilfe Garri Kasparow 1985 Schachweltmeister werden konnte, über Albert Ignatenko, dem weltbekannten Suggestologen und Naumows Kontakte zu Oleg Kalugin, einem KGB-General, der paraphysikalische (psychotronische) Techniken militärstrategisch zu nutzen gedachte.

Es ist ein langes, ein gutes Gespräch. Unser Dolmetscher scheint sich nur noch mit Zigaretten und starkem Kaffee wachhalten zu können. Als wir uns dann am späten Abend verabschieden, umarmen wir uns wie alte Freunde. Ein glücklicher Tag geht zu Ende. Wir versprechen einander, in Verbindung zu bleiben. Doswidanija in Moskau oder Basel.

Retrospektiv betrachtet zeigt es sich, daß die erst in den neunziger Jahren für die breite Öffentlichkeit freigegebenen Dokumente der US-Geheimdienste CIA, NSA, DIA, DARPA usw. über die bisherigen Aktivitäten der östlichen Psi-Forschungsinstitutionen im wesentlichen den Tatsachen entsprechen. Doch gehen wir in der Zeit weiter zurück, verfolgen wir zunächst meine persönlichen Erfahrungen mit sowjetischen Informationsbeschaffungsstellen.

Anfang der achtziger Jahre wurde ich wiederholt von einem in Nowosibirsk/Akademgorod (Sibirien) ansässigen »Ethnologen«, einem Herrn Sanarow, angeschrieben und um Zusendung meiner eigenen und fremder Bücher über grenzwissenschaftliche Themen gebeten. Dieser Mann – angeblich ein mit einer Zigeunerin verheirateter Weißrusse –

ließ mich wissen, daß es dort keinerlei Literatur über Parapsychologie gäbe, solche aus westlichen Ländern schon gar nicht.
Die zweistellige Nummer des in seiner Adresse genannten Schließfachs machte mich irgendwie stutzig, galt es damals doch als höchst unwahrscheinlich, daß in einer Stadt, in der aufgrund sensitiver Psi-Forschungsprojekte jeder und alles scharf kontrolliert wurden, Privatpersonen ein solches unterhalten durften.
Jahre später machte ich durch Zufall die Bekanntschaft eines deutschen Geschäftsmannes, der aufgrund seiner Export/Import-Beziehungen zu sowjetischen Staatshandelsfirmen über hervorragende Behördenkontakte verfügte. Bei Sichtung der mir zugegangenen Briefe erklärte er mir, daß es sich hierbei zweifellos um eine Tarnadresse des KGB handele. Die Geschichte des Herrn Sanarow war also frei erfunden – ein Vorwand offenbar, um auf diese Weise näheres über die westlichen Psi-Aktivitäten in Erfahrung zu bringen und Literatur zu schnorren.
Meine damaligen Veröffentlichungen über projektierte Anwendungen paranormaler und paraphysikalischer Effekte im militärischen und nachrichtendienstlichen Umfeld wurden von einigen mit »Aufklärung« befaßten Dienststellen im In- und Ausland höchst interessiert verfolgt. Durch Zufall lernte ich seinerzeit den Leitenden Wissenschaftlichen Direktor der Bundeswehrakademie für Psychologische Verteidigung, Herrn Dr. Kurt Klein, kennen, der bereits mehrfach über die brisante Psi-Thematik referiert und kleinere Abhandlungen hierüber verfaßt hatte. Er versicherte mir, daß dieser Stoff Bestandteil dortiger Vorlesungen sei und genau so seriös wie andere psychologische Themen abgehandelt werde.
Am 17. September 1986 wurde ich von der Katholischen

Akademie der Erzdiözese Freiburg zu einer Tagung für deutsche und französische Stabsoffiziere auf die Bühlerhöhe (Schwarzwald) eingeladen, wo ich zusammen mit anderen Referenten über »Psi-Waffen in Ost und West« sprechen sollte. Gesundheitlich stark angeschlagen, konnte ich damals der Einladung nicht Folge leisten. Dr. Klein, der dann das Thema aus seiner und meiner Sicht behandelte, begegnete einer äußerst interessierten, wenn auch kritischen Zuhörerschaft. Ein Tabu schien gebrochen zu sein.
Dabei stand die Psi-Thematik nicht zum ersten Mal auf der Vortragsliste militärischer Dienststellen. Für den 6. Februar 1985 hatte das Bundesamt für Übermittlungstruppen, Bern, im Rahmen eines Kolloquiums »Krieg im Aether« in die Hochgebirgsklinik Davos-Wolfgang zu einem Vortrag »Psi und seine Bedeutung im militärischen Bereich« eingeladen. Der Referent, Dr. phil. P. Aellen, verwies dabei auch auf meine Publikationen – sie waren damals die einzigen im europäischen Raum –, die dieses aktuelle, wenn auch kontrovers diskutierte Thema sowohl faktisch als auch spekulativ behandelten.
Mit dem Ende der »Eiszeit« zwischen Ost und West, dem Beginn der Abrüstungsphase, konstatiert man auch an der »Psi-Front« Entspannung auf breiter Basis, kommt es infolgedessen immer häufiger zum Gedankenaustausch zwischen einschlägig befaßten Wissenschaftlern ehemaliger Feindstaaten, arbeitet man heute sogar gemeinsam an Forschungsprojekten – Aktivitäten, die noch vor wenigen Jahren als Hochverrat gegolten hätten.
In Rußland wie in den USA scheint man neuerdings mehr an der kommerziellen Nutzung von Psi interessiert zu sein. Spitzenmedien und Ex-Geheimdienstoffiziere bieten hier wie dort ihre Dienste zur Erstellung von Langzeitprognosen, zur Beratung polizeilicher Ermittlungsstellen und …

natürlich auch zur Erkundung firmenspezifischer Konkurrenz-Positionen an. Das große Geschäft mit mentalen Fähigkeiten, die Zukunft des »Psi Business«, hat schon längst begonnen.

Indes erscheint es fraglich, ob der Trend zu mehr Transparenz, zur friedlichen Nutzung des Psi-Potentials weiter anhält, ob überhaupt die Erschließung des militärischen Aspekts paranormaler und paraphysikalischer Phänomene je aufgegeben wurde. Naumow äußerte mir gegenüber Skepsis. Schließlich haben beide Großmächte in der Vergangenheit für die strategische Psi-Forschung Unsummen geopfert. Es erscheint unlogisch anzunehmen, daß die Entwicklung hin zu mehr Perfektion und Präzision in der Psychotronik – der technisierten Parapsychologie – gerade jetzt ein jähes Ende gefunden haben soll.

Jedwede Forschungstätigkeit birgt in sich den Keim des Guten und den des Bösen. Mit der Parapsychologie verhält es sich nicht viel anders als mit den etablierten Wissenschaften. Die Gefahr des Mißbrauchs darf auch hier nicht übersehen werden.

Dieses Buch – es basiert auf frühen geheimdienstlichen Erkenntnissen der Amerikaner und einigen von mir hierzu verfaßten Publikationen – will auf diese nie völlig auszuschließenden Gefahren aufmerksam machen, ohne die Parapsychologie als solche zu verteufeln. Denn eines ist sicher: Die Nutzung unseres mentalen Potentials für friedliche Zwecke kann durchaus zum Wohle der Menschheit gereichen. Der Beweise hierfür gibt es zur Genüge.

II

Planspiele des Bewußtseins

»Außersinnliche Wahrnehmung ist keinesfalls eine Sache des Glaubens. Auf diesem Gebiet wird ein Gutteil ernsthafter wissenschaftlicher Arbeit geleistet. Während der letzten dreißig Jahre hat es sich gezeigt, daß wir es hierbei mit Wahrscheinlichkeiten zu tun haben, und diese erwiesen sich als jenseits allen statistischen Zufalls.«

Astronaut Edgar D. Mitchell, 1971

1 *Psychotronik – Die »Technisierung« der Psi-Phänomene*

Das, was in westlichen Ländern unter »Grenzwissenschaften« verstanden wird – das Wissen um die sogenannte »außersinnliche« Wahrnehmung (ASW), um psychokinetische Phänomene, spiritualistische Heilpraktiken usw. –, kann man, verallgemeinernd, dem in östlichen Ländern geprägten Terminus »Psychotronik« gleichsetzen. Sie umfaßt sämtliche Psi- oder Para-Phänomene. Im Prinzip sind diese Begriffe allesamt austauschbar, da sie mehr oder weniger das gleiche bedeuten. Dennoch erscheint eine Aufschlüsselung in Psychotronik im »weitesten« und im »engeren« Sinne angebracht, weil sie dem besseren Verständnis der hier erörterten strategischen und geheimdienstlichen Anwendungen dient.

Im weitesten Sinne versteht man unter »Psychotronik« nicht nur psychokinetische Effekte, sondern auch das gesamte Spektrum der »außersinnlichen« Wahrnehmung, wie Telepathie, Hellsehen (Fernwahrnehmung), Präkognition, Retrokognition, außerkörperliche Erfahrungen (AKE) usw.

Unter Psychotronik im engeren Sinne sollen hier sämtliche psychokinetische Phänomene, wie psychische Objektbewegungen und Biegeeffekte, Teleportationen, Apporte, Penetrationen, Materialisationen, Levitationen – objektbezogene Phänomene also –, vor allem aber deren Stabilisierung und Reproduzierbarkeit mittels (psycho-)technischer Einrichtungen verstanden werden. Es sind dies Techniken, die den Gebrauch elektronischer, bioenergetischer, kybernetischer und sonstiger moderner Hilfsmittel miteinbeziehen.

Nach einer früheren Studie der US Army über den Einfluß künstlich ausgelöster Para-Phänomene auf die Ausdauer und Leistungsfähigkeit von Artilleristen beschreibt das aus dem Tschechischen stammende Kunstwort »Psychotronik« im Prinzip einen Verbund bzw. eine Wechselwirkung zwischen Geist und Materie. Gemeint sind hiermit bestimmte Erscheinungsformen einer bislang nur hypothetischen Energie, die, nach Meinung des US-Colonel John B. Alexander, »offenbar bedeutende Anwendungsmöglichkeiten und Auswirkungen im militärischen Bereich haben könnte«.

Der amerikanische Physiker Thomas E. Bearden, ehemaliger Nachrichtenoffizier, Taktiker und Spezialist für Luftabwehrsysteme, erkennt in der psychotronischen Konzeption ein ideales Instrument zur Erklärung bislang unverständlicher Phänomene in den Bereichen Logik, Physik, Metaphysik und Mathematik. Seiner Meinung nach ist die Psychotronik das natürliche Bindeglied zwischen Physischem und Psychischem, zwischen Physikalischem und Paraphysikalischem, eine variable Mischzone zwischen scheinbar

Objektivem und scheinbar Subjektivem – der Bereich, in dem die magisch-sympathetischen Handlungen der Schamanen und die für uns unverständlichen Aktivitäten der Medien in irgendeiner Weise konkret werden.
Bearden benutzt den Begriff des »virtuellen Zustands«, um die Realität dieser Mischzone und der in ihr enthaltenen sogenannten »Gedankenobjekte« – d. h. nur in unserer Vorstellung existierende Gegenstände oder auch Vorgänge, die aber die Grundlage der Psychotronik darstellen – verständlich zu machen und wissenschaftlich zu erhärten. Da die moderne Physik selbst virtuelle Objekte und Zustände zuläßt, sieht Bearden in diesen die Möglichkeit, psychotronische Phänomene quasiphysikalisch zu erklären und Bewußtseinprozesse an Physikalisches anzukoppeln.
In der Physik versteht man unter virtuellen Teilchen, Zuständen usw. solche, die mit dem Energiesatz nicht verträglich sind, d. h., die offenbar nur außerhalb unseres raumzeit-gebundenen Universums existieren können. Bearden lokalisiert sie daher auch physikalisch in einem »multidimensionalen Raum, drei ›Drehungen‹ von unserem materiellen Zustand entfernt«, mit anderen Worten, in einer höheren Dimensionalität. Er definiert »Psychotronik« folgerichtig als die »technische Beherrschung des virtuellen Zustandes«.
Seiner Auffassung nach stehen nicht nur die »nicht-physikalischen«, d. h. die Bewußtseins-Felder über das hier erwähnte psychotronische oder Psi-Feld mit den uns bekannten physikalischen Feldspezies (elektrische, magnetische, gravitative und andere) in Verbindung. Er glaubt auch zwischen Lebewesen, Erde und Kosmos kohärente, raumzeitneutrale Zusammenhänge zu erkennen, wobei er sich auf neueste physikalische Erkenntnisse bezieht. Bei psychotronischen Aktivitäten käme es gewissermaßen zu »Grenzflä-

chenreaktionen« zwischen dem Verbund »Geist/Bewußtsein« einerseits und physikalisch-realen, materiellen Objekten andererseits. Im Verlauf von paranormalen/psychotronischen Aktivitäten würden Systeme unterschiedlicher Stofflichkeit in Resonanz gebracht werden, um die für Umwandlungen vom Nichtstofflichen ins Stoffliche benötigte psychotronische Energie (sprich: Bioenergie) zu sammeln und diese bei Erreichen eines Schwellenwertes für das Hineinstimulieren der »Gedankenobjekte« in unsere physikalische Realität zu benutzen. Dadurch könnten immaterielle, gedachte, also »subjektive« Dinge objektiviert, d. h. materiell-sichtbar gemacht werden.

John Hasted, Professor für experimentelle Physik am Birkbeck College der Universität London, der sich über viele Jahre mit dem Studium psychokinetischer Phänomene (vor allem mit Biege-Phänomenen) und deren Ursachen befaßte, meinte, daß sich auch »Nicht-Materielles« (z. B. ein Gedankenobjekt) nach wissenschaftlichen Methoden untersuchen ließe, da dieses zumindest eine physikalische Komponente enthalten würde. So würde sich z. B. die Psychologie beim Studium des Bewußtseins oder der Emotionen ungeniert der wissenschaftlichen Methodenlehre bedienen. Dieses Vorgehen könnte auch auf paranormale (psychotronische) Phänomene, die offenbar eine »Mischung« aus »materiellen und nichtmateriellen Dingen« darstellten, übertragen werden. Bei Hasted heißt es:

»Ich denke, daß die materielle Seite der paranormalen Phänomene zumindest teilweise der Kausalität und den physikalischen Gesetzen entspricht.«

Diese und zahlreiche ähnliche Äußerungen fortschrittlich denkender Naturwissenschaftler in Ost und West bekunden deren Wunsch, vielleicht auch deren ganz entschiedene Absicht, paranormales Geschehen in erweitert-physikalische Denkmodelle einzuordnen, um es auf diese Weise zu »legalisieren« – ein Verhalten, das offenbar erst durch die dimensionsverbindende Philosophie der Psychotronik ermöglicht wird.

Die Psychotronik umfaßt, wie bereits angedeutet, zahlreiche Einzeldisziplinen, deren spezielle Qualitäten und Nutzungsmöglichkeiten im Vordergrund unserer Betrachtungen stehen werden. Dies aber verlangt nach einer möglichst erschöpfenden Definition und genauen Katalogisierung aller in der Parapsychologie erforschten Phänomene, soweit diese für unsere Untersuchung Bedeutung haben.

Daß einschlägige Begriffsbestimmungen nicht nur semantisch fixiert sind, sondern auch ins Ideologische hineinspielen, ergibt sich aus den unterschiedlichen Auffassungen über Herkunft und Ursachen paranormaler Phänomene. Von Wissenschaftlern aus Osteuropa wurden, entsprechend der früheren materialistischen Indoktrination, zur Deutung jener nicht zu leugnenden Psi-Bewirkungen zunächst physikalische, d. h. elektromagnetische, elektrostatische, gravitative, nukleare und kybernetische Modelle bemüht, Theorien, die sich samt und sonders als impraktikabel oder falsch erwiesen, da sie von unzutreffenden Voraussetzungen ausgingen. Zur Umgehung von Theorien, die auf dem der östlichen Ideologie widerstrebenden Bewußtseins-Geist-Komplex basieren, flüchteten sich die in ihrem Entfaltungsradius eingeengten Wissenschaftler von ehedem in eine physikalisch weniger bindende, fließende »Biofeld«-Terminologie. Dadurch aber schwenkten sich – gewollt oder ungewollt – indirekt auf den bewußtseinsintegrierenden Kurs westlicher Psi-Experten ein, denn »Biofeld«-Theorien stehen, wie wir noch erfahren werden, dem psychisch-geistigen Aspekt der Parapsychologie sicher näher als alle konventionell-physikalischen Erklärungen.

Vieles spricht dafür – und neueste wissenschaftliche Untersuchungen scheinen diese Annahme zu erhärten –, daß die Grundelemente der Psychotronik tatsächlich, wenn auch nicht ausschließlich, auf bioinformatorischen bzw. bioenergetischen, d. h. erweitert-physikalischen Wirkfaktoren beruhen. Daher ist es nur allzu verständlich, wenn man sich jetzt von der etwas lädierten »Para«-Terminologie allmählich distanziert – was natürlich gewisse Schwierigkeiten bereitet –, um der wissenschaftlich anpassungsfähigeren »Bio«-Konzeption und -Klassifikation den Vorzug zu geben.

In der östlichen Terminologie erscheint anstelle der im Westen üblichen Begriffe »Parapsychologie«, »Psi-Phänomene« und »außersinnliche Wahrnehmung« vorzugsweise der Sammelbegriff »Biokommunikation«. Die Biokommunikation befaßt sich mit der Erforschung sämtlicher informatorischer und energetischer Möglichkeiten, die sich aus den psychischen und biophysikalischen Aktivitäten von Lebewesen ergeben, sowie mit Wechselwirkungen lebender Organismen untereinander bzw. mit ihrer Umgebung, ohne Vermittlung der normalen Sinnesorgane. Überlappungen mit psychologischen, psycho-physikalischen, physiologischen, biophysikalischen und neuropsychiatrischen Fachdisziplinen sind ganz selbstverständlich.

Anstelle des Begriffs »Biokommunikation« benutzen russische Wissenschaftler gelegentlich auch die Termini »Psychophysiologie«, »Psychoenergetik« und »biophysikalische Effekte«. Der in *Tabelle 1* der Vollständigkeit halber zitierte Überbegriff »Biokommunikation« (anstelle von Parapsychologie) darf somit uneingeschränkt dem hier benutzten Standard-Terminus »Psychotronik« gleichgesetzt werden.

Die Biokommunikation (Psychotronik) umfaßt gemäß der Definition zwei Hauptgebiete:

Tabelle 1: Von russischen Wissenschaftlern benutzte Definition paranormaler Phänomene

Biokommunikation = *Psychotronik* = Paraphysik (Parapsychologie)

Typ I: Bioinformatorik (sog. außersinnliche Wahrnehmung, ASW)
Die Bioinformatorik umfaßt das Einholen oder den Austausch von Informationen ohne Inanspruchnahme der normalen Sinnesorgane, also auf außersinnlichem Wege. Man unterscheidet im wesentlichen zwischen folgenden Erscheinungsformen der Bioinformation: Hypnose (Bewußtseinskontrolle), Telepathie, Hellsehen, Präkognition, Retrokognition, außerkörperliche Erfahrung, das »Sehen« mit den Händen oder anderen Körperteilen (dermoptische Wahrnehmung), die Inspiration und das Wahrnehmen von Erscheinungen.

Typ II: Bioenergetik
Die Bioenergetik beschreibt Phänomene im Zusammenhang mit dem Erzeugen objektiv wahrnehmbarer Effekte ohne Inanspruchnahme normaler physikalischer Kräfte oder Energien. Hierzu gehören: das psychisch bewirkte Bewegen entfernter Objekte (Psychokinese), ähnlich ausgelöste Biegephänomene, antigravitative Phänomene, Energie-Umwandlungen, elektromagnetische Bewirkungen ohne hinreichende physikalische Erklärung, unerklärliche chemische und biologische Prozesse, die offenbar unter Einwirkung des Bewußtseins ablaufen, die Psychometrie und Radiästhesie (BPE) usw.

1. *Bioinformatorik,* unter der man Akte der »außersinnlichen« Wahrnehmung zwischen Organismen – Telepathie, Präkognition (Proskopie), Hellsehen, Bewußtseinskontrol-

le usw. – bzw. zwischen diesen und der unbelebten Welt versteht, sowie
2. *Bioenergetik*, zu der vor allem die Radiästhesie (Rutengehen und Pendeln), bioenergetische Therapien unter Einsatz elektromagnetischer Felder und sämtliche Spielarten der Psychokinese (PK), d. h. der Einfluß von Bioenergie auf Materie, gehören.

Mit den in *Tabelle 1* gezeigten wichtigsten bioinformatorischen und bioenergetischen Phänomenen wird das Erscheinungsbild der Psychotronik, so wie es sich heute darstellt, zwar nur grob umrissen, doch erscheint es unzweckmäßig, Übersichten wie diese mit Details zu belasten, zumal ständig weitere Psi-Phänomene und -Zusammenhänge entdeckt werden. Wenden wir uns deshalb mehr den unterschiedlichen Wechselwirkungen zwischen den vier natürlichen psychotronischen Basissystemen zu. Die Hauptkomponenten dieser Systeme – Mensch (HP), Tier (AP), Pflanze (PP) und Unbelebtes (UP) – sowie deren Reaktionen und Aktivitäten sind in *Tabelle 2* übersichtlich dargestellt. Während das unbelebt-stoffliche System (UP) nur aus passiver anorganischer Materie besteht, enthalten alle übrigen belebten psychotronischen Systeme die Komponenten Bewußtsein oder Teilbewußtsein, Bioplasma und Physis (stofflicher Körper). Sämtliche Systeme funktionieren nur im psychotronischen Verbund, d. h. unser gesamtes Universum bildet eine geschlossene psychotronische Einheit, in der alles Belebte und Unbelebte fest integriert ist. Diese für uns im Alltag kaum erkennbaren Zusammenhänge sind Wissenschaftlern aus allen naturwissenschaftlichen und anderen Fachdisziplinen nicht verborgen geblieben.

Ein bekannter amerikanischer Arzt und Parapsychologe, Dr. Stanley Krippner, früher Leiter des Maimonides-Traumforschungszentrums in Brooklyn, hat anläßlich des ersten Internationalen Kongresses für Psychotronik, der vom 18. bis 24. Juni 1973 in Prag stattfand, die Qualitäten und Aufgaben einer idealistischen psychotronischen Forschung klar umrissen:

– Die psychotronische Forschung muß zwangsläufig eine interdisziplinäre Wissenschaft sein, da sie sich mit Wechselwirkungen zwischen Lebewesen und Umwelt befaßt ... Arbeitsgebiete, die auf die Integration [gemeint ist eben diese Wechselwirkung] besonderen Bezug nehmen, sind die psychosomatische Medizin, die Akupunktur und die Hochfrequenzfotografie.

– Als Endziele der »psychotronischen Entwicklung« des Menschen werden Ganzheit, die Erweiterung des Bewußtseins und das Vordringen in subtilere Erkenntnisbereiche angestrebt. Wenn daher psychotronische Phänomene ihrer eigentlichen Bedeutung nach verstanden werden sollen, muß die einschlägige Forschung mehr die gesunden Persönlichkeitsaspekte als das Psychopathologische herausstellen.

– Beim Erkennen der eigenen psychotronischen Fähigkeiten haben wir unsere Furcht [vor dem Unbekannten] zu überwinden; der gleichen Überwindung bedarf die Wissenschaft, wenn es um die Entscheidung geht, diese Phänomene zu untersuchen. Das Unvermögen, ein neues Weltbild zu akzeptieren, hat die Psychotronik-Forschung um Jahre zurückgeworfen. Dies darf aber nicht länger ein Hindernis dafür sein, unsere Verflochtenheit mit der Psychotronik zu studieren ...

– Die Psychotronik-Forschung muß bei all ihren Experimenten die Würde des Menschen beachten. Forschungsprojekte, bei denen der Mensch einem »Gegenstand« oder gar einer »Maschine« gleichgesetzt wird, sind abzulehnen.

– Schließlich sollten die Resultate der Psychotronik-For-

Tabelle 2: Natürliche psychotronische Systeme und ihre Wechselwirkung

a: Systematik

System/ Kurzbezeichnung	Komponenten	Reaktion
Mensch: human-psychotronisch HP	Bewußtsein[1] – Bioplasma[2] – Physis	Intelligent emotional unbewußt
Tier: animalisch-psychotronisch AP	Teilbewußtsein – Bioplasma-Physis	Quasi-intelligent (Arbeitsintelligenz), vorwiegend emotional (instinktiv)
Pflanze: pflanzlich-psychotronisch PP	Teilbewußtsein – Bioplasma – Physis-organische Substanz	Pflanzlich-emotional (instinktiv)
Unbelebtes: unbelebt-psychotronisch UP	Anorganische Materie in verschiedenen Aggregatzuständen	Keine Eigenreaktion im Sinne belebter Systeme (passive anorganische Materialien können jedoch als Speicher und Relais für psychotronische Energie benutzt werden)

1 Hierunter soll der Komplex »Bewußtsein-Psyche-Geist« verstanden werden.
2 Ein hypothetisches, unserem stofflichen Körper korrespondierendes Energiefeld höherer Ordnung.

b: Psychotronische (bioinformatorische und bioenergetische) Kommunikation des Menschen (HP) mit seiner Umwelt

⇄ beidseitige Kommunikation
← nur einseitige Kommunikation

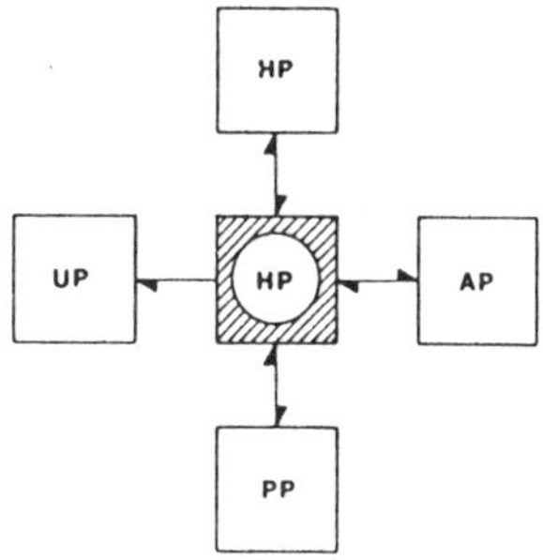

Beispiele:

System	Aktivität
HP ⇄ HP	Menschen beeinflussen sich gegenseitig auf paranormalem/paraphysikalischem Wege bewußt oder unbewußt.
HP ⇄ AP	Menschen beeinflussen Tiere telepathisch bzw. psychokinetisch, oder sie kommunizieren auf telepathischem Wege mit ihnen (z. B. in der Verhaltensforschung mit Delphinen, Affen usw.).
HP ⇄ PP	Menschen beeinflussen Pflanzen telepathisch-emotional auf primitiver Ebene (sog. Backster-Effekt; »grüner Finger«). Pflanzen dienen auch als Übermittler psychotronischer Signale.
HP → UP	Anorganische (und organische) Materialien in psychotronischen Generatoren können mit bioplasmatischer Energie aufgeladen und durch bewußtseinsgesteuerte Impulse entladen/angezapft werden, um gewisse psychokinetische Effekte zu erzielen. Sie tragen dadurch wesentlich zur Stabilisierung und Reproduzierbarkeit psychotronischer Phänomene bei.

schung der ganzen Menschheit zugute kommen. Wir haben darauf zu achten, daß die Psychotronik der Verbesserung der menschlichen Freiheiten und sozialen Entwicklung, nicht aber der Reglementierung und Unterdrückung dient. Vorsorgemedizin, Heilung und Kreativität sind wichtige Einsatzbereiche für eine sinnvoll genutzte Psychotronik.

– Die Psychotronik kann einen wichtigen Beitrag zum Überleben der Menschheit leisten. Indem sie die Verbundenheit aller Lebewesen aufzeigt, vermag sie antiaggressive, friedliche Tendenzen zu fördern ... (Zitatende).

Krippners Idealvorstellungen von einer heilen Welt der Psychotronik dürften sich indes kaum verwirklichen lassen. Zu groß ist die Kluft zwischen den Wunschträumen der frühen siebziger Jahre und der heutigen, von Mißtrauen und Gewalt bestimmten Realität. Zu groß ist die Verlokkung, zur Durchsetzung irgendwelcher Forderungen mittels psychotronischer Waffensysteme und -techniken Druck auszuüben, ja, sogar zukünftige Kriege zu gewinnen, als daß Militärstrategen freiwillig auf deren Entwicklung und Einsatz verzichten würden. Es scheint, als würden auch hier wieder einmal strategische und wirtschaftliche Interessen im Vordergrund diskreter Überlegungen stehen.

Betrachten wir zunächst einmal die hypothetischen Möglichkeiten der militärischen Nutzung psychotronischer (paranormaler) Kräfte und Phänomene ganz allgemein, so wie sie von US-Strategen – und sicher nicht nur von diesen – ernsthaft erwogen werden, befassen wir uns als erstes mit Stellungnahmen amerikanischer Militärs zur russischen Psi-Forschung und deren Bedeutung für das künftige Kräfteverhältnis zwischen Ost und West.

2 CIA-Verflechtungen

Was in der westlichen Welt den zahlreichen privaten Gruppen, die sich mit Psi-Phänomenen befassen, angeblich aufgrund von mangelndem Interesse oder unzureichender Rentabilität seitens staatlicher Organe an finanzieller Unterstützung verweigert wurde, ist dem militärischen Forschungsapparat in der Zeit des kalten Krieges widerspruchslos bewilligt worden, zumal etwaige Geheimprojekte kaum einer zivilen Kontrolle unterlagen. Nach außen hin, gegenüber einer breiten Öffentlichkeit, bestritten amtliche Stellen in Ost und West lange Zeit ihre Psi-Forschungsaktivitäten, ihr wachsendes Interesse an psychotronischen Techniken und Taktiken für den militärischen Gebrauch, um uns glauben zu machen, daß es solche »Wunderwaffen« gar nicht geben kann, weil ... »nicht sein kann, was nicht sein darf«. Warum aber verschwieg man uns die Wahrheit, warum informierte man uns nicht über die zumindest theoretisch möglichen neuen psychotronischen Waffensysteme und Kampftaktiken? Befürchtete die für unser aller Wohl und Wehe verantwortliche Obrigkeit etwa eine allzu große Beunruhigung der Bevölkerung? Wollte man eine weltweite Panik vermeiden?

Offenbar waren sich die Verantwortlichen in Ost und West auch ohne besondere Absprache darüber einig, ihre durch vorgetäuschte Querelen und Abrüstungsverhandlungen von subtilen Überlegungen abgelenkten Untertanen über den wahren Sachverhalt der sogenannten »grenzwissenschaftlichen« Forschung im unklaren zu lassen.

Wie die Erfahrung lehrt, gibt es auch in den Reihen der Staatsschützer gelegentlich »undichte Stellen«, und so ließen sich die Forschungsvorhaben und Pläne der Großmächte auch auf dem Gebiet der militärisch und nachrich-

tendienstlich angewandten Psychotronik auf die Dauer nicht geheimhalten.
In ihrer Ausgabe vom 2. Dezember 1983 ließ die angesehene amerikanische Wissenschaftszeitschrift *Science* ihre Leser wissen, daß zumindest ein Senatsmitglied sein Interesse an der parapsychologischen Forschung offen bekundet hätte. Unter den übrigen Senatoren herrsche ebenfalls großes Interesse an grenzwissenschaftlichen Projekten, zumal der *Congressional Research Service* (CRS: Forschungsdienst des US-Kongresses) schon Jahre zuvor aufgefordert worden war, über den aktuellen Stand der Psi-Forschung zu berichten. Im Sommer des gleichen Jahres war vom CRS die mangelnde finanzielle Unterstützung dieses Forschungszweiges kritisiert worden. Ganze 500 000 Dollar hätten die USA jährlich in einschlägige Projekte gesteckt, Gelder, die fast ausschließlich aus privaten Quellen stammten. In der Sowjetunion, so der Kongreß-Report, würde dieser Forschungszweig mit mehr als 10 Mio. Dollar/Jahr gefördert werden.
Während die geschickte Einbeziehung der »Biokommunikation« in das ehemals zentralisierte staatliche Forschungssystem die Sorge der Russen widerspiegelt, mit »Psi«-Aktivitäten und »Para«-Hypothesen könnte man zu sehr ins Okkulte, Religiöse abdriften, ähnelt ihr Entschluß, Psychotronik-Forschung künftig unter Ausschluß der Öffentlichkeit zu betreiben, ziemlich auffällig dem Verhalten der Alliierten während des Zweiten Weltkrieges, die Entwicklung der Atombombe mit allen Mitteln geheimzuhalten. Daß die Amerikaner ähnliche Ambitionen verfolgten, daß US-Regierungsstellen schon seit langem mit der wissenschaftlichen Erforschung von Psi-Phänomenen und deren praktischer Nutzung – vor allem im militärischen Bereich – liebäugeln, dürfte jedem klarwerden, der einschlä-

gige Dokumente amerikanischer Dienststellen einsehen konnte. So wußte z. B. die *Washington Post* schon in ihrer Ausgabe vom 7. August 1977 über die Teilnahme hoher CIA- und NSA-Beamter an einer Reihe »ungewöhnlicher Experimente« zu berichten, die vom Stanford Research Institute International (SRI) in Menlo Park, Kalifornien, durchgeführt wurden, und auf die wir später noch näher eingehen werden. Die SRI-Physiker Dr. Harold E. Puthoff – früher selbst Forschungsingenieur bei der NSA – und Dr. Russell Targ führten während dieser Experimente den erstaunten Sicherheitsbeamten die Fähigkeiten der US-Spitzenmedien Ingo Swann und Pat Price vor, anhand abstrakter geographischer Zielkoordinaten weit entfernte Örtlichkeiten genau zu beschreiben, ein Psi-Phänomen, das Experten als Hellsehen, Fernwahrnehmung (engl.: *Remote Viewing*) und von einigen Parapsychologen, allerdings nicht ganz richtig, auch als Astralprojektion oder »außerkörperliche« Erfahrung bezeichnet wird.

Schon vor mehr als vierzig Jahren liebäugelten kleine Gruppen innerhalb der US-Regierung ernsthaft mit der Möglichkeit des Einsatzes psychotronischer Techniken im militärischen Bereich. Einige der von amerikanischen Regierungsstellen geförderten Untersuchungen und Experimente waren – soweit sie nicht der Geheimhaltung unterliegen – in der *Washington Post* aufgeführt:

– Der inzwischen verstorbene amerikanische Biologe und Parapsychologe Dr. Joseph Banks Rhine, Mitbegründer und Direktor des Parapsychology Laboratory an der Duke University in Durham, North Carolina, führte im Auftrag der amerikanischen Armee schon 1952 ASW-Versuche durch.

– Anfang der sechziger Jahre untersuchte ein Wissenschaftlerteam der amerikanischen Luftwaffe angehende

Offiziere auf ihre Psi-Fähigkeiten, um geeignete Procedere für spätere Tests zu entwickeln.

– Während des Vietnam-Krieges benutzte das US-Marinekorps sogenannte radiästhetische Techniken (Rutengehen), um in den Bergen westlich der Stadt Hue verborgene Minenfelder und tunnelartige Verstecke des Vietkong aufzuspüren.

– Das Nationale Gesundheitsinstitut der Vereinigten Staaten beteiligte sich an bestimmten parapsychologischen Studien. Es finanzierte ein Traumtelepathie-Projekt, das später von der McDonnell Aerospace Foundation übernommen wurde. Die McDonnell Douglas Corporation war auf dem Verteidigungssektor eine der bedeutendsten Kontraktfirmen der amerikanischen Regierung.

– Bereits im Jahre 1974 gab die NASA für die Entwicklung eines Gerätes zum Antrainieren von Psi-Fähigkeiten sowie für eine Pilotstudie zum Messen von Gehirnwellen während Biokommunikationsexperimenten größere Summen aus.

– Zwei Jahre danach bezuschußte die Defense Department Advanced Research Project Agency (DARPA, etwa: Büro für fortgeschrittene Forschungsprojekte des Verteidigungsministeriums) eine Studie zur Ermittlung der Ursachen des Auraphänomens bei der Hochfrequenzfotografie (sog. Kirlian-Fotografie) mit 145 000 Dollar. Damals will man ermittelt haben, daß solche Aurafotos irgendwie mit dem Feuchtigkeitsanteil der Haut des Probanden zusammenhängen, eine Feststellung, die später durch Ausschalten des Feuchteeffekts widerlegt werden konnte.

– In einem der US-Armeeverwaltung unterstehenden Veteranen-Hospital an der amerikanischen Westküste befaßte man sich mit geheimen Biofeedback- und Telepathie-Experimenten. AKE-Experimente wurden angeblich an einer ähnlichen Institution im Mittleren Westen der USA durchgeführt. Ob es sich hierbei um Forschungsaufträge der US-Regierung oder um private Initiativen handelt, läßt sich nicht mehr feststellen.

Es gibt heute zahlreiche Hinweise darauf, daß sich hohe amerikanische Sicherheitsbeamte in der Vergangenheit mit der Möglichkeit psychotronisch ausgelöster Sabotageakte befaßten. Ron Robertson, Sicherheitsoffizier beim Lawrence Livermore Laboratory in Kalifornien – eines der wichtigsten Atomwaffenarsenale der USA –, hat bestätigt, daß »gewisse Interessen der US-Regierung an der psychotronischen Forschung geheime Bereiche der Abwehr berühren würden, wie z. B. die Sicherheit von Kernwaffen«.

Robertson, der die Entwicklung der Psychotronik von offizieller Warte aus verfolgte, äußerte in den siebziger Jahren die Befürchtung, daß talentierte Medien mittels bewußtseinsgesteuerter psychokinetischer Kräfte nukleare Sprengladungen auszulösen oder zu neutralisieren vermögen. Er warnte: »Jemand braucht hierfür aus einer Entfernung von nur einem Fuß den achten Teil einer Unze [gemeint ist das Gewicht des Auslösemechanismus] ein viertel Zoll weit fortzubewegen!«

Wer Psi-Sabotage für möglich hält, müßte sich auch mit deren gezielten Anwendung befassen. Dies aber setzt nicht nur die faktische Anerkennung des Psychokinese-Phänomens voraus, sondern erfordert darüber hinaus auch neue, erweitert-physikalische Arbeitshypothesen, mit denen sich möglicherweise Gegenstrategien entwickeln lassen.

Jack Anderson von der *Washington Post* will Anfang der achtziger Jahre erfahren haben, daß das Pentagon Jahr für Jahr einen Etat von 6 Millionen Dollar zur Entwicklung psychotronischer Waffen und Taktiken bereitstellt, so unter anderem für Einrichtungen zur telepathischen »Gehirnwä-

sche« bzw. Inaktivierung gegnerischer Führungskräfte, zum problemlosen Nullzeit-Transfer nuklearer Sprengladungen ins feindliche Hinterland über Tausende von Kilometern hinweg, ja selbst zur Erzeugung sogenannter künstlicher »Zeitverwerfungen« (Veränderungen unserer Raumzeit-Struktur), die anfliegende Interkontinentalraketen verschlingen, um sie »irgendwo« in unserer fernen Vergangenheit schadlos explodieren zu lassen.
Projekte wie diese, psychotronische Waffensysteme in höchster Vollendung, die in ihrer Fremdartigkeit der heutigen Science-fiction-Literatur in nichts nachstehen, werden von der Defense Intelligence Agency (DIA, etwa: Nachrichtendienst des amerikanischen Verteidigungsministeriums) in Washington offensichtlich für realisierbar gehalten. Das permanente Observieren und Analysieren der östlichen Psychotronik-Szene durch die Central Intelligence Agency (CIA) hat zu Erkenntnissen geführt, die gleichwertige Pentagon-Programme keinesfalls als Hirngespinste überkandidelter Schreibtisch-Strategen erscheinen lassen.
Die CIA warnte in der Vergangenheit – in der Zeit des kalten Krieges – vor einer gefährlichen Unterschätzung der östlichen Psi-Forschung. Einschlägig befaßte russische Wissenschaftler arbeiteten damals fast ausschließlich in geheimen Labors, vornehmlich in Nowosibirsk.
Nach Jack Anderson sollen sich russische Wissenschaftler seinerzeit mit folgenden Forschungen beschäftigt haben:
– Fernbewegung von Objekten auf psychokinetischem (d. h. bioenergetischem) Wege;
– Nutzung elektromagnetischer Wellen extrem niedriger Frequenzen (ELF) zur Übertragung von Informationsinhalten [man suchte offenbar nach Möglichkeiten, telepathische Signale (Bioinformationen) auf elektromagnetischem Wege zu verstärken und/oder zu stabilisieren];

- Erforschung der funktionalen Zusammenhänge zwischen Gehirn- und Computer-Aktivitäten (möglicherweise zur Perfektionierung kybernetischer Systeme);
- Entwicklung von Monitoren und Stimulatoren zur telepathischen Fernbeeinflussung;
- Hochfrequenz-Analysen von Gehirnwellen auszuforschender Personen usw.

Nach dem Erscheinen des Anderson-Artikels veröffentlichte die sowjetische Botschaft in Washington eine wortreiche Presseerklärung, in der wieder einmal auf die Fortschritte der Sowjetunion bei der wissenschaftlichen Erforschung von »Biophänomenen« hingewiesen wurde. Dieses Verhalten der Sowjets mußte jedem merkwürdig vorkommen, der über die im Laufe der Zeit unterschiedliche Wertung paranormaler Phänomene in der Sowjetunion informiert war. Einerseits hatte man dort, wie schon erwähnt, lange versucht, die Parapsychologie in Mißkredit zu bringen, andererseits schirmte man eigene Wissenschaftler, die auf dem Psychotronik-Sektor forschten, ängstlich vor neugierigen westlichen Korrespondenten ab und handhabte Informationen über die weitere Entwicklung auf diesem Gebiet wie Staatsgeheimnisse. Sollte es sich bei diesen seltsamen informatorischen Wechselbädern gleichkommenden Statements – die Amerikaner verhielten sich übrigens ähnlich – lediglich um Ablenkungsmanöver westlicher und östlicher Geheimdienste handeln, um Rivalitäten zwischen der CIA und dem KGB? Beide Geheimdienste versuchten über Jahrzehnte mit mehr oder minder großem Erfolg, sich gegenseitig falsche Informationen über ihre Rüstungsaktivitäten zuzuspielen.

Das Verwirrspiel westlicher und östlicher Spionageorganisationen um die Psychotronik-Forschung begann offenbar im Jahre 1960, als französische Blätter das Gerücht ver-

breiteten, den Amerikanern sei bei der telepathischen Übertragung von Informationen zwischen einer Landbasis und der Besatzung des atombetriebenen Unterseebootes *Nautilus* ein bedeutender Durchbruch gelungen. Obwohl es sich bei dieser Meldung nach Meinung westlicher Experten nur um eine geschickt plazierte Zeitungsente gehandelt habe, erlaubten die Sowjets in der Folge ihren Wissenschaftlern, die bis dahin geschmähte Psi-Forschung forciert weiterzubetreiben. Zu einer erneuten Kehrtwendung in der sowjetischen Einstellung kam es nach dem Erscheinen des von Sheila Ostrander und Lynn Schroeder herausgegebenen Buches *Psychic Discoveries Behind the Iron Curtain* (deutsche Ausgabe: *PSI*).
Noch während amerikanische Kongreßabgeordnete die Militärbehörden dringend ersuchten, sofort etwas gegen eine mögliche Überlegenheit der Sowjetunion in der militärisch genutzten Parapsychologie zu unternehmen, »entzogen« die Sowjets zum Schein der eigenen Psi-Forschung ihre »Gunst« – eine vordergründige Maßnahme, wie jeder bestätigen wird, der das Ränkespiel der Geheimdienste kennt ... ein plumpes Ablenkungsmanöver, das seine Wirkung auf die CIA und assoziierte Organisationen sicher verfehlt haben dürfte. Wie wenig sich die CIA um solch vage Behauptungen der Russen scherte, ergibt sich aus der Tatsache, daß von der amerikanischen Abwehr allein in den siebziger Jahren drei ausführliche Berichte über die sowjetische Psychotronik-Forschung veröffentlicht wurden, aufschlußreiche Dokumentationen, die wesentlich zur Bewilligung staatlicher Mittel für eigene Psi-Studien beigetragen haben sollen.
Der erste Bericht mit dem Titel *Controlled Offensive Behaviour – USSR* (etwa: *Gelenktes offensives Verhalten – UdSSR*) wurde im Jahre 1972 vom Büro des amerikani-

schen Generalstabsarztes verfaßt. Ein zweiter mit dem Titel *Soviet and Czechoslovakian Parapsychological Research (Sowjetische und tschechoslowakische parapsychologische Forschung)* erschien 1975. Für ihn zeichnet die Medical Intelligence and Information Agency (Medizinische Nachrichten- und Informationsstelle der amerikanischen Armee) verantwortlich.

Schließlich ließ die CIA im Jahre 1976 von fünf Wissenschaftlern der AiResearch Manufacturing Company in Torrance, Kalifornien, einen dritten Situationsbericht über die Psychotronik-Forschung in den sozialistischen Ländern erstellen.

Alle drei Studien kamen zu ähnlichen Schlußfolgerungen: Der KGB wendet für geheime Psi-Forschungsprojekte immense Summen auf, da sich sowjetische Wissenschaftler von psychotronischen Einrichtungen militärische und nachrichtendienstliche Vorteile noch ungeahnten Ausmaßes erhoffen. Dr. J. W. Eckens, ein Physiker, der seinerzeit den dritten CIA-Bericht abfassen half, meinte: »Ich glaube, die Sowjets beschäftigen sich tatsächlich mit der Entwicklung von ›Prototypen‹ [sic!] für die Psi-Kriegführung.«

Der amerikanische Wissenschaftsautor Randy Fitzgerald informierte mich 1981 über seine Aktivitäten, mit Hilfe des *Freedom of Information Act* (Informationsfreiheitsgesetz) Einblick in die CIA-Akten über die eigene militärische Psychotronik-Forschung zu erlangen. Nach monatelangem Warten – er drohte zwischenzeitlich mit einer Klage wegen Verschleppung der Angelegenheit – erhielt er schließlich ein 500 Seiten umfassendes Bündel wertloser Informationen, wahllos zusammengestellte Berichte und Artikel über Psi-Phänomene, mit denen er nichts anfangen konnte. Erst beim zweiten Anlauf, nachdem er erneut mit gerichtlichen Schritten gedroht hatte, ging ihm einiges Material zu, das er als sehr aufschlußreich wertete: »Das interessanteste der mir zugegangenen Dokumente ist eine vier Seiten umfassende Aktennotiz vom 7. Januar 1952, in der vorgeschlagen wird, die außersinnliche Wahrnehmung in eine ›Atombombe der Spionage‹ umzufunktionieren, indem die CIA Sensitive (Telepathen, Hellseher usw.) mit Ausforschungsaufgaben betraut. Zunächst war, ›als ernsthafte Anstrengung, um die ASW-Forschung zuverlässig den praktischen Problemen der Abwehr zuzuführen‹, ein auf drei Jahre befristetes Entwicklungsprogramm vorgesehen.

Der Verfasser dieser Notiz, wahrscheinlich ein CIA-Psychologe, ließ keinen Zweifel daran, welche Rolle seiner Organisation in der Parapsychologie zufallen müsse: ›Wenn es, wie dies offenbar der Fall ist, Personen mit einer bestimmten ASW-Kapazität gibt, müßte diese Tatsache und hieraus abzuleitende Entwicklungen für die professionellen Nachrichtendienste von größter Wichtigkeit sein.‹ Der Autor schließt, nachdem er die Problematik der Wiederholbarkeit von ASW-Experimenten dargelegt hat, mit dem Satz: ›Es hat den Anschein ..., als ob das Problem der Steuerung von ASW-Funktionen gelöst worden sei!‹«

Weiter heißt es bei Fitzgerald: »Die von der CIA freigegebenen Dokumente über eigene Untersuchungen konzentrieren sich auf drei Hauptgebiete:

1. Zusammenhänge mit dem Drogenprogramm der Organisation;
2. Einsatzmöglichkeit der ASW bei abwehrtechnischen Problemen;
3. Möglichkeiten der Fernbeeinflussung tierischer Gehirnaktivitäten (Notiz vom 21. 4. 1961).

Wir wissen, daß die CIA im Rahmen eines Langzeitprogramms herausfinden will, wie man mittels Drogen das menschliche Bewußtsein steuern kann. Uns ist auch bekannt, daß diese Organisation an »gelenkten Tieren« [sic!] Versuche durchführt, um Delphine, Hunde, Katzen und andere animalische Lebensformen zu »Robotern« zu machen. Auch gibt es genügend Hinweise darauf, daß die CIA seit 1952 in einschlägige Laborversuche sowie in die Überwachung und Anwerbung paranormal begabter Personen verwickelt ist.«

Gab es im Pentagon damals eine *Psi-Task-Force*, eine Psi-Eingreiftruppe für delikate militärische und Spionageaufgaben? Randy Fitzgerald und Jack Anderson wollten die Existenz einer solchen »Eingreiftruppe« nicht ausschließen. Nur nach außen hin, für die Unwissenden und Unbeteiligten, erscheint alles noch wie ein vom Zufall bestimmtes Spiel: unzusammenhängend, verwirrend und phantastisch zugleich. Anders an den Schaltstellen der Macht: Hier rechnet man offenbar damit, daß zuverlässige psychotronische Techniken und Taktiken in nicht allzuferner Zukunft eine strategisch bedeutsame Rolle spielen werden.

3 Colonel John Alexanders »mentales Gefechtsfeld«

»Das ›Gefechtsfeld‹ nimmt immer kompliziertere Formen an. Die Einführung neuer und weiterentwickelter Technologien zwingt die Truppenführung, sich mit dem Charakter einer möglichen Bedrohung, aber auch mit den erforderlichen Schutz- und Gegenmaßnahmen gründlich auseinanderzusetzen. Neben den allgemein bekannten technischen Fortschritten zeichnet sich am Horizont eine neue Dimension des ›Gefechtsfeldes‹ ab, die sich nicht unbedingt in das Schema unserer allgemein anerkannten Begriffe von

Zeit und Raum einordnen läßt. Diesen Bereich bezeichnet man mitunter als Psychotronik oder Bioenergetik.«
Dies ist in der Dezember-Ausgabe 1980 der renommierten amerikanischen Militärzeitschrift *Military Review* nachzulesen. Für den diesbezüglichen Beitrag *The New Mental Battlefield* (etwa: *Das neue mentale Gefechtsfeld*) zeichnete ein ranghoher Militär, Colonel John B. Alexander, verantwortlich. Die frühe Studie ist für unsere weiteren Betrachtungen außerordentlich wichtig, weil durch sie erstmals von seiten der US-Armee »offiziell« auf die strategische Bedeutung der Psi-Phänomene und psychotronischen Techniken aufmerksam gemacht wurde. Bis zum Zeitpunkt der Veröffentlichung dieses Beitrages galt die Psychotronik im Militärwesen als heißes Eisen. Solange dieses Thema nur von den Geheimdiensten erörtert wurde, konnte man hinter deren Berichten aus der Psi-Forschungsszene gezielte Täuschungsmanöver vermuten, aufgemotzte Meldungen über »Schatten«-Projekte, die einzig und allein den Zweck verfolgten, den hypothetischen Gegner von wichtigeren psycho-technischen Entwicklungen abzulenken. Militärs denken in dieser Beziehung schon wesentlich nüchterner, konventioneller, obwohl zwischen den staatlichen Geheimdiensten und den Abwehrorganisationen der einzelnen Waffengattungen nicht unbedingt gegensätzliche Meinungen und Absichten bestehen müssen. Nur reagiert der militärische Apparat in der Regel etwas schwerfälliger, sind seine Statements überlegter, was bedeutet, daß diese der eigentlichen Entwicklung noch am nächsten kommen dürften.
Oberst Alexander geht in seinem acht Seiten umfassenden Beitrag, der nicht nur in Militärkreisen starke Beachtung fand, unter anderem auf das Wesen der Psychotronik, auf Tendenzen der russischen und amerikanischen Psi-For-

schung sowie auf deren militärische Aspekte ein. Was diese anbelangt, heißt es hier an einer Stelle: »Die durch *Remote Viewing* [Fernwahrnehmung] oder außerkörperliche Erfahrung gegebenen nachrichtendienstlichen Einsatzmöglichkeiten bedürfen keiner besonderen Erörterung. Henry Gris und William Dick berichteten, daß Versuchspersonen, die man auf strategische Ziele sowohl in der Sowjetunion als auch in der Volksrepublik China angesetzt hatte, in der Lage waren, mittels außerkörperlicher Ortsveränderung in Sicherheitsbereiche einzudringen und gewünschte Informationen zu erlangen. Sie weisen auch darauf hin, daß die Ergebnisse von V-Männern [sprich: eigene Agenten] bestätigt wurden.

Die strategischen und taktischen Anwendungsbereiche sind unbegrenzt. Sobald die Entwicklung abgeschlossen ist, müßte es für einen Agenten jederzeit möglich sein, in feindliche Stabsstellen einzudringen, um Pläne und Kräfteverteilungen zu observieren. Auf dem Gefechtsfeld könnte man aus der Sicherheit seines gewählten Aufenthaltsortes heraus ein Gebiet aufklären.

Der Durchführung dieses Programms stehen zur Zeit zwei Haupthindernisse entgegen: Nur bei wenigen Personen ließ sich bislang die natürliche Gabe der gesteuerten AKE nachweisen, und auch die Zuverlässigkeit der Angaben läßt noch zu wünschen übrig. Diese Schwierigkeiten sind auf die mangelnde Beobachtungsgabe der Medien und auf die Kompliziertheit der damit zusammenhängenden Phänomene zurückzuführen …

Mit Hilfe fortentwickelter Waffen wäre man zweifelsohne imstande, Krankheit oder Tod auszulösen, wobei der ›Agent‹ gar kein oder nur ein geringes Risiko einginge [diese eigentlichen Psi-Waffen – psychotronische Manipulatoren – werden in Kapitel V ausführlich behandelt]. Zur Zeit dürften die räumlichen Entfernungen noch gewisse Schwierigkeiten bereiten; diese müßten sich jedoch bewältigen lassen, sofern dies nicht schon längst geschehen ist. Der Erfinder der psychotronischen Generatoren, Robert Pavlita, behauptet, daß zum Aufladen solcher Psi-Energie-Speicher keine speziellen psychischen Fähigkeiten erforderlich sind. Als psychotronische Waffe wären sie lautlos und schwer zu orten; sie würden zu ihrer Bedienung lediglich die Anwesenheit einer einzigen Person als Energiequelle erfordern.«

Auf die Fernbeeinflussung des menschlichen Bewußtseins auch größerer Bevölkerungsgruppen eingehend, heißt es im gleichen Artikel: »Sowjetische Forscher, die das gelenkte Verhalten [gemeint ist die Steuerung des Bewußtseins von Personen auf Distanz] untersuchen, haben auch die Wirkung elektromagnetischer Strahlen auf den Menschen ermittelt und einschlägige Verfahren gegen die US-Botschaft in Moskau angewandt (vgl. Kapitel V/5). Wissenschaftler vermuten, daß ELF-Emissionen [Längstwellen] psychoaktiv, d. h. das Bewußtsein motivierend, wirken. Mit diesen Emissionen lassen sich gezielt Depressionen oder Reizbarkeit auslösen. Der Einsatz von ELF-Emissionen in größerem Umfang, zum Zwecke der Veränderung des menschlichen Verhaltens, könnte verheerende Auswirkungen haben.

Auch die Anwendung der telepathischen Hypnose stellt ein unerschöpfliches [militärisches] Potential dar. Sie könnte es ermöglichen, V-Männer tief im feindlichen Hinterland einzusetzen, ohne daß diese sich ihrer Programmierung bewußt werden. Mit anderen Worten: Ein V-Mann in der Mandschurei könnte aktiviert werden, ohne daß hierfür auch nur eine einzige Funkverbindung nötig wäre.

Darüber hinaus werden auch noch andere Gedankenübertragungsverfahren in Erwägung gezogen. Nach deren Vervollkommnung wäre eine direkte Informationsübertragung auf telepathischem Wege von einem Agenten [Sender] bzw. einer Gruppe von Agenten auf eine ausgewählte Empfängergruppe möglich. Der Empfänger ist sich hierbei nicht bewußt, daß ihm Gedanken aus einer fremden ›Quelle‹ suggeriert werden. Er hält die telepathisch übertragene Information für sein eigenes Gedankengut.«

Summierend meint Alexander: »Welche Bedeutung psychotronischen Waffen und anderen paranormalen Techniken in Zukunft beizumessen sein wird, läßt sich gegenwärtig nur schwer abschätzen. Es wurde schon des öfteren die Ansicht geäußert, daß derjenige, dem auf diesem Gebiet als erstem ein wirklicher Durchbruch gelänge, seinem Gegner um ein beachtliches Stück voraus wäre, ein Vorteil, der mit dem des alleinigen Besitzes von Atomwaffen verglichen werden könne. Natürlich eröffnen Fortschritte in all diesen Bereichen dem Gefechtsfeld neue Dimensionen.

Die Sowjets und ihre Verbündeten arbeiten schon seit Jahren auf diesem Gebiet. Sie sind offensichtlich fest davon überzeugt, daß auch die militärische Anwendung dieser Phänomene aussichtsreich ist. Sie fördern diese Programme finanziell und unterhalten spezielle Forschungszentren, wie etwa die in Nowosibirsk. Gäbe es keine greifbaren militärischen Vorteile, würden sie dem Ganzen kaum finanziellen und wissenschaftlichen Rückhalt gewähren.

Ein weiteres Indiz [dafür, daß sie sich mit der Psychotronik beschäftigen] ist der Schleier der Geheimhaltung, der von der Sowjetregierung über die parapsychologische Forschung gebreitet wurde. Die Festnahme des amerikanischen Korrespondenten Robert Toth im Jahre 1977 unter der Beschuldigung, er habe von einem sowjetischen Wissenschaftler geheime parapsychologische Daten erhalten,

macht deutlich, wie empfindlich man auf diesem Gebiet reagiert. Die Sorge, es könne zu psychischen Störangriffen kommen, ist Anlaß genug, endlich Gegenmaßnahmen zu ergreifen …
Freilich gibt es bereits psychotronische Waffen, nur werden ihre Qualitäten noch angezweifelt. Es soll keineswegs behauptet werden, daß diese Waffen und Konzeptionen unproblematisch wären. Die größten Schwachstellen sind derzeit unvorhersehbare Störungen in den Systemen und Schwierigkeiten im geregelten Ablauf der Versuche … Mit dem vorliegenden Bericht soll die Notwendigkeit hervorgehoben werden, die Forschung im Bereich des Paranormalen besser zu koordinieren. Außerdem sind alle militärischen Führungsebenen mit einem Grundwissen über [psychotronische] Waffensysteme auszustatten, mit denen sie in nicht allzu ferner Zukunft konfrontiert werden können.«
In der zuvor kurz erwähnten und seit mehr als zehn Jahren teilweise freigegebenen Studie der US Army: *Fire Support Mission Area Analysis* (FSMAA; etwa: *Analyse des Feuerbereitschaft-Einsatzbereiches*) aus dem Jahre 1981 über Faktoren, die sich auch auf das Verhalten – Ausdauer und Leistungsfähigkeit – von Artilleristen auswirken können, wird dem Einfluß der Psychotronik besondere Beachtung geschenkt: »Die offen zugängliche Literatur über grenzwissenschaftliche Phänomene läßt erkennen, in welch beträchtlichem Ausmaß die Staaten des Warschauer Paktes im letzten Jahrzehnt auf dem Gebiet der paranormalen Phänomene forschten. So machte allem Anschein nach insbesondere die Sowjetunion bei der Entwicklung psychotronischer Waffen große Fortschritte.
Unter Psychotronik kann die Projektion oder Übertragung geistiger Energien durch willensmäßige Konzentration und

Kontrolle geistiger Kräfte einzelner oder einer Gruppe bzw. durch ein energieaussendendes Gerät – eine Art ›Geist-Störsender‹ – verstanden werden.«

In der Studie wird angedeutet, daß die Feldartillerie in irgendeiner Form einem »psychotronischen Beschuß« oder auch einer »Störung des Geistes« ausgesetzt sein könnte, die ihre Kampffähigkeit bedenklich beeinträchtigt. Warnend heißt es: »Ein wesentlicher Faktor bei der Behandlung des Themas ›Psychotronik‹ ist der, daß diejenigen, die sich mit ihr befassen, dies ohne Vorurteile tun und sich darüber klarwerden, daß die hiermit zusammenhängende Technologie, Physik und Mathematik reale Dinge sind, mit anderen Worten, daß diese nicht etwa in den Bereich des Okkulten und Übernatürlichen gehören. Die Details der Psychotronik könnte man als eine ›Physik des Metaphysischen‹ bezeichnen – eine ausgereifte Theorie paranormaler Phänomene, welche Physik und Psychologie in sich vereint.«

Die Studie zitiert alsdann Quellenmaterial, aus dem hervorgeht, daß sogenannte »übernormale Ereignisse aus Gesetzmäßigkeiten des Geistes entstehen und daß Phänomene, wie außersinnliche Wahrnehmung und Telepathie [als ein Teil der ASW], keineswegs so außergewöhnlich und so unerklärlich sind, wie man gemeinhin annehmen möchte«. Die Studie beschreibt z. B. die Telepathie als »ein aus sowjetischer Sicht denkbares Mittel zur willensmäßigen Verständigung und möglicherweise sogar zur zwangsweisen Beeinflussung [von Personen] über große Entfernungen, ohne hierfür herkömmliche Informationsträger einsetzen zu müssen«.

Die Studie befaßt sich auch mit der »Fernwahrnehmung« und nennt sie einen »weiteren Vorstoß zur Erforschung der Fähigkeiten des menschlichen Gehirns«. Weiter heißt es hier: »Die Sowjet's erkennen zweifellos die Möglichkeiten, die sich aus der Fähigkeit von Personen ergeben, außerhalb ihres Körpers zu existieren … Wenn auch keine Einzelheiten bekannt sind, so kann man doch mit gutem Grund davon ausgehen, daß die Sowjets jede Anwendungsmöglichkeit im militärischen Bereich, die das Ergebnis ihrer Forschungstätigkeit sein könnte, erschließen werden.«

Die FSMAA-Studie endet mit der Bemerkung, daß die Psi-Szene für die staatliche Forschung der USA »eine hervorragende Gelegenheit darstellt, die Psychotronik auf ihre militärischen Anwendungsmöglichkeiten hin zu untersuchen«. Sie regt an, »seitens des Staates Mittel bereitzustellen, die für eine kurzfristig herbeizuführende Klärung der Fragen im Zusammenhang mit der Ergreifung von Abwehrmaßnahmen bestimmt sind«. Zur Untersuchung der offensiven Möglichkeiten der Psychotronik seien hingegen möglicherweise längerfristige Programme erforderlich.

Während sich, nach Meinung der Autoren dieser Studie, die Vereinigten Staaten mit der Entwicklung psychotronischer Geräte und Techniken damals schwer taten (zumindest wollte man nach außen hin diesen Eindruck erwecken), während besorgte westliche Militärs und Geheimdienstler für diesen in jeder Hinsicht zukunftsentscheidenden Wissenschaftsbereich mehr Aktivität und höhere finanzielle Zuwendungen verlangten, wurden in der Sowjetunion die die Bereiche Militär- und Sozialwesen betreffenden geheimen Forschungsprogramme vom Staat, d. h. von der Armee, vom KGB und anderen militärischen Organisationen unterstützt.

Die amerikanischen Journalistinnen Sheila Ostrander und Lynn Schroeder haben aufgrund umfangreicher Recherchen in der ehemaligen Sowjetunion festgestellt, daß die Sowjets den Amerikanern und Westeuropäern in zahlreichen Sparten der Psi-Forschung um Jahre voraus sind. Dies bezieht sich nicht allein auf die mit Psi-Phänomenen verbundenen physikalischen Aspekte, sondern auch auf fundamentale Kräfte und Energien hinter allem paranormalen Geschehen. Auch ist man dort offenbar darum bemüht, die physikalischen und psychischen Bedingungen zu erforschen bzw. zu schaffen, mit denen jeder die in ihm schlummernden Psi-Potentiale zu stimulieren und zu nutzen vermag. Capt. John D. LaMothe vom Medical Service Corps (Sanitätskorps) der US Army faßte anhand der ihm vorliegenden zahlreichen wissenschaftlichen Dokumente und Geheiminformationen die Nahziele der russischen Psychotronik-Forschung zusammen:

- Biokommunikative Ausforschung von gegnerischen Geheimdokumenten; Lokalisierung streng abgesicherter militärischer Anlagen;
- Ermittlung von Truppen- und Schiffsbewegungen;
- Fernbeeinflussung der Gedankeninhalte hoher amerikanischer Politiker und Militärs [wie dies auch von den zuvor zitierten Journalistinnen bereits angedeutet wurde];
- »Ferntötung« besagter gegnerischer Führungskräfte;
- Außerbetriebsetzung von Waffensystemen aller Art, einschließlich der von Satelliten und Raumfahrzeugen.

Jeder, der an der Machbarkeit dieser und anderer, mit einem Hauch von Science-fiction behafteten psychotronischen Einrichtungen und Taktiken zweifeln sollte, möge sich der an die westliche Welt gerichteten Warnung von Oliver Caldwell, früherer Ostexperte des amerikanischen Gesundheits- und Erziehungsministeriums, erinnern: »Ich bin erstaunt über die Skepsis, ja, die Feindseligkeit, auf die ich stoße, wenn ich Amerikanern etwas über die in Rußland stattfindenden parapsychologischen Experimente zu erzählen versuche. Ich kann das nicht begreifen, weil doch ins Englische übersetzte Dokumentationen vorliegen, die die meisten Resultate bestätigen, von denen ich in der UdSSR erfahren habe. Ich bin wirklich beunruhigt, weil es in zehn Jahren vielleicht schon zu spät ist, falls die Vereinigten Staaten keine ernstlichen Anstrengungen unternehmen, auf diesem Gebiet weiter vorzustoßen.«

Oliver Caldwells Pessimismus scheint indes ungerechtfertigt zu sein. Nach Beendigung des kalten Krieges haben die atomaren und biologischen Waffen der Haupt-Kontrahenten USA und Rußland/GUS ihren Schrecken verloren, ist man bereits dabei, das Rüstungspotential beidseitig zu verringern und zu verschrotten. Fraglos ist die militärische Technik der Russen für die Amerikaner und deren Verbündete transparenter geworden, obgleich dies sicher nicht für alle sensitiven waffentechnischen Bereiche zutreffen dürfte.

Rußlands derzeit labile Situation und der immer noch starke Einfluß, den die Streitkräfte auf die dortige Staatsführung ausüben, lassen Zweifel aufkommen, ob nun alle geheimen Forschungsprojekte offengelegt werden, was natürlich auch für die strategisch genutzte Psychotronik zutrifft. Über die Fortführung einschlägiger Forschungsaktivitäten im militärischen und nachrichtendienstlichen Bereich weiß man so gut wie nichts. Hier sind wir auch weiterhin auf Spekulationen angewiesen.

Für die Beurteilung der heutigen Situation auf diesem Gebiet dürfte es von Vorteil sein, die Entwicklung der Psi-Forschung in der ehemaligen Sowjetunion rückblickend etwas genauer zu betrachten.

Da über zivile Kontakte westlicher Wissenschaftler mit ihren dortigen Kollegen seinerzeit nicht allzuviel zu erfahren war, wertete der Autor zahlreiche Geheimdienstdokumente aus, die er, gewissermaßen »auf Schleichwegen«, von Freunden in den USA zugespielt bekam.

Im September 1983 wurden der amerikanische Physiker Dr. Russel Targ – er war in den siebziger Jahren am *Stanford Research Institute International (SRI)* in Menlo Park, Kalifornien, mit Fernwahrnehmungsexperimenten befaßt –, seine russisch sprechende Tochter Elizabeth und das durch seine AKE-Experimente bekannte Medium Keith Harary, von der sowjetischen Akademie der Wissenschaften zu einem Besuch in die Sowjetunion eingeladen. Ihre Gastgeber, Dr. Andreij Berezine, Biophysiker in einem Moskauer Forschungshospital, und Professor Andriankyn, Direktor des *Theoretischen Departments der Akademie der Wissenschaften,* hatten einen Erfahrungsaustausch angeregt. Man erhoffte sich offenbar nähere Informationen über die Arbeitsweise amerikanischer Medien in Teilbereichen der Parapsychologie und -physik. So kam das Team in Moskau mit Physikern, Psychologen und Ärzten ins Gespräch, die sich vor allem an den vom SRI durchgeführten Präkognitionsversuchen interessiert zeigten.
Am *1. Moskauer Medizinischen Institut* unterhielten sich die Gäste mit Dr. Igor Smirnoff und dessen Mitarbeiter über »Telepathie«-Experimente mit Ratten. In etwa zwei Kilometer Entfernung waren in Versuchsräumen Käfige mit Ratten aufgestellt, die vorher zu keiner Zeit miteinander in Berührung gekommen waren. Man hatte sie alle darauf dressiert, sich nach links zu bewegen, sobald eine rote Lampe aufleuchtet. Bei den computergesteuerten, mittels eines Zufallsgenerators ausgelösten Lichtsignalen, durch die die Ratten erschreckt und nach links manövriert wurden, zeigte sich an den entfernt plazierten Versuchstieren eine merkliche Veränderung des elektrischen Hautpotentials. Ein Zentralcomputer, der die Timing-Signale und

die Auswahl der zu schockierenden Tiere überwachte, informierte die Käfig-Kontrolleure über eine Datenleitung. Einzelexperimente verliefen erfolgreicher als Gruppentests, da hierbei die Gefahr der gegenseitigen Ablenkung entfiel. Ähnliche Versuche hatte zuvor der Russe Leutin an durch Elektroschocks konditionierten Menschen durchgeführt. Sie sollen erfolgreich verlaufen sein.

Die amerikanischen Gäste fanden damals Gelegenheit, Dr. Juri Gulyaew vom *Institut für Radiotechnik und Elektronik* am Gorki-Park zu besuchen. Als stellvertretender Institutsdirektor hatte er für Psychotronik ein besonderes Faible entwickelt, deren Wirkungsweise er mit modernsten elektronischen Geräten zu ergründen versuchte. Zusammen mit seinem Kollegen Dr. Eduard Godik hatte er die vom menschlichen Körper ausgehende elektromagnetische und sichtbare Strahlung untersucht und dabei erste greifbare Beweise für das gefunden, was von Esoterikern als »Aura« bezeichnet wird – eine von Sensitiven wahrgenommene Leuchterscheinung, die den Körper eines jeden Menschen umgeben soll.

Zum Abschluß ihres Besuches konnten die Amerikaner noch das *Industrielle Psychologische Labor* im armenischen Eriwan besuchen, wo seinerzeit Fernwahrnehmungsexperimente durchgeführt wurden. Professor Rubin Agusumtsian, der diese Versuche leitete, ließ die Zielobjekte grundsätzlich von einem Architekten auswählen, der mit den örtlichen Gegebenheiten bestens vertraut war. Die Versuchspersonen rekrutierten sich aus Psychologiestudenten der dortigen Staatsuniversität.

Targ und Harary diskutierten während ihres Aufenthalts in der Sowjetunion mit zahlreichen Wissenschaftlern über deren Theorien und Experimente. Die von ihnen zusammengetragenen Informationen waren eher dürftig, kam es doch weder zu Direktkontakten mit fähigen Sensitiven noch zur Vor-Ort-Beobachtung dort durchgeführter Experimente. So waren die Amerikaner denn auch fest davon überzeugt, nur den »zivilen Part« der sowjetischen Psi-Forschung gesehen zu haben. Über die wichtigsten, auf militärische und nachrichtendienstliche Anwendungen abzielenden Aktivitäten war zum Zeitpunkt ihres Besuches nach wie vor der Schleier der Geheimhaltung ausgebreitet.

Um die damalige Furcht der Russen, in Sachen »Psi-Mobilisierung« vom Westen überflügelt zu werden, besser verstehen zu können, müssen wir weiter ausholen, die Entwicklung der sowjetischen Para-Forschung seit den dreißiger Jahren verfolgen.

Während die *Große Sowjet-Enzyklopädie* in ihrer Ausgabe vom Jahre 1956 die Telepathie und damit auch die Parapsychologie in ihrer Gesamtheit als »antiwissenschaftlich-idealistisch« brandmarkt:

»Telepathie – antiwissenschaftliche, idealistische Fiktion von einer übernatürlichen Fähigkeit des Menschen, Phänomene wahrzunehmen, die, örtlich und zeitlich gesehen, im Grunde nicht wahrnehmbar sind; ferner die Fiktion von der Gedankenübertragung ohne Zwischenschaltung von Sinnesorganen und körperlichen Prozessen«,

definieren die Lexikonautoren in der Neuauflage von 1975 die Parapsychologie scheinheilig, jetzt aber mit erstaunlicher Sachlichkeit:

»Ein Gebiet der Forschung, das im wesentlichen unterscheidet:

1. Formen einer Sensibilität, die Möglichkeiten des Informationsempfanges enthält, welche durch die Funktion bekannter Sinnesorgane nicht zu erklären sind;

2. die Einwirkungsformen von Lebewesen auf physikalische Erscheinungen, die außerhalb des Organismus, ohne

Hilfe der Muskulatur (durch den Willen, durch gedankliche Einwirkungen usw.) ablaufen.«

Völlig unpolemisch werden in dieser Ausgabe auch die einzelnen Teilbereiche der Parapsychologie erörtert: Telepathie, Hellsehen, Präkognition, Radiästhesie, Psychokinese und Paradiagnostik. Psychokinese ist z. B. als »gedankliches Einwirken des Menschen auf Gegenstände seiner Umgebung« definiert, so unter anderem »auf normale elektrische Aktivitäten der Pflanzen; auf den Zustand und die Lage eines Gegenstandes im Raum«. Die sogenannte Paramedizin bezeichnen die Autoren als »Grenzgebiet der Parapsychologie«, das verschiedene unerklärliche Heilmethoden umfaßt: das Heilen durch Handauflegen, durch Suggestion (ohne verbalen und unmittelbaren Kontakt, oft über große Entfernungen).

Die neueren lexikalischen Begriffserklärungen für paranormale Phänomene unterscheiden sich somit ganz wesentlich von früheren Definitionen. Genau genommen stellen sie eine Kehrtwendung um 180 Grad dar, denn noch in den sechziger Jahren unterließ die sowjetische Staatsmacht nichts, um die Parapsychologie als Auswuchs der dekadenten westlichen Kultur hinzustellen. Die damalige Haltung der Sowjets, die die materialistische Ideologie in ihrer reinsten Form zu verteidigen glaubten, ist durchaus verständlich: Phänomene, die mit den gültigen physikalischen Gesetzen »nicht zu vereinbaren«, die allem Anschein nach auf geistige, naturwissenschaftlich »nichtfaßbare« Wirkfaktoren zurückzuführen sind, mußten – zumindest der damaligen Staatsführung – fiktiv, suspekt, antiwissenschaftlich und fortschrittshemmend erscheinen.

Derartige Vorurteile brachten seriöse Wissenschaftler, die sich bereits intensiv mit der Biokommunikation beschäftigten, in arge ideologische Bedrängnis. Schließlich stand der

Ruf des noch jungen dialektischen Materialismus auf dem Spiel, eine weltanschauliche Konzeption, in der für autonome geistig-psychische Elemente kein Platz war.

Interessant ist die Tatsache, daß in der sowjetischen Psi-Terminologie zu keiner Zeit Begriffe wie »Psyche« (Seele), »Bewußtsein« und dergleichen in Erscheinung traten, die möglicherweise Rückschlüsse auf mentale (nichtphysikalische, immaterielle) oder gar religiöse Zusammenhänge mit besagten Phänomenen zuließen. Man anerkannte Psi-Phänomene ihrem Erscheinungsbild nach, stufte sie als bislang naturwissenschaftlich nicht erklärbare, offensichtlich biophysikalisch funktionierende Bewirkungen ein und hoffte, irgendwann einmal auch hierfür akzeptable theoretische Arbeitsmodelle entwickeln zu können.

Alle früheren, von sowjetischen (und auch westlichen) Wissenschaftlern vorgetragenen elektromagnetischen Hypothesen – wie schon erwähnt, glaubte man lange Zeit, bioinformatorische und bioenergetische Vorgänge ausschließlich auf elektromagnetische Feldaktivitäten zurückführen zu können – hatten sich in der Folgezeit als fehlerhaft, unvollständig und somit als unbrauchbar herausgestellt. Frustriert ließen die Verfasser der *Großen Sowjet-Enzyklopädie,* Ausgabe 1974, den bildungsbeflissenen Bürger denn auch wissen, daß »die außersinnliche Wahrnehmung zwar ein Phänomen, keinesfalls aber eine Variante des elektromagnetischen Übertragungsprinzips darstelle«, wie aufgrund früherer Telepathie-Experimente zunächst vermutet worden war. In diesem Zusammenhang sind vor allem die bahnbrechenden Arbeiten des renommierten, inzwischen verstorbenen sowjetischen Psychologen und Physiologen Dr. Leonid Wassiliew zu nennen – einst korrespondierendes Mitglied der Akademie für Medizin, früherer Ordinarius für Psychologie an der Universität Leningrad (St. Petersburg) und Träger des Leninordens. Ihm, der sich schon seit Mitte der zwanziger Jahre unermüdlich mit der Biokommunikation befaßte, verdankt die russische Psychotronik-Forschung die ersten brauchbaren Hinweise auf die Existenz der Psi-Phänomene und zahlreiche weitere Denkanstöße.

Im Westen sind zur Zeit des kalten Krieges zahlreiche, wenn auch nicht immer chronologisch geordnet dargebotene Abhandlungen über die Entwicklung der Parapsychologie in der Sowjetunion und in den anderen ehemals sozialistischen Ländern erschienen, die das Interesse einer breiten Öffentlichkeit fanden. Beschränken wir uns daher auf eine kurze Zusammenfassung wichtiger Vorgänge und Ereignisse, die den heutigen Entwicklungsstand der russischen Psi-Forschung nachhaltig bestimmten.

Nach der Oktober-Revolution im Jahre 1917 setzten bekannte sowjetische Wissenschaftler, wie Wladimir Bechterew, A. Iwanow-Smolenskij und Bernard Kaschinskij, die von ihren Kollegen aus dem vorrevolutionären Rußland begonnenen Untersuchungen paranormaler Phänomene fort. Schon 1924 ergriff der für Erziehungsfragen zuständige Kommissar Anatolij Lunatscharskij die Initiative, indem er ein »Sowjetisches Komitee für die Erforschung des Paranormalen« einberief. Dem Physiologen Bechterew vom Institut für Gehirnforschung an der Universität von Leningrad, der sich schon 1919 mit der Untersuchung ungewöhnlicher physiologischer und psychologischer Effekte in Hypnose befaßt hatte, gewährte man zur Realisierung weiterer Forschungsvorhaben auf diesem Gebiet alsbald die notwendige finanzielle Unterstützung.

Leonid Wassiliew, dessen wissenschaftliche Karriere 1921 am Leningrader Gehirnforschungs-Institut begann, wurde Mitglied der von Bechterew ins Leben gerufenen »Kom-

mission zum Studium der Mentalsuggestion«. Er untersuchte als erstes den Einfluß von Magnetfeldern auf das psychologische Verhalten von Versuchspersonen und avancierte später zur Zentralfigur der sowjetischen Suggestionsforschung. Wassiliew experimentierte nicht nur mit hypnotisierten Personen, sondern wertete auch spontane Fälle von Telepathie aus. Im Jahre 1926 publizierte er die Ergebnisse seiner früheren Forschungsarbeiten, die darin gipfelten, daß er die Telepathie auf elektromagnetische Aktivitäten des Gehirns zurückgeführt wissen wollte. Eine Kommission, die sich noch im gleichen Jahr mit der Wiederholung der Wassiliewschen Telepathie-Experimente befaßte, kam allerdings zu negativen Ergebnissen. Zu einem späteren Zeitpunkt mit anderen Versuchspersonen durchgeführte Experimente verliefen dagegen erfolgreich und bestätigten die Realität dieses Phänomens.
In der Zeit zwischen 1932 und 1937 suchten Wassiliew und seine Mitarbeiter im Rahmen einer Experimentalstudie nach physikalischen Erklärungen für Telepathie und andere paranormale Bewirkungen; einschlägige Versuche verliefen jedoch ergebnislos. Danach mußten die Experimente auf höhere Weisung vorübergehend eingestellt werden. Während der Stalin-Ära wurde das Studium paranormaler Phänomene – allerdings nur nach außen hin – als »vorsätzlicher Akt zur Unterwanderung der Grundprinzipien des dialektischen Materialismus« gewertet und verboten. Bis zum Jahre 1950 erfuhr der Westen nichts mehr über die sowjetische Para-Forschung, obwohl, wie sich später herausstellen sollte, Wassiliew auch in der Zeit nach dem Zweiten Weltkrieg seine experimentellen Untersuchungen auf dem Gebiet der Biokommunikation ungehindert fortsetzen konnte. Dann geschah das Unfaßbare, angeblich ausgelöst durch den ominösen *Nautilus*-Fall (vgl. Ka-

pitel II/2): Professor Wassiliew – inzwischen mit dem Leninorden ausgezeichnet – durfte als Leiter eines eigenen parapsychologischen Forschungsinstituts an der Universität Leningrad mit Billigung höchster staatlicher Stellen die Ergebnisse seiner Telepathie-Experimente erstmals auch im Westen veröffentlichen, und dies ungeachtet der Tatsache, daß er die ideologiekonforme elektromagnetische Übertragungshypothese mittlerweile hatte aufgeben müssen. Die 1962 erschienene englische Ausgabe seines Werks trug den Titel *Experimental Studies of Mental Suggestion* (später veröffentlichte deutsche Ausgabe: *Experimentelle Untersuchungen der Mentalsuggestion*) und wurde in Kreisen westlicher Experten als Sensation empfunden. »Tauwetter« schien sich anzubahnen.

In der Folge bereisten zahlreiche westliche Wissenschaftler die Sowjetunion, um dort einschlägigen Experimenten beizuwohnen und mit ihren Kollegen einen regen Gedankenaustausch zu pflegen. Westliche »Kontaktler«, die nach Wassiliews publizistischem Vorstoß als erste die dortigen Einrichtungen aufgesucht hatten, berichteten nach der letzten von zwei im Abstand von nur wenigen Jahren in Moskau stattgefundenen Konferenzen über einen merklichen Stimmungsumschwung seitens der Gastgeber. Während der ersten Konferenz über parapsychologische Themen im Jahre 1963 kam es zwischen den Teilnehmern zu einem offenen Gedankenaustausch. Das zweite Treffen wurde 1968 von einem in der *Prawda* abgedruckten tendenziösen Artikel gegen die Parapsychologie überschattet. Das Gros der sowjetischen Wissenschaftler lehnte jede Diskussion ab; westliche Besucher mußten ihre Notizen bei der Tagungsleitung vorzeigen, und das seinerzeit in Anspruch genommene »Haus der Freundschaft« zog alle Einladungen für weitere Treffen sowie Filmvorführungen zurück.

Von da an nahm die in der Sowjetunion von offizieller Seite vorgetäuschte Feindseligkeit gegen die Parapsychologie ständig zu. Sie erstreckte sich von unqualifizierten Angriffen einiger selbsternannter »Entlarver« in lokalen Presseorganen bis hin zur Verfolgung fortschrittlich denkender Wissenschaftler, die sich den Grenzwissenschaften privat widmeten oder die in der Vergangenheit mit westlichen Kollegen in engem Kontakt gestanden hatten.
Im Jahre 1974 war der bekannteste sowjetische Parapsychologe mit Westkontakten – Vortragsreisender in Sachen »Psi« und inoffizieller Sprecher seiner Wissenschaftskollegen –, der in Moskau lebende Physiker Eduard Naumow verhaftet und zu zwei Jahren Zwangsarbeit verurteilt worden. Man hatte ihn beschuldigt, er habe unberechtigt, d. h. ohne Genehmigung der Behörden, für seine Vorlesungen über Parapsychologie Gebühren kassiert. Obwohl sich bei seiner Verhandlung vierzig Zeugen für ihn einsetzten, wurde er für schuldig befunden. Allem Anschein nach wollte man an dem unerschrockenen Verfechter einer »zivilen« Psychotronik ein Exempel statuieren.
Larissa Wilenskaja, eine russische Physikerin und Mathematikerin – sie lebt heute in den USA –, die wesentlich zur Durchleuchtung der östlichen Para-Szene beigetragen hat, wurde 1975, als sie Naumow im Arbeitslager besuchte, ebenfalls unter fadenscheinigen Gründen verhaftet. Sie hatte sich später, genau wie Naumow, im *Serbskij-Institut für Forensische Psychiatrie* in Moskau einer psychiatrischen Behandlung zu unterziehen. Naumows Verurteilung und berufliche Disqualifizierung – viele seiner Kollegen, die sich auf privater Ebene aktiv mit der Parapsychologie befaßten, teilten sein Schicksal – beendeten die Ära des offenen Diskutierens grenzwissenschaftlicher Themen in der Sowjetunion, der zahlreichen inoffiziellen Kontakte mit

westlichen Parapsychologen, die die Behörden bis dahin stillschweigend geduldet hatten, mit einem Schlag.

Obwohl die Haltung der Sowjetbehörden gegenüber einer staatlich nicht sanktionierten, von Enthusiasten geförderten Parapsychologie in all diesen Jahren frostig bis feindselig war, kamen zur ersten Internationalen Konferenz für psychotronische Forschung, die 1973 in Prag stattfand, von insgesamt 91 eingereichten Beiträgen allein 49 aus der Sowjetunion und anderen Ostblockländern. Dies könnte ein wichtiges Indiz dafür sein, daß in der Sowjetunion und in der früheren ČSSR die eigentliche Psychotronik-Forschung, mit Blick auf eventuelle militärische und nachrichtendienstliche Anwendungsmöglichkeiten, zu keiner Zeit eine Unterbrechung erfahren hat. Ähnlich dürfte auch ein 1974 in der Moskauer Zeitschrift *Journalist* erschienener Artikel zu bewerten sein, in dem es heißt, daß »nicht alle in der Natur vorkommenden Energiefelder der heutigen Physik bekannt sind, und, wenn sich verschiedene Phänomene gegenwärtig noch nicht erklären ließen, dies nicht etwa bedeute, daß es sie dann auch nicht gäbe«.

Während der zurückliegenden Jahrzehnte hat die Parapsychologie in der Sowjetunion und in den Ländern des Warschauer Paktes mehrfach Wandlungen durchgemacht, die nicht zuletzt auf den Generationswechsel und, hierdurch bedingt, auf neu eingebrachte Forschungskonzeptionen zurückzuführen sind. Die älteren, aktiv mit den Problemen der Psychotronik befaßten Wissenschaftler betrachteten Psi-Phänomene zunächst mehr philosophisch und psychologisch. Diese Konzeption bestimmte denn auch die Art und Weise, wie sie sich den Lösungen aller hiermit zusammenhängenden Fragen näherten: In den meisten Fällen gingen sie davon aus, daß sie es bei Para-Phänomenen mit komplexen psychischen Vorgängen zu tun haben, mit nur schwer kontrollierbaren und daher auch nicht immer reproduzierbaren Prozessen. Sie beschränkten sich bei ihren Untersuchungen auf die eigenen Fachgebiete, deren Problematik sie kannten, und konzentrierten sich auf die Verteidigung der von ihnen aufgestellten Theorien. Was die Quantität der durchgeführten Experimente und die der angehäuften Fakten anbelangt, vollbrachten sie eine enorme Fleißarbeit.

Die jüngeren Wissenschaftler in den Ostblockländern begriffen recht schnell, daß diese Forschungskonzeption der Psi-Pioniere einseitig und einengend ist, daß sie in einer Sackgasse enden mußte. Sie waren des ständigen Beschreibens und Beweisens überdrüssig und beschäftigten sich in der Folge mehr mit der Machbarkeit von Psi-Phänomenen, mit der Entwicklung geeigneter Funktionsmodelle. Das Bestreben, alle im Zusammenhang hiermit auftretenden Schwierigkeiten zu überwinden, zwang die jüngere Forschergeneration zur Aufgabe der alten, starren Konzeption. Sie betrachteten die Parapsychologie, die sie entsprechend ihren ideologischen Vorstellungen in Psychotronik bzw. Biokommunikation umbenannten, fortan als interdisziplinäre Grenzwissenschaft. Der einpolige philosophisch-psychologische Grundgedanke wurde durch technisch-physikalische Modelle ergänzt, die dann in jüngster Zeit viel zur Entschärfung der Psi-Problematik beigetragen haben. Die hieraus resultierende Psi-Forschung bewegte sich so über Jahrzehnte zwischen beiden Konzeptionsextremen. Sie umfaßte praktisch sämtliche wissenschaftliche Disziplinen und wurde weniger von Enthusiasten als von gut aufeinander abgestimmten interdisziplinären Spezialistenteams bestritten. So entstand schon 1967 in der Tschechoslowakei eine »Koordinierungsgruppe für Psychotronik«, die sich die Erforschung der dem Menschen und der beleb-

ten Natur innewohnenden, physikalisch bislang noch nicht erfaßbaren Energien zum Ziel gesetzt hatte. Die Tschechen schienen davon überzeugt gewesen zu sein, daß die in der heutigen Physik dominierende Vorstellung vom Teilchen-Wellen-Charakter des Elektrons eines ergänzenden dritten Aspekts, dem der mentalen oder »Para«-Elementarteilchen – sogenannten »Mentionen« – bedürfe. Diese könnten sowohl die belebte als auch unbelebte materielle Welt beschreiben – eine für physikalische und nichtphysikalische (paranormale) Vorgänge gleichermaßen geltende Theorie.
Die Autoren der zuvor erwähnten Studie *Soviet and Czechoslovakian Parapsychology Research* meinten 1975 zur weiteren Entwicklung der Psychotronik-Forschung in den Ostblock-Ländern: »In den nächsten fünfzehn Jahren werden die Sowjets und die Tschechen verstärkt parapsychologische Forschung betreiben. Ihre Forschungsaufgaben müßten nach Lage der Dinge die Entwicklung geeigneter Instrumente zum Identifizieren und Registrieren der dem menschlichen Körper innewohnenden Bioenergie sowie deren Interaktionen mit lebenden und unbelebten Objekten auf Distanz miteinbeziehen.
Ferner wird man dem sogenannten ›Cyborg‹-Aspekt – dem Ankoppeln menschlicher Induktoren an physikalisch/psychotronische Einrichtungen – große Beachtung schenken. Innerhalb des hier erwähnten Zeitraumes wird man auch die Entwicklung von Geräten zum computergestützten mathematischen Modellieren von Bioenergie-Interaktionen vorantreiben. Zur Schaffung einer Grundlage für solche Modelle entwickelt man Experimentiertechniken, die sich kontrollieren und reproduzieren lassen.«
Es war damals bekannt, daß sich die Russen schon seit langem mit der Entwicklung sogenannter IMCSM-Techniken (engl.: *Interferential Measurement and Complex Sy-*

stems Modelling; etwa: Interferenzmessung und Modellieren komplexer Systeme) befassen. Dieses Verfahren eignet sich zur gleichzeitigen Untersuchung vieler Objekte mit sich gegenseitig beeinflussenden Komponenten, selbst wenn das Verhalten dieser Objekte teilweise oder überwiegend von Faktoren bestimmt wird, die man nicht beobachten kann. Die Psychotronik, wie sie die Russen betreiben, wäre möglicherweise ein ideales Anwendungsfeld für IMCSM-Techniken. Derartige Verfahren könnten ihnen zu bedeutenden Durchbrüchen verhelfen.

Seit Mitte der siebziger Jahre schien die CIA, was die Psi-Forschung und die Nutzbarmachung von Para-Phänomenen für militärische und nachrichtendienstliche Zwecke in den ehemaligen Staaten des Warschauer Paktes anbelangt, nicht mehr so recht auf dem laufenden gewesen zu sein. In der von Major J. D. LaMothe und einem Abwehrbeamten Louis F. Maire III im Auftrag der US-Nachrichtenorganisation DIA verfaßten Studie über die sowjetische Psychotronik-Forschung werden wichtige Problemzonen der amerikanischen Ausforschung genannt. Benötigt wurden vor allem Informationen über:

- die psychokinetische Einflußnahme wichtiger sowjetischer PK-Medien, wie Nina Kulagina (†), Alla Winogradowa usw., auf Magnetbänder;
- Konstruktion und Betrieb der psychotronischen Generatoren von Robert Pavlita und anderen Psychotronik-Forschern;
- den elektrischen Aufbau von Bioenergie-Detektoren. Es handelt sich hierbei um Instrumente für Messungen auf Zellebene bzw. auf Gesamtkörperebene;
- die sowjetische Zellstrahlungsforschung (sogenannte mitogenetische Strahlung). Man wußte allerdings, daß für den Austausch von Informationen zwischen den Zellen die

ultraviolette Komponente des elektromagnetischen Spektrums als Trägerfrequenz in Betracht kommt;

- ein sowjetisches Massen-Selektionsverfahren zur Ermittlung von Medien, die sich für militärische Aufgaben eignen;
- mögliche geheime Anwendungen elektromagnetischer bzw. elektrostatischer Einrichtungen der Sowjets, die sich gegen Personen, Geräte, Rundfunk- und Fernsehstationen richten. Hier interessierten vor allem die Untersuchungen am Institut für Radiotechnik und Elektronik der Sowjetischen Akademie der Wissenschaften;
- Zusammenhänge zwischen Psychotronik und mentaler Beeinflußbarkeit;
- den Einsatz von IMCSM-Techniken in der sowjetischen und tschechischen Psychotronik-Forschung;
- bioenergetische Studien am A.-A.-Uktomskij-Laboratorium, das der Roten Armee unterstand;
- sowjetische Experimente auf dem Gebiet der subliminalen (unterschwelligen) Wahrnehmung;
- Dr. Wladimir Raikows Hypnose-Experimente usw.

Seit Veröffentlichung dieser sicherlich nicht vollständigen Informations-Wunschliste der CIA sind etwa zwanzig Jahre vergangen. Die amerikanischen Nachrichtendienste konnten ihre Ausforschungsmethoden inzwischen verfeinern, computerisieren und somit zufallsunabhängiger machen. Wissenschaftliche Arbeiten aus allen mit der Psychotronik zusammenhängenden Sparten werden heute mittels Großcomputern systematisch auf ihren Informationsgehalt »abgetastet«. Durch Sichten und Ordnen all dieser wahllos zusammengetragenen Informations-»Bits« sowie durch Aussagen russischer Wissenschaftler, die seit Beginn der Glasnost-Ära in den Westen überwechselten oder zu diesem enge Kontakte unterhalten, erhält man allmählich eine vage

Vorstellung vom Umfang und von der Qualität der bisherigen russischen Psi-Forschung.
Im März 1977 durfte der russische Physiker August Stern, Sohn des Endokrinologen Dr. Michail Stern, nachdem er wegen seines Auswanderungsantrags eine zweijährige Haftstrafe verbüßt hatte, nach Frankreich auswandern. Vor seiner Haft hatte sich Stern in einem sibirischen Geheimlabor drei Jahre lang theoretisch mit psychotronischer Grundlagenforschung befaßt. Das dem sibirischen Zweig der Sowjetischen Akademie der Wissenschaften unterstellte Labor in Nowosibirsks Akademgorod (Wissenschaftsstadt) befand sich in einem abgelegenen, streng bewachten Gebäude, dessen Sicherheitscode wöchentlich gewechselt wurde. Offiziell galt das Labor als Nebenstelle des Instituts für Automation und Elektrometrie, führte jedoch die Tarnbezeichnung »Spezialabteilung Nr. 8«.
Bei der Eröffnung dieses Labors im Jahre 1966 betraute man einen Marineoffizier namens Vitalij Perow mit dessen Leitung. Stern erinnert sich noch recht genau zweier zivil gekleideter Herren, die der Forschungsstätte eines Tages einen Besuch abstatteten und von Perow überall herumgeführt wurden.
Er glaubt, daß es sich damals um eine erste Visite des KGB gehandelt habe. Perows Mitarbeiter – es waren insgesamt etwa 60 Personen – kamen aus allen Gegenden der Sowjetunion. Den Wissenschaftlern sollen schon zu dieser Zeit finanzielle Mittel in unbegrenztem Umfang zur Verfügung gestanden haben. Stern schätzt den Wert der technischen Einrichtung des Labors auf viele Millionen Rubel. Er selbst suchte nach einer Art »Ordnungsprinzip für alle möglichen Energieformen«, ähnlich dem von Julius Lothar Meyer (1830–1895) und Dimitrij Mendelejew (1834–1907) unabhängig voneinander entwickelten »Periodischen System

der Elemente«, in dem die chemischen Grundstoffe der Materie nach ihren Ordnungszahlen zusammengefaßt sind. Dieses jedem von uns aus der Schulzeit geläufige System – eine tabellarische Reihung der chemischen Elemente, entsprechend ihren miteinander verwandten Beziehungen sowohl in der Horizontalen als auch in der Vertikalen – ergab gewisse Gesetzmäßigkeiten, durch die man bis dahin noch nicht bekannte (dazwischenliegende) Grundstoffe und deren Eigenschaften mit einiger Genauigkeit voraussagen konnte.

Sollten sich in einem entsprechenden Energieformen-System offene Stellen zeigen, so müßten diese, nach Sterns früherer Auffassung, ähnlich wie beim Periodischen System der Elemente, für die Identifikation sogenannter »Psi-Partikeln« (sic!) – als Basis für die hypothetische psychische Energie – äußerst aufschlußreich sein. Obwohl sich Stern zwei Jahre lang mit der Erstellung einer solchen Systematik befaßt hatte, gelangte er zu keinem greifbaren Ergebnis.

Nach Sterns Angaben wurden im gleichen Labor unter anderem folgende Experimente durchgeführt:

– Junge Katzen erhielten Elektroschocks, um zu ermitteln, ob ihre räumlich getrennt gehaltenen Mütter hierauf mental reagieren;

– Überwachung von Personen mittels TV-Monitoren, um die Wirkung willkürlich ausgesandter Telepathie-Signale zu beobachten;

– Ermittlung des Einflusses elektromagnetischer Felder auf Affen;

– Froschaugen wurden zur Messung des Photonenflusses (Licht) benutzt, da diese wesentlich empfindlicher als physikalische Meßinstrumente sein sollen;

– es wurden Versuche zur Übertragung tödlicher Krank-

heiten mittels UV-Photonen unter Verwendung von Quarzgefäßen durchgeführt.
Die »Spezial-Abteilung Nr. 8« wurde im Jahre 1969 aus unerfindlichen Gründen geschlossen. Offenbar fürchtete man um die weitere Geheimhaltung der hier durchgeführten Experimente. Stern, der inzwischen nach Moskau zurückbeordert worden war, erfuhr von Freunden, daß die sowjetische Marine in einem neuen Leningrader Labor die in Nowosibirsk begonnene Psi-Forschung fortzuführen gedenke. In diesem Zusammenhang bot man ihm sogar eine neue Stelle an. Wie sich jedoch später herausstellen sollte, wurde dieses Vorhaben der Sowjetmarine zugunsten eines viel umfassenderen Projekts aufgegeben: Der größte Teil der Psychotronik-Forschung konzentrierte sich fortan in einem vom KGB geleiteten Großlabor in Moskau. Als Stern nach jahrelangen Bemühungen die Sowjetunion schließlich verlassen durfte, will er, kurz vor seiner Abreise im März 1977, noch erfahren haben, daß seinen Kollegen die Entwicklung einer »wichtigen, sehr gefährlichen Waffe« gelungen sei. Möglicherweise wollte sein Informant die erfolgreiche Erprobung einer psychotronischen Offensivwaffe andeuten.
Der KGB mußte natürlich damit rechnen, daß Informationen über geheime sowjetische Psi-Forschungsprojekte, wie im Fall des Emigranten August Stern, von westlichen Geheimdiensten bis ins Detail ausgewertet und die Ergebnisse dieser Ermittlungen bei künftigen Untersuchungen berücksichtigt werden. Er versuchte daher renommierte Fachleute und Journalisten im eigenen Lager zu Gegendarstellungen zu bewegen, einerseits um sowjetische Psi-Strategien zu verschleiern, andererseits, um unter allen Umständen westliche Wissenschaftler von einer interdisziplinären Psychotronik-Forschung abzuhalten. Über einen solchen Versuch

berichtete die *New York Times* in ihrer Ausgabe vom 19. Juni 1977. Ein Jahr zuvor hatte die französische Zeitung *Le Monde* das Schreiben eines sowjetischen »Wissenschaftsjournalisten« namens Wladimir Lwow abgedruckt, in dem dieser einen früher erschienenen Beitrag des heute in Marseille lebenden Professors Henri Gastaut über die sowjetische Psi-Forschung heftig attackierte. Gastaut war in seinem Beitrag lediglich für eine finanzielle Beteiligung des französischen Staates an der Erforschung von Psi-Phänomenen eingetreten, indem er beiläufig auf die mannigfachen sowjetischen Psi-Aktivitäten aufmerksam machte. In Lwows Artikel mit dem Titel *Mythen und Realitäten in der Sowjetunion* heißt es: »Die Wahrheit ist einfach. In der Sowjetunion existiert keine Parapsychologie als legitimierte, offiziell anerkannte Fachdisziplin der sowjetischen Wissenschaft. Bei uns befaßt man sich weder an Instituten noch in wissenschaftlichen Forschungszentren mit Telepathie, Psychokinese usw. Es gibt da lediglich vereinzelt Gruppen von Amateuren … die im Verein mit einigen skrupellosen und wissenschaftlich unbedarften Journalisten ›Paranormales‹ zu ergründen versuchen.«
Wie widersinnig Lwows Behauptung ist, geht schon aus dem 1978 erschienenen DIA-Report *Paraphysics R & D – Warsaw Pact* (etwa: *Paraphysik, Forschung und Entwicklung in den Staaten des Warschauer Paktes*) hervor, in dem es unter anderem heißt, daß »die USA und die Sowjetunion über jeweils sechs größere und etwa zwölf kleinere Forschungszentren für Parapsychologie verfügen«, Zahlen, die sich – zumindest was die Sowjetunion anbelangt – später sogar noch als grobe Untertreibung herausstellen sollten. Ein Jahr zuvor hatte die CIA eine interne Information veröffentlicht, in der es hieß, allein in der Sowjetunion würden etwa 300 Wissenschaftler – meist Physiker, Ärzte,

Biochemiker und Elektroingenieure – auf dem Gebiet der Parapsychologie theoretische und praktische Forschungsarbeit leisten.

Aus Kreisen westlicher Geheimdienste war später zu erfahren, daß der KGB zu Lwow enge Beziehungen unterhielt, was die merkwürdigen Dementis dieses »Journalisten« eigentlich verständlich erscheinen läßt.

Viele amerikanische und sowjetische Wissenschaftler schienen damals gewußt zu haben, daß gewisse Psi-Phänomene zur Änderung oder anderweitigen Manipulation des menschlichen Bewußtseins – als »brisante Waffe« im weitesten Sinne – benutzt werden können. Es gilt als erwiesen, daß die wichtigsten Anstöße zur Prüfung der Möglichkeit des Einsatzes bewußtseinsbeeinflussender Hypnosetechniken, telepathischer Kommunikation, der Psychokinese und Bionik im militärischen und Spionagebereich, gewollt oder ungewollt, vom KGB kamen. In einem der zuvor erwähnten (und mittlerweile freigegebenen) DIA-Berichte heißt es zu den in der Sowjetunion entwickelten und tausendfach erprobten Bewußtseinsmanipulationsverfahren auf paranormaler und verwandter Basis: »Bewußtseinsverändernde Techniken bezwecken, in den bewußt oder unbewußt funktionierenden Gehirnpartien einen oder mehrere von zahlreichen unterschiedlichen Zuständen herbeizuführen. Das Ziel jeglichen kontrollierten offensiven Verhaltens dürfte letztlich die totale Beeinflußbarkeit des Willens durch eine äußere Kraft [Angreifer] sein. Weitaus realistischer erscheint jedoch die Annahme, die Sowjets könnten mit ihrer Forschung auf diesem Gebiet nach Möglichkeiten zur Erzeugung leichterer Formen geistiger Verwirrung suchen.«

In dem genannten und später noch im Detail zu behandelnden Geheimdienstbericht werden unterschiedliche Methoden zur Beeinflussung des menschlichen Bewußtseins

Tabelle 3: Wissenschaftliche Institutionen der früheren Ostblockländer, die sich während der Zeit des Kalten Krieges mit Para-Phänomenen und Psychotronik-Forschung befaßten

Institution, Ort	Art der Projekte
I. Parapsychologie/ Psychotronik Teil A: Institute	
Physikabteilung der Staatlichen Akademie für Instrumentewesen, Universität Moskau	Psychotronische Instrumente; Bioenergetik allgemein
Bioinformationsabteilung der Wissenschaftlichen und Technischen A.-S.-Popow-Gesellschaft für Radiotechnik und elektrische Kommunikation; ferner: Labor für Bioenergetik (seit 1978), Moskau	Telepathie; Lichteffekte zum Stabilisieren der Telepathie; psychedelische Versuche; ASW-Theorien; bioenergetische Experimente
Abteilung für Theoretische Physik der Universität Moskau	Psychokinese; ASW allgemein; Telepathie-Theorien (u. a. Fluktuationstheorie)
Sehforschungslabor des Instituts für Informationsübertragungsprobleme der Sowjetischen Akademie der Wissenschaften, Moskau	Dermoptische Wahrnehmung (sogenanntes Hautsehen, DOP)
Luftfahrtinstitut, Moskau	Erforschung des Phänomens der Unbekannten Flugobjekte (Ufo)

Institution, Ort	Art der Projekte
Geologische Abteilung der Universität Moskau	Radiästhesie, d. h. biophysikalische Effekte (BPE) (Arbeiten mit Wünschelruten und Pendeln)
Wissenschaftliches Forschungsinstitut für Allgemeine und Erziehungspsychologie, Sowjetische Akademie der Pädagogischen Wissenschaften, Moskau	nicht näher definiert, vermutlich Schulung von Personen in ASW
Institut für Strahlungsforschung und physikalisch-chemische Biologie der Sowjetischen Akademie der Wissenschaften, Moskau	Weiterentwicklung der Hochfrequenz-Fotografie
Institut für Reflexologie, Moskau	nicht näher definiert, vermutlich Psychokinese-Forschung
Neurophysiologische Klinik, Moskau	Telepathie-Experimente (auch Tier-Telepathie auf emotionaler Basis)
Baumann-Institut für Fortgeschrittene Technologie, Moskau	nicht näher definiert
Institut für Energetik, Moskau	nicht näher definiert, vermutlich Psychokinese-Forschung
Pawlow-Institut, Moskau	nicht näher definiert, vermutlich allgemeine ASW

Institution, Ort	Art der Projekte
Abteilung Biophysik der Universität Moskau	Weiterentwicklung der Hochfrequenz-Fotografie und andere Aktivitäten
Institut für Probleme der Informationsübertragung, Sowjetische Akademie der Wissenschaften, Moskau	»Energie-Batterien« (vgl. Pavlitas Biogeneratoren)
Institut für Überwachungsprobleme, Sowjetische Akademie der Wissenschaften, Moskau	nicht näher definiert
Polytechnisches Institut, Abteilung für Kybernetik, St. Petersburg	nicht näher definiert, vermutlich Psychokinese-Forschung
Laboratorium für Arbeitsphysiologie der Universität, Physiologische Abteilung, St. Petersburg	Telepathie (hiermit zusammenhängend: EEG-Überwachung)
A.-A.-Uktomskij-Laboratorium für Physiologie, St. Petersburg	Neurophysiologie; Telepathie; Psychokinese; psychotronische Generatoren; Kraftfelddetektoren zum Aufspüren psychischer Energien; ASW allgemein (Labor unterstand angeblich der Roten Armee)
Bechterew-Gehirnforschungsinstitut der Universität, Labor für Biologische Kybernetik des Physiologischen Instituts, St. Petersburg	Geräte zum Feststellen und Aufzeichnen biologischer Felder (Aura)

Institution, Ort	Art der Projekte
Pulkowo-Observatorium, St. Petersburg	Zeit-Forschung; Theorien über Zusammenhänge zwischen Zeit und ASW (Zeit als Energieform); einschlägige Experimente
Forschungsinstitut für Psychologie an der Ukrainischen Akademie der Wissenschaften, Kiew	Anwendung der Telepathie und Psychokinese auf neuartige Apparaturen; Einsatz von Bioenergie in der Chemie und Medizin
Institut für Kybernetik der Ukrainischen Akademie der Wissenschaften, Kiew	nicht näher definiert; vermutlich Psychokinese-Forschung
Institut für Klinische Physiologie, Kiew	nicht näher definiert
Institut für Psychiatrie und Neurologie, Charkow	nicht näher definiert
Wissenschaftliche-industrielle Forschungseinheit »Quantum«, Krasnodar	nicht näher definiert
Filatow-Laboratorium für Physiologie des Sehens, Odessa	Dermoptik
Kirow-Staatsuniversität von Kasachstan, Alma Ata	Bioplasma-Forschung; Weiterentwicklung der Hochfrequenz-Fotografie; paranormale Beeinflussung des Wetters; Psychokinese-Theorien; Experimente mit der mitogenetischen Strahlung usw.

Institution, Ort	Art der Projekte
Staatsuniversität von Georgien, Tiflis	nicht näher definiert
Vereinigte Kernforschungs-institute, Dubna	Psychokinese-Experimente mit Nina Kulagina
Medizinisches Institut Nowosibirsk	Telepathie-Experimente (auch Emotio-Telepathie bei Tieren)
Institut für Klinische und Experimentelle Medizin, Nowosibirsk	Übertragung von Krankheiten mittels mitogenetischer Strahlung (psychotronische Techniken)
Institut für Automation und Elektrometrie, Nowosibirsk	Diverse Psi-Experimente
Pädagogisches Institut, Nischnij Tagil (Ural)	Experimente mit dermoptischer Wahrnehmung
Weitere Forschungsinstitute vermutlich in Magnitogorsk, Ischim, Scheljabinsk, Werschnaja, Pischma (Uralgebiet) usw.	Dermoptische und andere Psi-Experimente
Tschechische Akademie der Wissenschaften, Prag, und Universität Hradec Králové (Königgrätz)	Psychotronik-Forschung allgemein; psychotronische Generatoren; Telepathie; ASW-Theorien
Physikalische Abteilung des Pädagogischen Instituts, Trnava	Experimente mit Pyramiden-Energie; einschlägige Theorien

Institution, Ort	Art der Projekte
Psychoenergetisches Institut (unter Universitätsschirmherrschaft), Prag. Koordiniert waren: Zentralkrankenhäuser, Universitätsabteilungen, staatliche Forschungsinstitute (u. a.: Physiologisches Institut der Tschechoslowakischen Akademie der Wissenschaften; Zentrales Geologisches Forschungsinstitut; Forschungsinstitut für Metallurgie usw.)	Mentale Zeit; Einfluß mentaler Energie auf lebende Organismen; mentale Imprägnierung; psychotronische Generatoren; Trainingsprogramm für Sensitive; Hellsehen; praktischer Einsatz von Psi in der Medizin und Geologie; plethysmographische Untersuchungen; Radiästhesie; neue bewußtseinsintegrierende Psi-Theorien (Mentionen-Theorie); ASW und Psychokinese im weitesten Sinne
Teil B: Involvierte Personen	
S. Dobronrawow, Swerdlowsk	Dermoptische Wahrnehmung
Wassilij Efimow (Biologe), Moskau	ASW allgemein
J. Holodow	ASW bei Tieren (Tests in Magnetfeldern)
Pawel Oschtschepkow, Moskau	ASW allgemein
S. Serow, Swerdlowsk	Suggestion; andere ASW-Phänomene
Nikolai Sotschewanow, Leningrad	Radiästhesie (BPE)
A. Troskin, Swerdlowsk	Suggestion; andere ASW-Phänomene

Institution, Ort	Art der Projekte
II. Mentalsuggestion und kontrolliertes Verhalten Teil A: Institute	
Serbskij Zentrales Wissenschaftliches Forschungsinstitut für Forensische Psychiatrie, Moskau	Hypnoseforschung
Poliklinik Nr. 26, Moskau	Hypnologie, Hypnose-Therapie, besonders bei Kindern
Pawlow-Institut, Hypnotarium, St. Petersburg	Hypnoseforschung und -behandlung
Medizinisches Institut, Psychiatrische Abteilung, Karaganda, Kasachstan	Hypnoseforschung
Institut für Suggestologie und Parapsychologie, Sofia, Bulgarien	Hypnoseforschung sowie ASW und Psychokinese allgemein; Dermoptik; paranormale Heilung
Teil B: Personen	
A. Genkin; G. Gurwitsch; B. Kwognow; V. Marischtschuk; E. Mordinow; M. Tischtechenkow; M. Jefimenko; A. Sarakow	Werden im Zusammenhang mit Forschungsaufgaben auf dem Gebiet der Mentalsuggestion genannt

genannt: Erzeugung von Verwirrung und Angst, Senkung der Moral, Verlust des Vertrauens in andere sowie des Selbstvertrauens, Ermüdung, Beeinflußbarkeit, Zerfall des Sozialgefüges, ja sogar die totale Lähmung physischer und psychischer Funktionen.

Die Studie behandelt ausschließlich nichttödliche Aspekte paranormaler und anderer bewußtseinsbeeinflussender bzw. -verändernder Methoden, wie sie vor allem von sowjetischen Wissenschaftlern an ihren zahlreichen Instituten praktiziert wurden. Sie verschweigt indes nicht, daß einige der bereits perfektionierten Manipulationstechniken durchaus letale Auswirkungen haben können.

Bei der Bewußtseinsmanipulation für militärische Zwecke spielen neben Psi-Techniken auch nicht-psychotronische Mittel oder solche, die die paranormale Komponente lediglich stabilisieren (Psi-Phänomene reproduzierbar machen) – Geräusche (Ton), Licht, Farben und Pheromone (chemische Lockstoffe) –, eine wichtige Rolle.

Die westliche Abwehr zeigte sich vor allem darüber besorgt, daß die Sowjets über die Wirkung von Ton und Licht auf das physische und psychische Verhalten biologischer Systeme bestens informiert zu sein schienen und daß man einschlägigen Phänomenen an sowjetischen Forschungsinstituten offenbar große Bedeutung beimaß. Die Umsetzung der von ihnen auf diesen Gebieten zusammengetragenen Erfahrungen in praktische Belange erschien zunächst verhältnismäßig einfach. Es wurde sogar davon gesprochen, daß die sowjetische Luftwaffe gegen Angehörige der amerikanischen und alliierten Streitkräfte in vereinzelten Fällen die sogenannte »Flickerlicht«-Methode (intermittierende Lichteinwirkung; auch mittels Farben) angewendet haben soll, um bestimmte psychologische Effekte – Verwirrung, hypnagoge, tranceartige bzw. epileptoide Zustände – auszulösen. In der militärischen Spezialliteratur wurden aus Gründen der Geheimhaltung hierüber keine weiteren Angaben gemacht. Offenbar arbeiteten die Amerikaner an ähnlichen Projekten.

Das Ausmaß der in der Sowjetunion und in anderen Ostblockländern betriebenen Psychotronik-Forschung – auch deren interdisziplinärer Charakter – ist aus *Tabelle 3* ersichtlich. Die Tabelle wurde anhand von Informationen des amerikanischen Geheimdienstes CIA und anderer ziviler Nachrichtenorganisationen zusammengestellt. Sie veranschaulicht die enormen Psi-Forschungsaktivitäten in diesen Ländern im Zeitraum von 1973 bis etwa 1983, soweit diese überhaupt in Erfahrung gebracht werden konnten. Man darf annehmen, daß die hier erwähnten Forschungsstätten nur die »weniger geheime Spitze des Eisberges« darstellten, daß die sowjetische Armee und der KGB in bestimmten Sperrgebieten Speziallabors unterhielten, von denen selbst die hier aufgeführten Sowjetwissenschaftler keine Ahnung hatten. Höchstwahrscheinlich lieferten die der sowjetischen Öffentlichkeit und somit auch uns bekannten Institute lediglich das wissenschaftliche »Rohmaterial« für eine viel qualifiziertere Psi-Forschung, die an streng bewachten Orten direkt in militärische und verwandte Projekte umgesetzt wurden. Der bereits zitierte amerikanische Militärwissenschaftler und ehemalige Abwehrexperte Thomas E. Bearden glaubt zu wissen, daß die Sowjets in die experimentelle Erkundung paranormalen Terrains damals etwa siebenmal so viel wie die Amerikaner in ihr Manhattan-Projekt – die Entwicklung der ersten Atombombe – investiert hatten. Wie es sich später herausstellen sollte, war diese Schätzung zwar übertrieben, das Budget der sowjetischen Psi-Strategen übertraf aber dennoch das der Amerikaner um ein Vielfaches.

III

Psi für den Ernstfall – Die Para-Truppe

1 Hypno-Taktiken

Kopenhagen im Herbst 1953. Ein Mann stellt sein Fahrrad unmittelbar neben der »Landmann«-Bank ab, nimmt eine abgegriffene Ledertasche aus dem Gepäckträger und betritt die Schalterhalle des Bankgebäudes. Seine monoton ablaufenden, mechanischen Bewegungen erinnern an den Gang eines Roboters in einem drittklassigen Science-fiction-Film. Plötzlich hält er einen Revolver in der Hand. Ein Schuß geht los und trifft die Decke. Dann richtet der Mann seine Pistole auf den Kassierer. Er fordert ihn unmißverständlich auf, die Tasche rasch mit Geld zu füllen, mit möglichst großen Scheinen. Als dieser der Aufforderung nicht sofort nachkommt – er ist vor Schreck wie gelähmt –, schießt er ihn rücksichtslos nieder. Ein anderer Bankangestellter, der die Schalterhalle von einem Nebenraum aus ahnungslos betritt, wird ebenfalls erschossen.
Irgend jemand gelingt es, Alarm auszulösen. Ohne sich hierdurch aus der Ruhe bringen zu lassen, nimmt der Täter seine leere Tasche und verläßt seelenruhig den Ort des tragischen Geschehens. Seine Bewegungen gleichen immer noch denen eines Roboters – ein skurriler Anblick, wie Zeugen später aussagen.
Der Mann kommt mit seinem Fahrrad keine hundert Meter weit. Als ihn die Polizei ergreift, leistet er keinen Widerstand. Er wird später wegen erwiesener Unzurechnungsfä-

higkeit in eine geschlossene Anstalt eingeliefert. Eine gründliche psychiatrische Untersuchung verschafft Gewißheit: Der Killer stand zum Zeitpunkt der Tat unter Hypnose.

Bei ihren Ermittlungen stieß die Polizei auf den Namen eines Mannes, der sich schon bald als der eigentliche Drahtzieher des mißglückten Überfalls erweisen sollte: Björn Nielsen, ein damals 43jähriger Hypnotherapeut, der sich zur Tatzeit allerdings an einem anderen Ort aufgehalten hatte. Sein Alibi war hieb- und stichfest. Dennoch verurteilte ihn die dänische Justiz als Anstifter des Verbrechens zu lebenslanger Haft. Ein ungewöhnliches Urteil in einem sensationellen Prozeß, der weit über Dänemarks Grenzen hinaus Schlagzeilen machte.

Wunderdoktor Nielsen hatte in besagter Person ein ideales Medium für seine Hypnose-Experimente entdeckt und diesem nach entsprechender Konditionierung den Befehl zum Banküberfall erteilt.

Das anfänglich noch skeptisch eingestellte Gericht wurde von einem für diesen heiklen Fall hinzugezogenen Gutachter, Dr. Poul Reiter, der selbst über tele-hypnotische Fähigkeiten verfügt, experimentell von der Wirksamkeit hypnotisch erteilter Aufträge überzeugt.

Nielsen, der nach zwanzig Jahren Haft begnadigt wurde, nahm sich kurz darauf das Leben. Die Schuld, die er sich aufgeladen hatte, muß ihn in Freiheit stärker noch als im Gefängnis belastet haben.

Ein weiterer, gut dokumentierter Fall – der einer Heilung in Hypnose – wird aus den USA berichtet.

Die Patientin, ein zehnjähriges Mädchen, litt unter rheumatoider Arthritis. Hohe Dosen Aspirin, die man ihr täglich verabreichte, und physikalische Therapien sprachen bei ihr nicht mehr an. Ihre Fußknöchel und Knie waren dick geschwollen, so daß sie sich nur im Rollstuhl fortbewegen konnte. Sie war deprimiert und entmutigt; ihre Lage schien aussichtslos zu sein.

Als sich nach drei Monaten keine Besserung einstellte, erwogen die Ärzte eine Cortisonbehandlung. Zuvor wollte man jedoch noch einen erfahrenen Hypnotherapeuten konsultieren. Dr. Forrest J. Cioppa, Arzt am Fairview General Hospital in Cleveland, Ohio, Hypnotiseur und Akupunkteur, der seine Kenntnisse in unkonventionellen Heilpraktiken vorwiegend im Fernen Osten erworben hatte, sollte den Krankheitsverlauf mit Hypnose zu beeinflussen versuchen.

Vor ihrer zweiten Hypnosesitzung war die Patientin noch immer mutlos und nicht in der Lage, sich ohne fremde Hilfe fortzubewegen. Doch vier Stunden später geschah das Unfaßbare: Das Mädchen konnte ganz allein auf ein Fahrrad steigen und, ohne gehalten zu werden, einige Runden drehen. Erstmals seit drei Monaten hatte das Kind keine Schmerzen. Die Schwellungen an den Fußknöcheln und Knien gingen schnell zurück. Es entwickelte sich Jahre nach der Hypnose-Behandlung zu einem völlig normalen, gesunden Teenager.

Wenn es auf suggestivem Wege tatsächlich möglich sein sollte, Menschen von hartnäckigen Leiden, denen mit Medikamenten und konventionellen Heilmethoden nicht beizukommen ist, zu befreien, wenn im hypnotischen Zustand physikalisch kaum erklärbare physische und psychische Höchstleistungen, auch solche paranormaler Art, erbracht werden, stellt sich die Frage nach Ursache und Wirkungsweise jener Kräfte, über die nach Meinung von Experten offenbar viel mehr Menschen verfügen, als man annehmen möchte, obwohl sich die wenigsten solcher Fähigkeiten bewußt sind.

Bei Hypnose handelt es sich nicht, wie irrtümlicherweise immer wieder behauptet wird, um eine spezielle Form des Schlafes, sondern um einen veränderten Bewußtseinszustand. Dieser unterscheidet sich vom Normalzustand unseres täglichen Lebens in seiner objektiven Beurteilung. Mit anderen Worten: Das subjektive Empfinden wird erst in der Handlung des Hypnotisierten oder durch Suggestion des Therapeuten objektiviert. Daß es sich bei Hypnose mehr noch um einen erhöhten oder geschärften Bewußtseinszustand handelt, erhellt allein daraus, daß wir Objekte erkennen, wiedererkennen bzw. wiederfinden können, selbst wenn die Erinnerung an diese tief in unserem Gedächtnis vergraben ist. Galiazzi definiert Hypnose »ihrem Wesen nach als Einengung des Bewußtseins durch Außenreizverarmung und Rapport zum Arzt bei gleichzeitiger Bewußtseinserweiterung durch erhöhte Fähigkeit zur Erinnerung und Konzentration«.

Grundsätzlich unterscheidet man zwischen Fremdsuggestion, wenn diese durch Dritte verursacht wird, und Autosuggestion, wenn sich jemand selbst in Trance zu versetzen vermag. Das Herbeiführen des Hypnosezustandes kann verbal, d. h. durch Ansprechen des Subjekts, durch Handbewegungen – sogenannte »magnetische Striche« oder Passes –, durch Augen- oder Objektfixierung bzw. durch eine Kombination zweier oder mehrerer dieser Methoden erfolgen. Die »Tiefe« des hypnotischen Zustandes erstreckt sich von einer leichten, oberflächlichen Trance bis hin zur tiefen oder Volltrance.

Bei der Einleitung der Hypnose erlebt das Subjekt im wesentlichen drei Realitätsstufen: 1. Schläfrigkeit, 2. Hypotaxe (ein Zustand herabgesetzter Willens- und Handlungskontrolle) und 3. Hypnosephase (man bezeichnet diese gelegentlich auch heute noch als Somnambulismus). Symptome, die gewöhnlich einen leichten Hypnosezustand kennzeichnen, sind: Starre (Katalepsie) der Augen, teilweise auch der Glieder, Atem- und Pulsverlangsamung, Abneigung gegen Bewegung und Sprechen, Rapport (unmittelbarer Kontakt) mit dem Hypnotiseur, ein Schweregefühl oder ein Gefühl des Dahintreibens, Reaktionen auf posthypnotische Suggestionen usw.

Auf einer mittleren Stufe der Trancetiefe erkennt man den Hypnosevorgang viel besser. Es kommt zu Muskelhemmungen, partiellem Gedächtnisverlust, Anästhesie der Oberflächengewebeschichten, Einbildungen und völliger Körperkatalepsie.

Die Tieftrance erkennt man an der Fähigkeit, die Augen zu öffnen, ohne zu erwachen, an dem starren Blick bei geöffneten Augen, an völligem Gedächtnisverlust, posthypnotischer Anästhesie, am Befolgen unsinniger posthypnotischer Aufträge, an der Kontrolle der Körperfunktionen, an übernormalen Gedächtnisleistungen, Sinnestäuschungen aller Art usw.

Über die Hypnose sind verschiedene mehr oder weniger brauchbare Hypothesen aufgestellt worden. Eine den gesamten Komplex umfassende, befriedigende Erklärung für dieses Phänomen steht indes noch aus. Grundsätzlich könnte man die Hypnose als einen verändernden Bewußtseinszustand bzw. veränderten Wachzustand bezeichnen. Obwohl das Bewußtsein Hypnotisierter herabgesetzt ist, bleibt es dennoch voll erhalten. Unter normalen Bedingungen dominiert das Wach und Tagesbewußtsein über das in den tiefen Schichten der menschlichen Psyche verankerte Unbewußte. Während der Hypnose aber verhält es sich umgekehrt: das Unbewußte, verkörpert durch die Summe aller vorhandener, aber nicht im Bewußtsein befindlicher Psycho-Inhalte, dringt in höhere psychische Bereiche vor und macht gegenüber dem verdrängten Wachbewußtsein seinen Einfluß geltend. Aufgrund dieser Verdrängungsreaktion steigen Gedanken aus dem Unbewußten ins Bewußtsein auf, und »verschüttete« Informationen werden freigelegt.

Verschiedentlich wurde geäußert, daß alle Hypnosephänomene auch schon an nicht in Trance befindlichen Personen festgestellt werden konnten. Sollte dies der Fall sein, wäre zu klären, wie jemand auf indirekte Weise hypnotisiert werden und in der Folge über eben diesen veränderten Bewußtseinszustand völlig im unklaren sein kann. Die Tatsache, daß sich selbst Kleinkinder, die keinesfalls wissen können, wie sich Hypnotisierte zu verhalten haben, in Tieftrance versetzen lassen, und das Phänomen der Selbsthypnose widersprechen der Gefälligkeitshypothese, nämlich der Annahme, es gäbe gar keine Hypnose; die Versuchsperson täusche eine solche nur vor.

Die von dem französischen Psychiater Pierre Janet (1859–1947) entwickelte Dissoziationshypothese – sie wird heute nur noch von wenigen Wissenschaftlern akzeptiert – geht davon aus, daß sich unter bestimmten Umständen Bewußtseinsströmungen freimachen und automatisch Aktivitäten entwickeln können. Auch diese Hypothese ist mit gewissen Unzulänglichkeiten behaftet. Bei der einem Tieftrancezustand folgenden Amnesie – das Versagen der Fähigkeit, sich an Dinge zu erinnern, an die man sich normalerweise erinnern müßte – dürfte die Dissoziation sicher eine wichtige Rolle spielen, nicht aber bei nur leichten hypnotischen Zuständen. Schließlich vergißt das Unbewußte keines der ständig auf uns einwirkenden Ereignisdetails.

Russische Hypnose-Experten führen in jüngster Zeit hypnotische Zustände auf sogenannte Kraftfeldeffekte zurück, die sie mit der Existenz bioplasmatischer Felder begründen. Sie glauben, daß es z. B. bei magnetischen Strichen, wie sie von manchen Hypnotiseuren zum Herbeiführen von Trancezuständen angewendet werden, zum wechselseitigen Austausch von Bioplasma kommt – eine interessante Hypothese, die auch das Rapportphänomen, das Einswerden von Medium und Hypnotiseur, erklären könnte. Ein Austausch bioplasmatischer Feldenergien muß nicht unbedingt auf die Einleitung anderer Bewußtseinszustände mittels magnetischer Striche beschränkt sein. Bioplasmatische Felder unterliegen, da sie als sogenannte »nichtphysikalische« Felder außerhalb unserer Raumzeit-Welt angesiedelt sind, keiner Entfernungsbeschränkung, was allein schon daraus hervorgeht, daß Hypnose auch auf telepathischem Wege ausgelöst werden kann.

Für die Bioplasma-Hypothese sprechen nicht zuletzt auch suggestiv bewirkte Heilprozesse und Spontanheilungen der eingangs beschriebenen Art.

Wer »Suggestion« *ausschließlich* als »willentliche Beeinflussung«, als Willensakt interpretiert wissen möchte, muß z. B. erklären, warum einigen besonders begabten Heilern auch eine statistisch signifikante Aktivierung von Enzymen gelingt. Ein in Kanada lebender pensionierter ungarischer Armeeoberst, Oskar Estebany, der sich seit seiner Militärzeit als spiritueller Heiler (sog. Geistheiler) betätigte – er heilte durch Handauflegen –, wurde von verschiedenen kanadischen und amerikanischen Wissenschaftlern auf diese Fähigkeit untersucht. Die als überaus skeptisch bekannte Wissenschaftlerin Dr. M. Justa Smith, Biochemikerin und Enzymologin an einem privaten College in Rosary Hill, Buffalo, N.Y., die sich aufgrund ihrer Forschungsarbeiten über die Auswirkung von Magnetfeldern auf die Enzymaktivitäten einen Namen gemacht hat, war von Estebanys Testerfolgen am Allen Memorial Institute der McGill University, Montreal, Kanada, derart beeindruckt, daß sie Estebany zu weiteren Untersuchungen in ihr Institut einlud.

Dr. Smith beschloß zunächst, anhand einer Probe des Verdauungsenzyms Trypsin die Wirkung des Handauflegens mit der von Magnetfeldern auf Kontrollproben zu vergleichen. Die Resultate der ersten wissenschaftlichen Untersuchungen ließen erkennen, daß die Enzyme durch die Estebanys Händen entweichenden Energien sowohl quantitativ als auch qualitativ beeinflußt wurden und daß diese in ihrer Wirkung einer Magnetfeldaktivität zwischen 8000 und 13 000 Gauß entsprachen. Es sind dies beachtliche, höchst signifikante Werte, wenn man bedenkt, daß wir uns gewöhnlich in einem Magnetfeld von nur 0,05 Gauß aufhalten. Dr. Smith meint, daß die erhöhte Aktivität der Verdauungsenzyme »auf eine Verbesserung der Gesundheit durch einen besseren Verdauungsstoffwechsel« abzielt.

Jeanne Pontius Rindge vom Rosary Hill College, Herausgeberin des international verbreiteten Magazins *Human Dimensions*, die sich kritisch mit den Leistungen bekannter Heiler auseinandersetzt, meinte zu Estebanys gelungenen Tests: »Man könnte kaum behaupten, daß ein im Glaskolben isoliertes Enzym auf ›Suggestion‹ anspricht. Es scheint demnach eine andere Kraft am Werke zu sein, möglicherweise dieselbe oder eine ähnliche, wie die durch die anderen Experimente aktivierte.« Gemeint sind durch bioplasmatische Felder ausgelöste Bewirkungen, wie wir sie nicht nur von der Hypnose, sondern auch von Psychokinese-Experimenten her kennen. Geht man einmal davon aus, daß Trance, Suggestibilität und Rapport vorwiegend auf psychisch gesteuerten, bioplasmatischen Aktivitäten beruhen – ganz gleich, ob hierbei eigene oder fremde Bioplasmafelder stimuliert werden –, wird man sofort begreifen, warum in einem solchen Zustand wesentlich mehr Psi-Phänomene als im »normalen« Wachzustand in Erscheinung treten. Suggestiv herbeigeführte veränderte Bewußtseinszustände tragen nämlich zur Stabilisierung und somit auch zur Reproduzierbarkeit von ASW-Effekten bei, was bedeutet, daß man der Hypnose auch im militärischen Bereich einen hohen Stellenwert einräumt.

Die Suggestibilität wird offenbar weniger von der Disposition der Versuchsperson als von der Persönlichkeit des Hypnotiseurs bestimmt. Wolf Messing, ein aus Polen in die Sowjetunion geflüchtetes »hochkarätiges« Hypnosemedium, das auch über telepathische und präkognitive Fähigkeiten verfügte, genoß während der Stalin-Ära in Kreisen der sowjetischen Staatsführung großes Ansehen. Der einer jüdischen Familie entstammende Messing durfte sich, nachdem er überzeugende Beweise seines Könnens erbracht hatte, mit Stalins Billigung fortan in der Sowjetunion als Varietékünstler betätigen. Der erste Test bestand darin, daß Messing ohne jegliche Legitimation 100 000 Rubel von einer Moskauer Bank abheben sollte. Messing schildert den Hergang dieser unglaublichen Aktion wie einen ganz normalen Bankbesuch: »Ich ging zum Kassierer und reichte ihm ein leeres Blatt Papier, das aus einem Schulheft herausgerissen worden war. Dann öffnete ich eine Aktenmappe und legte sie an den Schalter ...« Der blitzschnell in Trance versetzte Bankbeamte zahlte Messing widerspruchslos den »angewiesenen« Betrag aus, den dieser dann außerhalb der Bank einem Beauftragten Stalins aushändigte.

Ein anderes Mal wurde Messing in einem gutgesicherten Raum von drei verschiedenen Gruppen des Staatssicherheitsdienstes (GPU) bewacht. Es gelang ihm dennoch dank seiner hypnotischen Fähigkeiten zu entkommen.

Bei einem dritten Test vermochte er in Stalins streng bewachte Datscha einzudringen, indem er den Wachen suggerierte, daß er Lawrentij Pawlowitsch Berija sei, der damals von jedem gefürchtete Chef der GPU.

Die Echtheit dieser Episoden wird nicht nur von angesehenen Wissenschaftlern und Messings Freunden, sondern auch durch einen von der polnischen Journalistin Ludmilla Swinka-Zielinskij verfaßten Beitrag über dieses Spitzenmedium bezeugt. Hierin heißt es: »Es ist wichtig, sich daran zu erinnern, daß unter den in der Sowjetunion herrschenden Bedingungen alles, was eine exponierte Persönlichkeit wie Messing tat oder schrieb, überprüft, kritisiert und einer ständigen Zensur unterzogen wurde, so daß er mit Betrug nicht durchkommen konnte. Wir können ganz im Gegenteil davon überzeugt sein, daß Wolf Messing, um hier existieren zu können, völlig integer sein mußte.« Messings sensationelle Erfolge bestärkten renommierte sowjetische Wissenschaftler in ihrer Überzeugung, daß Hypnosetechniken für zahllose Bereiche des täglichen Lebens – Medizin, Erziehung (Steigerung der Lern- und Merkfähigkeit), Kunst (Erhöhung der Kreativität), Sport (Leistungssteigerung) –, aber auch für militärische Aufgaben außerordentlich nützlich sein könnten und daher einer besonderen Förderung bedürften.

In der Sowjetunion leisteten Iwan Pawlow, V. Daniliewskij, A. Tokarskij und Wladimir Bechterew bei der Erschließung der Hypnose Pionierarbeit. Daniliewskij stellte fest, daß hypnosespezifische Merkmale verminderte Sensibilität, »wachsartige« Flexibilität von Muskeln und Gelenken sowie gehemmte Bewegungen – bei Mensch und Tier ähnlich sind. Tokarskij entdeckte Zusammenhänge zwischen Suggestibilität und Umgebungseinflüssen, was ihn dazu veranlaßte, sich nachdrücklich für hypnosegestützte Maßnahmen zur Bekämpfung verschiedener körperlicher Beschwerden einzusetzen. Bechterew, der sich voll und ganz der Hypnotherapie verschrieben hatte, behauptete, daß die verbale Suggestion bei der Einleitung des hypnotisch ausgelösten Schlafes eine wichtige Rolle spiele. Der im Jahr 1904 für seine Arbeiten über die »bedingten Reflexe« mit dem Nobelpreis ausgezeichnete russische Psychologe und Neurologe Pawlow versuchte 1935 für das Zustandekommen hypnotischer Bewußtseinszustände eine wissenschaftlich fundierte Theorie zu erstellen, die auf den Erkenntnissen seiner langjährigen Schlaf-Forschung aufbauten. Er untersuchte die von einigen Wissenschaftlern bereits im vorigen Jahrhundert aufgestellte Hypothese, daß es sich bei Hypnose um eine Variante des Schlafes handeln müsse, eine Annahme, die sich später aufgrund von Aufzeichnungen der Gehirnaktionsströme leicht widerlegen ließ: In den Elektroenzephalogrammen (EEG) hypnotisierter Personen fehlt nämlich die für Schlafzustände typische »Schlafkurve«.

Wegen der im hypnotischen Zustand herabgesetzten oder gar völlig unterbundenen Kontrolle über die eigenen Verhaltensweisen dürfte die Hypnose als bewußtseinsbeeinflussende Komponente (zur Verhaltenskontrolle) auf dem militärischen und nachrichtendienstlichen Sektor eine außerordentlich wichtige Rolle spielen. Der nichtzivile Einsatz der Hypnose enthält zahlreiche bizarr anmutende Aspekte.

Larissa Wilenskaja, die nach ihrer Flucht lange Zeit am Stanford Research Institute International (SRI) arbeitete, berichtet von sowjetischen Experimenten, bei denen ahnungslose Personen über große Entfernungen hinweg durch telepathisch vermittelte Befehle in kurzen Abständen immer und immer wieder aus dem Schlaf geweckt wurden.

Man suggerierte ihnen unter anderem, daß sie sich verbrennen würden, woraufhin sich auf ihrer Haut tatsächlich Brandflecken zeigten. Mit ähnlichen Experimenten hatte man angeblich sogar die tele-hypnotische Beeinflussung von Fernsehansprachen westlicher Politiker versucht.
Die Wilenskaja will übrigens einem Experiment beigewohnt haben, in dessen Verlauf man einer hypnotisierten Versuchsperson suggeriert hatte, ihr Schmerzzentrum befände sich in einem Glas Wasser im Nebenraum. In dem Augenblick, als jemand die Wasseroberfläche mit einem Messer berührte, soll die Versuchsperson heftig zusammengezuckt sein. Als sie selbst mit einer Nadel gestochen wurde, blieben hingegen Schmerzreaktionen aus. Offenbar hatte die Fähigkeit, Schmerz zu empfinden, den Körper der Person verlassen und war auf das Wasser übergegangen.
Hypnotische Regressionsverfahren beim Verhör von Gefangenen und Spionen wären ebenso denkbar, wie z. B. die suggestiv herbeigeführte »Härtung« von Militärpersonen gegen eben solche Befragungen. Im Hinblick auf die in den letzten Jahrzehnten vor allem in der Sowjetunion vehement betriebene Hypnoseforschung und unter Berücksichtigung aller zur künstlichen Herbeiführung und Stabilisierung (kontrollierbarer) veränderter Bewußtseinszustände durchgeführten aufwendigen Entwicklungsprojekte, dürfte der künftige militärische Einsatz von Hypnosetechniken nicht nur möglich, sondern sogar sehr wahrscheinlich sein.
In der von Captain John D. LaMothe verfaßten DIA-Studie über den Gebrauch von Hypnose für militärische und Spionagezwecke heißt es: »Man muß sich fragen, ob jemand gegen seinen Willen hypnotisiert werden kann, denn kein Kriegsgefangener wird sich kooperativ verhalten, wenn er merkt, daß ein Hypnotiseur ihm militärische In-

formationen zu entlocken versucht ... Die Antwort auf diese lebenswichtige Frage lautet ›ja‹, obwohl Hypnotiseure dieses Verhalten nicht als ›gegen seinen Willen‹, sondern als ›ohne seine Zustimmung‹ gewertet wissen wollen.
Für die hypnotische Beeinflussung argloser oder widerspenstiger Personen wurden verschiedene indirekte [getarnte] Hypnosetechniken entwickelt. Die Sowjets sehen in der telepathisch eingeleiteten Hypnose eine Möglichkeit der unbemerkten Beeinflussung.«
Durch Hypnose lassen sich mit Wissen der hiervon Betroffenen auch sogenannte »Mehrfachpersönlichkeiten« aufbauen, d. h., entsprechend konditionierte Personen vermögen bei den verschiedensten Gegebenheiten unterschiedlich zu reagieren. Anders ausgedrückt: Sie stellen sich mühelos, ohne zu schauspielern, ohne sich auffällig zu verhalten, auf die jeweilige Situation ein. Auf diese Weise könnte man, so die DIA-Studie *T 72-01-04*, für »delikate« Aufgaben im feindlichen Hinterland »Superspione« züchten. Erläuternd heißt es: »Im normalen oder Wachzustand, den wir Persönlichkeit PA nennen wollen, wird der Agent zu einem Kommunisten. Er tritt in die [kommunistische] Partei ein, folgt ihren Richtlinien und verhält sich gegenüber den Behörden möglichst loyal. Man beachte, daß er in gutem Glauben handelt. Er, d. h. seine Persönlichkeit PA, ist ein Kommunist und verhält sich dementsprechend konform. In seinem unbewußten oder Sekundärzustand – Persönlichkeit PB – ist dieser ›Doppelagent‹ ein standfester Amerikaner und ein Antikommunist. Und als solcher besitzt er alle Informationen der Normalpersönlichkeit PA, wohingegen PA von PB nichts weiß.
Das Heranzüchten eines solchen aus zwei differenten Persönlichkeiten bestehenden Agenten – eine Art ›Psycho-Zombie‹ – wäre sicher ein langwieriger, aufreibender Pro-

zeß. Nach geglückter ›Programmierung‹ aber hätte man den idealen Superspion: im Wachzustand (PA) ein aggressiv, konsequent und furchtlos agierender Kommunist, im unbewußten Zustand (PB) ein loyaler Amerikaner mit allen Informationen, über die PA verfügt. Als ›echter Amerikaner‹ wird er nicht zögern, diese Informationen bei günstiger Gelegenheit [an eine amerikanische Kontaktperson] weiterzuleiten.«

Der Autor der hier zitierten Studie konstruiert dann einen Fall, in dem es darum geht, die Indoktrination und Verhaltensweise von für die USA in Kuba, Amerika oder andernorts tätigen kubanischen Hypno-Spionen aufzuzeigen: »Es wäre ohne weiteres denkbar, daß sich hundert hervorragende Hypnosemedien kubanischer Abstammung, die in den USA leben und ihre Landessprache fließend beherrschen, für einschlägige nachrichtendienstliche Aufgaben hypnotisch ›präparieren‹ ließen. In Hypnose würde man ihnen Loyalität gegenüber unserem Land [die USA] suggerieren. Nach Abklingen der Trance, sobald der normale oder Wachzustand wiederhergestellt ist, würden die Ausbilder hingegen alles unternehmen, um die zukünftigen Hypno-Agenten davon zu überzeugen, daß sie dieses Land zutiefst verabscheuen. Sie würden sie ermutigen, sich an den Aktivitäten einer Fünften Kolonne zu beteiligen. Auf diese Weise könnten Zweifachpersönlichkeiten aufgebaut werden, die sich im Wachzustand als Feinde der Vereinigten Staaten erweisen. In Tieftrance schärft man den persönlichkeitsgespaltenen Agenten allerdings ein, daß die Wachindoktrination lediglich eine Farce sei und daß ihre wahre Loyalität nur Amerika gelte ... Durch sie [die Hypno-Agenten] wäre es möglich, sich über die Pläne ihrer ›Freunde‹ zu informieren. Die Informationen würden selbstverständlich in Trance eingeholt werden. Derart ›präparierte‹ Agenten dürften sich unter anderem als Spitzel in Straflagern und in vielen anderen Situationen, in denen vermutet wird, daß ihre Dienste für unsere Abwehr von Vorteil sein könnten, als äußerst nützlich erweisen. Diese Leute wären einfachen Informanten weit überlegen. Überzeugt von ihrer eigenen Unschuld, würden sie ihre Rolle als Angehörige der Fünften Kolonne höchst überzeugend spielen. Sollten sie dennoch einmal in Verdacht geraten, könnte ihnen niemand außer einigen erfahrenen Hypnotiseuren, die sie in Tieftrance verhören würden, Informationen entlocken ...

Sicher wäre der Aufbau einer solchen Spionageorganisation mit Schwierigkeiten verbunden. G. H. Estabrooks glaubt, daß sich für die Ausbildung zum Hypno-Spion von hundert suggestiblen Personen nur ein einziges Tieftrancemedium eignen würde. Das Selektionsverfahren wäre an sich schon ein schwieriges Unterfangen. Estabrooks hält die Schwierigkeiten dennoch für überwindbar.«

Die Studie befaßt sich ferner mit der Möglichkeit, mittels hypnotischer Techniken auch biedere Kriegsgefangene in Mörder umzufunktionieren. Wie bereits angedeutet wurde, muß sich ein Subjekt nicht unbedingt freiwillig »konditionieren« lassen. Sobald der Kriegsgefangene – möglicherweise auf telepathischem Wege – in einen geeigneten Trancezustand versetzt worden ist, wird ihm eine posthypnotisch wirkende Suggestion eingegeben, die den genauen Mordplan des Auftraggebers beinhaltet. Nach seiner Entlassung und Rückkehr zur eigenen Einheit wird er, obwohl er im Wachzustand völlig normal erscheint, aufgrund eines posthypnotischen Befehls bei günstiger Gelegenheit seinen Tötungsauftrag ausführen.

Die posthypnotische Verstärkung – das erneute hypnotische Eingeben des Auftrages – ist bei einem solchen Mordplan das Hauptproblem. Es wurde in diesem Zusammenhang vorgeschlagen, schon während der ersten Hypnosesitzung ein »Verstärkungsmuster« einzubauen. Dies würde bedeuten: Das Subjekt erinnert sich von Zeit zu Zeit ganz von selbst an seinen Auftrag. Dieses »Muster« könnte z. B. ein Gegenstand sein, bei dessen Betrachtung sich der Agent an den erteilten Auftrag erinnert, oder ein bestimmtes Geräusch, das er vernimmt usw.

Für die andere Seite, der er eigentlich angehört, besteht das Problem in der Erkennung solcher mental veränderter Personen. Gegenwärtig gibt es für das Aufspüren hypnotisch »Umgedrehter« noch keine probate Methode. Sämtliche Geräte, mit denen sich empfindliche körperliche Veränderungen registrieren lassen – Blutdruck, Pulsfrequenz, Gehirnaktionsströme, psycho-galvanische Reflexe usw. –, sind in solchen Fällen wertlos, da sie auf posthypnotische Zustände nicht ansprechen. Selbst Drogen scheinen ungeeignet zu sein. Hinzu kommt, daß die Hypno-Methode sogar eine gewisse Sicherheit gegen das vorzeitige Erkennen eines Mordplanes bietet. Diese beruht vor allem darauf, daß der mit dem Mord Beauftragte von seiner eigenen Unschuld fest überzeugt ist. Er, d. h. seine agierende Teilpersönlichkeit, würde sich nicht schuldig fühlen. Sollte man ihn dennoch einmal fassen, würde er aufrichtig entrüstet reagieren. Seine feste Überzeugung, unschuldig zu sein – ganz gleich, ob Spion, Mörder oder Saboteur –, wäre sicher sein bester Schutz bei Vernehmungen durch die Spionageabwehr.

Schon 1972 hieß es in der zuvor zitierten DIA-Studie: »Die sowjetische Hypnopädie-Forschung scheint jetzt einen Stand erreicht zu haben, der die Manipulation unbewußter Teile des menschlichen Gehirns ermöglicht ... Die Sowjets dürften den militärischen Nutzen der unterschwelligen

Wahrnehmung sehr wohl erkannt haben. Auffälligerweise besteht in der Sowjetunion ein Mangel an Literatur, die dieses Thema offen behandelt.«

Nur soviel ist bekannt, daß sich die Russen während des kalten Krieges zur propagandistischen Indoktrination ähnlicher Beeinflussungsmethoden bedienten wie verschiedene westliche Medien – Praktiken, die nach ungeschriebenem Gesetz als unseriös und anrüchig gelten. Die amerikanische Werbung arbeitet dennoch schon seit langem mit Suggestivmethoden, die auf die Aktivierung des Unbewußten abzielen. So läßt man z. B. in normale TV-Spots rasch aufeinanderfolgend stehende Bilder oder superkurze Bildstreifen mit »Signal-Wirkung« einfließen, was bei leicht beeinflußbaren Zuschauern nach einer individuell unterschiedlichen Wirkdauer bestimmte gewollte Reaktionen auslöst. Die unterschwellige (subliminale) Programmierung beruht auf der Theorie, daß das Gehirn auch solche Informationen erfassen kann, die das Bewußtsein nicht direkt wahrnimmt. Die Botschaften werden so schnell gesendet, daß das Auge sie nicht »sehen«, und Töne so leise gespielt, daß das Ohr sie nicht »hören« kann. Nach längerer Einwirkungsdauer wird der ständig mit subliminalen Werbebotschaften »Berieselte« glauben, die Idee zum Kauf eines Konsumartikels stamme von ihm selbst. Anders als bei direkten Werbebotschaften wird er sich nicht gegängelt fühlen. Seine Kaufbereitschaft steigt.

Natürlich kann die unterschwellige Beeinflussung auch positiv, d. h. vom Betroffenen gewollt genutzt werden wie z. B. zur Nikotin- oder Alkoholentwöhnung, Gewichtskontrolle, Verbesserung sportlicher Leistungen oder ganz allgemein zur Hebung des Selbstbewußtseins. Hierfür wurden in den USA bereits vor Jahren spezielle Subliminalprogramme angeboten, die sich mit einem EID-Gerät (Electronic Interface Device) über einen Heimcomputer in laufende Fernsehprogramme einspeisen lassen.

Elektronische Geräte können auf ähnliche Weise auch zur Steigerung der Suggestibilität, d. h. zur raschen Einleitung tranceartiger Zustände benutzt werden. Dieser Erkenntnis stand, wie so häufig, der Zufall Pate.

Am 26. Juli 1956 entdeckte der Radaroffizier der *SS Stockholm* auf seinem Bildschirm das Zielerkennungssignal eines sich nähernden Schiffes. Es war die *Andrea Doria,* die zu diesem Zeitpunkt noch zehn Seemeilen von der *SS Stockholm* entfernt war. Trotz der Früherkennung kam es wenig später zur Kollision, bei der die *Andrea Doria* sank und 52 Menschen ihr Leben lassen mußten.

Knapp drei Jahre später, am 26. März 1959, ereignete sich vor der Küste von New Jersey ein ähnlich tragischer Zwischenfall. Obwohl der Radaroffizier eines Schiffes den entgegenkommenden Tanker schon aus einer Entfernung von 22 Seemeilen angemessen hatte, prallten beide Objekte aufeinander. Der Tanker sank, vier Menschen fanden dabei den Tod.

Die Behörden sahen sich in beiden Fällen außerstande, für die Kollisionen eine halbwegs befriedigende Erklärung anzubieten. Es sollte dem amerikanischen Elektronikingenieur und Hypno-Therapeuten Sidney A. Schneider vorbehalten bleiben, mysteriöse Fälle wie diese aufzuklären und aus einem Phänomen Nutzen zu ziehen, das heute als »Radar-Trance« bezeichnet wird. Er beobachtete schon während des Zweiten Weltkriegs an Bord von Schiffen, daß aktive Radaroperateure gelegentlich in tranceartige Zustände geraten, die man schließlich auf Interaktionen zwischen Gehirnwellenrhythmus und Radarimpulsfrequenz zurückführen konnte. Letztere beeinflußt nachweislich das Wachbewußtsein. Diese Erkenntnis veranlaßte Schneider, sich fortan intensiv mit der

elektrischen Stimulation des Gehirnwellenrhythmus zu befassen, um diese bei der Induktion von Hypnose einzusetzen.
In anderen Ländern, die mit Radar ähnliche Erfahrungen gemacht hatten, entdeckte man ebenfalls die durch Gehirnwellenstimulation gegebenen Möglichkeiten. So bedienen sich z. B. die Russen der elektrischen Stimulation, wobei sie Energieimpulse über die Augen ins Gehirn leiten. In Japan kommt ein ähnliches Gerät (Electro-Hypnosis) zum Einsatz. Diese Stimulatoren haben allesamt den Nachteil, daß am Körper Elektroden angebracht werden müssen – eine unerwünschte Behinderung.
Schneider hat herausgefunden, daß mit Lichtimpulsen die besten Ergebnisse zu erzielen sind. Diese Methode ist unkompliziert und läßt sich zudem unterschiedlichen Einsatzbedingungen anpassen. Der von Schneider entwickelte Gehirnwellen-Synchronisator (BWS) eignet sich nicht nur zur Konditionierung von Einzelpersonen und Gruppen, sondern auch für autogene Techniken, d. h. zur Selbsthypnose. Beim Betrieb dieses Gerätes, an dem sich Amplitude, Pulsdauer und Wellenform regeln lassen, wird darauf geachtet, daß die Konfiguration der Lichtwelle mit der der Gehirnwelle des Benutzers weitestgehend übereinstimmt. Der Hersteller des Synchronisators behauptet, daß in mehr als 95 % aller Fälle die Induktion des Trancezustandes gelingt.
Mit zunehmender Technisierung der Induktionsphase und Integration von »Virtual-Reality«-Praktiken (Virtuelle Realität; vgl. Kapitel VI/2), dürften der Hypnoseforschung zukünftig neue Dimensionen erschlossen werden.
Hypnose und Telepathie wurzeln beide in den tieferen Sphären des menschlichen Bewußtseins, was ihren Einsatz im Verbund sinnvoll erscheinen läßt. Befassen wir uns daher etwas ausführlicher mit der »lautlosen Kommunikation« und ihren unterschiedlichen Spielarten.

2 *Die lautlose Kommunikation*

»Wahre ›Bewegung‹, die allem zugrunde liegt,
ist die ›Bewegung der Gedanken‹.
Wahre ›Energie‹ ist die ›Energie des Bewußtseins‹.«

P. D. OUSPENSKY (1878–1947)

Schon vor der etwa fünfzig Jahren bezeichnete der damals am Moskauer Raumfahrtinstitut tätige Astronom Dr. Felix Zigel die Telepathie als »Wissenschaft der Zukunft«. Damit dieses Phänomen Nutzen bringe, müsse die Telepathie-Forschung organisiert betrieben werden. Zigel vertrat die Ansicht, wenn dies nicht geschähe, würde man schon bald der Entwicklung im Ausland hinterherhinken. Seine eindringlichen Warnungen und die Appelle anderer Wissenschaftler von untadeligem Ruf verhallten nicht ungehört, denn bereits im Jahre 1965 gab es in der damaligen Sowjetunion

- mehrere Forschungszentren, die auf wissenschaftlicher Ebene experimentell Telepathie-Forschung betrieben;
- organisierte Wissenschaftlerteams – Physiologen, Psychologen, Neurologen, Physiker, Mathematiker, Kybernetiker und Elektroniker –, die sich mit dem Funktionsmechanismus der Telepathie sowie mit der Entwicklung von Techniken zu deren praktischer Nutzung befaßten;
- erste Erfolge bei telepathischen Langstrecken-Übertragungsversuchen zwischen Moskau und den Städten Leningrad, Tomsk sowie Nowosibirsk.

Der Eifer, mit dem in Ost und West die Entwicklung zuverlässiger telepathischer (bioinformatorischer) Kommunikationstechniken betrieben wurde – in den USA befaßt man sich schon seit 1962 am Newark College of Engineering (NCE) und andernorts intensiv mit stabilisierten Übertragungstechniken –, läßt darauf schließen, daß man auch deren militärische und nachrichtendienstliche Aspekte erkannt hat. Zweifellos werden sich biokommunikative Techniken – telepathische Nachrichtenübermittlungssysteme – nach einer gewissen Perfektionierung außerordentlich vielseitig einsetzen lassen.

Nichtzivile Einsatzbereiche, an denen nachweislich gearbeitet wurde, sind, um nur einige zu nennen:

– Die Aufrechterhaltung einer störungsfreien, energieunabhängigen Kommunikation zwischen eigenen sowie zwischen eigenen und befreundeten Truppenverbänden, so vor allem zwischen mobilen Waffensystemen (Panzer, Schiffe, Tauchboote, Flugzeuge und Raumfahrzeuge), besonders in Krisenzeiten;

– einseitiges Überwachen (telepathisches »Abhören«) feindlicher Aktivitäten (bei Projekt SADDOR via Satelliten);

telepathisches Überwachen des gegnerischen Telepathie-Verkehrs (gedankliches Ausforschen der Absichten eines potentiellen Gegners); mit anderen Worten: Telepath A hört den Telepathie-Verkehr zwischen feindlichen Telepathie-Sendern B und -Empfängern C ab;

– Störung des feindlichen Telepathie-Verkehrs ebenfalls auf telepathischem Wege oder durch psychotronische Einrichtungen, die die eigenen mentalen Störsignale verstärken;

– telepathische Fernbeeinflussung (Tele-Hypnose) von exponierten Einzelpersonen, wie z. B. die Beeinflussung hoher Politiker, Militärs und Wirtschaftler im gewünschten Sinne (Herbeiführen von Fehlentscheidungen, Untergraben des Vertrauens, Veranlassen von Sabotageakten usf.), zur kampflosen (zerstörungsfreien) Übernahme des Feindpotentials;

– telepathische Fernbeeinflussung ganzer Truppenverbände oder Bevölkerungsgruppen in Ballungszentren zum Zweck der Ablenkung, Irreführung, Erzeugung von Gleichgültigkeit, Angst, Terror, Aufruhr, Meuterei, Zersetzung, Sabotage usw. Dieser Beeinflussungsvorgang könnte sich auch über längere Zeiträume erstrecken und durch flankierende negative Maßnahmen unterstützt werden (Propaganda, Demoralisierung, Förderung des Drogenkonsums unter Jugendlichen, Steigerung der Kriminalität usw. in potentiellen Feindländern);

– telepathische Induktion psychischer Störungen bei Einzelpersonen oder Bevölkerungsgruppen (evtl. durch elektromagnetische Felder verstärkt), um sie für eine spätere »sanfte Übernahme« zu konditionieren (»aufzuweichen«). Dies kann durch Tele-Hypnose geschehen, indem man Lebensangst, Depression, Terror, Selbstmordgedanken, Pseudokrankheiten usw. suggeriert;

– tele-hypnotisches »Steuern« eigener Abhör-, Spionage-, Sabotage- oder Killer-Agenten im gegnerischen Hinterland, d. h. Auslösen (Triggern) von zuvor im eigenen Land suggerierten Aufträgen dieser Art;

– tele-hypnotisches »Härten« eigener Agenten oder Soldaten, die im gegnerischen Lager operieren. Man beeinflußt sie tele-hypnotisch, damit sie keinen Geheimnisverrat begehen können. Es wäre die Aufgabe fähiger Hypnotiseure, die vom Gegner induzierte Hypno-Blockade aufzubrechen, um dem Informationsfluß bei Gefangenen freien Lauf zu lassen (möglicherweise kann man solche mentalen Sperren hypnotisch bei gleichzeitiger Einwirkung bestimmter Drogen »knacken«);

– tele-hypnotisches »Umkehren« feindlicher Agenten – eine Art Hypno-»Gehirnwäsche« auf Distanz –, um sie für eigene Zwecke zu gebrauchen.

1

2

ИНСТИТУТ
РАДИОТЕХНИКИ
И ЭЛЕКТРОНИКИ

KATHOLISCHE AKADEMIE DER ERZDIOZESE FREIBURG
KRIEG IM AETHER
Recommandé

3

5

7

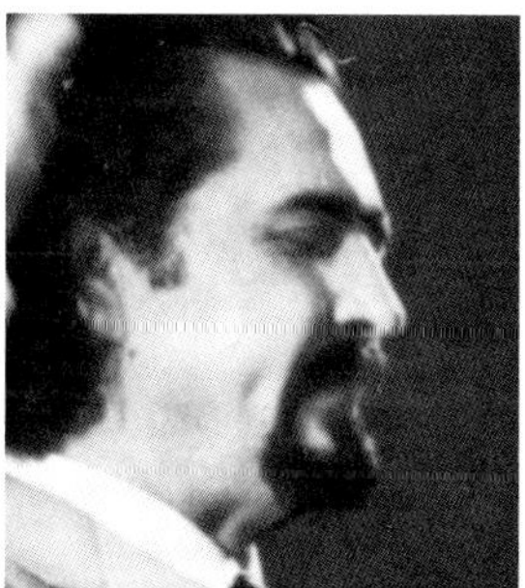

8

10

11

12

1 Der bekannte russische Parapsychologe und Leiter des »Edward Naumow's Center of Psychotronics and Folk Medicine«, Moskau, Eduard Naumow, experimentierte viele Jahre mit dem berühmten Psychokinese-Medium Nina Kulagina.

2 Der Autor im Gespräch mit Professor Alex Schneider und Moderator/Buchautor Rainer Holbe während der »Basler Psi-Tage« 1992.

3 Der SRI-Physiker Dr. Russell Targ und das bekannte amerikanische AKE-Medium Keith Harary besuchten 1983 auf Einladung der Sowjetischen Akademie der Wissenschaften zahlreiche Psi-Labors in der damaligen Sowjetunion. Direkte Kontakte mit Psi-Medien (Sensitiven) kamen aus Gründen der Geheimhaltung nicht zustande.

4 Oben: In den Jahren 1984 bis 1986 wurde der Autor eingeladen, vor hohen deutschen, französischen und schweizer Offizieren Vorträge über den Einsatz von Psi im militärischen und nachrichtendienstlichen Bereich zu halten. Unten: Post aus Nowosibirsk. Der Autor wurde mehrfach von einem angeblichen Ethnologen um Übersendung von grenzwissenschaftlicher Literatur gebeten. Postfach 16 gehörte damals dem KGB.

5 Nina Kulagina versucht die in einer Flüssigkeit schwimmenden Objekte psychokinetisch zu beeinflussen. Dabei wurden ihre Gehirnströme gemessen.

6–8 Russische Star-Medien (von links nach rechts): Boris Ermolajew (6), ein begabter Psychokinet, gilt als Rußlands Uri Geller; Albert Ignatenko (7) beeinflußt als Suggestologe auf Distanz sowohl Personen als auch Gegenstände; Tofik Dadaschew (8) hat sich in zahllosen Experimenten als »treffsicherer« Telepath und Hellseher erwiesen.

9–11 Amerikanische Star-Medien (von links nach rechts): Ingo Swann (9), Pat Price (10) und Hella Hammid (11) waren im Auftrag der CIA und NSA an verschiedenen Fernwahrnehmungsexperimenten beteiligt.

12 Dem russischen Psychologen und Physiologen Dr. Leonid Wassiliew, korrespondierendes Mitglied der Akademie für Medizin, verdankte die sowjetische Psychotronik-Forschung erste brauchbare Hinweise auf die Existenz echter Psi-Phänomene. Er versuchte in zahlreichen Langstrecken-Experimenten die Wirkmechanismen der Telepathie zu ergründen und mußte schließlich feststellen, daß elektromagnetische Wellen als Psi-Übertragungsmedien ausscheiden.

13 Wolf Messing, ein aus Polen stammendes Hypnosemedium, das über hervorragende telepathische und präkognitive Fähigkeiten verfügte, versetzte mit seinen unglaublichen Überrumpelungsexperimenten selbst Josef Stalin in Staunen.

Die Liste militärischer und nachrichtendienstlicher Anwendungen der Telepathie (auch kombiniert mit Hypnose) ließe sich beliebig erweitern, und sie setzt der Spekulation keine Grenzen. Dabei befaßt man sich in Ost und West sowohl im zivilen als auch im militärischen Bereich erst seit etwa fünfunddreißig Jahren konzentriert mit der Erforschung bioinformatorischer Phänomene, mit den Ursachen ihres Zustandekommens, mit ihrer Funktionsweise und Reproduzierbarkeit.

Die militärischen Aspekte der Biokommunikation dürfte man, als Professor Wassiliew 1959 bzw. 1962 seine ersten Werke über das Phänomen der Mentalsuggestion veröffentlichte, im Westen noch gar nicht erkannt haben ... Psi war noch nicht »in«. Es könnte natürlich auch sein, daß die negative Einstellung der mit technischen Neuentwicklungen betrauten Militärwissenschaftler zu den unorthodoxen Psi-Waffensystemen so groß war, daß man sie kurzerhand verwarf, sie als Science-fiction-Spekulationen abqualifizierte und somit der Lächerlichkeit preisgab.

Wassiliews Publikationen folgten zahlreiche weitere Studien russischer Forscher über telepathische Phänomene, die gelegentlich sogar in der dortigen Presse besprochen wurden. Bestärkt durch Wassiliews und anderer Aktivitäten, gewann die sowjetische Psi-Forschung in den darauffolgenden Jahren immer mehr an Bedeutung. Sie wurde von da an nicht nur landesweit betrieben; man bezog fortan auch andere Ostblock-Staaten in die Entwicklung mit ein.

Nach zahllosen telepathischen Informations-Übermittlungsversuchen unter wechselnden Bedingungen, die unter strengen Sicherheitsvorkehrungen seinerzeit heimlich durchgeführt wurden – Experimente, bei denen man zur Abschirmung gegen elektromagnetische Wirkmechanismen als Faradaysche Käfige Bleikammern benutzte –, stand es für Wassiliew schon bald fest, daß als Träger telepathischer Signale elektromagnetische Wellen nicht in Frage kamen.

Nach dem Tode des genialen Wassiliew im Jahre 1966 wurde der Mathematiker und Kybernetiker Dr. Ippolit Kogan, Vorsitzender der 1965 gegründeten Bioinformationsabteilung bei der Moskauer Sektion der A.-S.-Popow-Wissenschaftlich-Technischen Gesellschaft für Radiotechnik und Telekommunikation, mit der Weiterführung der sowjetischen Telepathie-Forschung beauftragt. Diese Sonderabteilung hatte die Aufgabe, die Informationsübertragung »im belebten Teil der Natur« wissenschaftlich zu untersuchen. Hierbei ging man ganz systematisch vor:

– Organisieren und Auswerten einschlägiger internationaler Literatur;
– Beobachten und Aufzeichnen »spontaner« Telepathie-Fälle;
– Ermittlung telepathischer »Naturtalente«, vermutlich durch Überprüfen der Enzephalogramme eines ausgesuchten Personenkreises;
– Durchführung von Experimenten zum künstlichen Herbeiführen (Stimulieren) telepathischer Phänomene.

Bald nach Wassiliews Ableben veröffentlichte Kogan erste Ergebnisse der unter seiner Leitung fortgeführten experimentellen Untersuchungen auf dem Gebiet der Bioinformation.

Hier dürften nur die qualitativen und quantitativen Resultate seiner Forschungstätigkeit interessieren. Kogan unterteilte seine Experimente in vier Gruppen: 1. telepathischer Empfang von Vorgängen, die nahegelegene Objekte betreffen; 2. bildhafter telepathischer Empfang (Impressionen) und Bestimmung präselektierter Objekte auf kurze Entfernungen; 3. bildhafter telepathischer Empfang über große

Entfernungen und 4. telepathische »Übertragung« bildhafter Objektvorstellungen über große Entfernungen.
Eine Analyse aller nach diesem Schema durchgeführten Versuche ergab zahlreiche bemerkenswerte Übereinstimmungen:

- Die Übertragungsgeschwindigkeit liegt bei telepathisch ausgesandten Informationen zwischen 0,005 und 0,1 Bit/Sekunde (Bit: Maßeinheit für den Informationsgehalt eines Einzelzeichens).
- Die Informations-Übertragungsgeschwindigkeit hängt von der zu überwindenden Entfernung ab; bei einem Abstand von nur wenigen Metern liegt sie bei 0,1 Bit/Sekunde. (Neuere Untersuchungen zeigten allerdings, daß sich Psi-Signale zeitneutral, d. h. ohne Inanspruchnahme von Zeit, »fortpflanzen«. Kogan vertrat damals noch die elektromagnetische Hypothese, obwohl diese zuvor schon von Wassiliew verworfen worden war).
- Bei der Biokommunikation besitzt der Empfänger keine logische Vorstellung von der genauen Beschaffenheit des »gesendeten« Objektbildes; normalerweise werden nur qualitative Eindrücke empfangen, die der Versuchsperson ein bestimmtes Gefühl (Form, Farbe, Härte) vermitteln.
- Die besten Resultate werden bei nur kurzen telepathischen Botschaften (Dauer bis zu einer Minute) erzielt.

Das Übertragen einfacher, kodierter Elementkombinationen (Bilder, Emotionen) scheint eine geeignete Methode zur Abwicklung verschlüsselter telepathischer Botschaften zu sein.
Die an der City University von New York tätige Psychologin Dr. Gertrude Schmeidler befaßte sich jahrelang intensiv mit den Aspekten der Telepathie auf der Basis sogenannter Zener-Karten. Diese speziell für kontrollierbare ASW-Tests entwickelten Karten – ein Spiel umfaßt 5 x 5

Symbole (Kreuz, Stern, Kreis, Viereck und Wellenlinien) – müssen von der Versuchsperson telepathisch/hellseherisch ermittelt werden. Ist diese Art der Übertragung erst einmal geglückt, sollen sich die Zener-Karten ähnlich einem Morsealphabet benutzen und verschlüsselte Botschaften mit einer gewissen Zuverlässigkeit übermitteln lassen, wobei nach Auffassung des amerikanischen Pharmakologen Dr. Humphrey Osmond die Übertragungsqualität durch natürliche und künstliche Stimulanzien (Drogen) weiter verbessert werden kann.

Das besondere Verdienst von Gertrude Schmeidler besteht darin, nachgewiesen zu haben, daß die Versuchspersonen in zwei Kategorien mit unterschiedlichen ASW-Fähigkeiten einzuordnen sind: sogenannte »Schafe«, d. h. Personen, die an die Möglichkeit der außersinnlichen Wahrnehmung glauben, und »Ziegen«, die gegenüber Psi-Phänomenen eine eher skeptische Haltung einnehmen. Beide Typen sollen – so Schmeidler – bei Telepathie-Versuchen einander ideal ergänzen: die einen eignen sich besser als Sender, die anderen als Empfänger.

Aufgrund ähnlicher Experimente erkannten sowjetische Psi-Forscher schon bald, daß konventionelle Labortechniken wie diese auf Dauer unergiebig sind; sie befaßten sich daher mehr mit praktischen ASW-Versuchen.

Kogans experimentelle Arbeit und deren theoretische Auswertung inspirierten andere sowjetische Wissenschaftler, sich ebenfalls mit dem Phänomen der telepathischen Informationsübertragung zu befassen. Rasche Fortschritte auf den Gebieten Elektronik, Kybernetik, Bionik und Neurophysiologie bereicherten die sowjetische Telepathie-Forschung durch neue, unkonventionelle Untersuchungstechniken.

Die zahllosen Anwendungsmöglichkeiten der Biokommu-

nikation vor Augen, hatten sich die Sowjets Anfang der siebziger Jahre die Reproduzierbarkeit der telepathischen Informationsübermittlung zum Ziel gesetzt. Wie die amerikanische Spionageorganisation DIA 1975 zu berichten wußte, verfügte die sowjetische Biokommunikationsforschung schon ab 1973 über einen Etat von rd. 20 Millionen Rubel pro Jahr, ein Betrag, der, nach Erkenntnissen der US-Abwehr, bislang überwiegend für einschlägige militärische Projekte verwendet wurde.
Parapsychologen in Moskau und Leningrad haben wiederholt auch die telepathische Beeinflußbarkeit (das Stimulieren) des Bewußtseins auf Distanz nachgewiesen. Entsprechende Wechselwirkungen konnte man aufgrund systematisch durchgeführter EEG-Messungen feststellen. Schon in den siebziger Jahren beobachtete das Wissenschaftlerteam P. Naumow – G. Sergejew – L. Pawlowa (St. Petersburg) die dramatische Veränderung der EEG-Werte, wenn eintreffende telepathische Impulse Botschaften emotionalen Inhalts enthielten. Die Übertragung mehrerer aufeinanderfolgender emotionaler Impulse negativen Charakters bewirkten eine »kreuzförmige« Erregung des Gehirns der Versuchsperson. Das EEG-Muster ließ unter diesen Bedingungen auf eine Ermüdung des Gehirns schließen, die durch langsame, übersynchronisierte Theta- (6–7 Hertz) und Deltawellen (1,5 Hertz) gekennzeichnet ist. Sobald telepathisch-negativ behandelte Personen von positiven Emotio-Impulsen (Gefühl der Ruhe und Freude) beeinflußt wurden, beruhigte sich die Hirnstromaktivität, d. h. normalisierte sich das EEG innerhalb von 1 bis 3 Minuten. Es fehlte auch nicht an Versuchen, den Empfängern telepathisch Ängste zu suggerieren, die von Erstickungs- und Schwindelgefühlen begleitet waren.
Westliche Kenner der damaligen sowjetischen Psychotro-

nik-Szene zeigten sich über die Möglichkeit der telepathischen Beeinflussung des Unbewußten von Militärpersonal an strategisch entscheidenden Stellen sehr besorgt. So könnten in Hypnose geschulte Telepathen z. B. die Bedienungsmannschaft von Raketenabschußbasen, die Besatzungen von Luftwaffen- und Marinestützpunkten, ja, sogar die gesamte politische Führung eines Landes auf Distanz verunsichern bzw. psychisch ausschalten. Ein geradezu unheimlicher Aspekt.

John L. Wilhelm, Korrespondent der *Washington Post,* war der Meinung, daß man sich im Pentagon schon seit Jahren um geeignete Maßnahmen zum Schutz des amerikanischen Präsidenten und dessen Stabes vor telepathischen Manipulationen bemühe. Wie aber könnten diese Sicherheitsvorkehrungen aussehen? Will man die amerikanische Regierung »rund um die Uhr« von einer Art Telepathen-Bodyguard überwachen und von dieser so etwas wie ein psychisches Schutzfeld aufbauen lassen? Oder gibt es zur Unterbindung destruktiver telepathischer Emissionen bereits automatisch arbeitende Abwehr-»Sender«, die mittels kombinierter elektromagnetisch-biologischer Felder eine breitgefächerte Schutzzone um den Wirkungsbereich gefährdeter Personen aufbauen?

Es bedarf keiner wilden Spekulationen, um die Bedeutung tele-hypnotischer Techniken für die direkte Beeinflussung des menschlichen Bewußtseins hervorzuheben. Der seinerzeit in der Schweiz lebende Exilrusse Viktor Kortschnoj, Herausforderer des damaligen sowjetischen Schachweltmeisters Anatolij Karpow, will mit der Tele-Hypnose seine eigenen bitteren Erfahrungen gemacht haben. Kortschnoj war davon überzeugt, während der Titelkämpfe in Baguio, Philippinen (Oktober 1978), und Meran (Oktober 1981) von einem Begleiter seines Gegners Karpow auf Distanz

hypnotisch beeinflußt worden zu sein. Gemeint war der russische Parapsychologe Professor Dr. Wladimir Suchar. Dieser hatte schon beim ersten Titelkampf zwischen Kortschnoj und Karpow in Baguio stundenlang in der ersten Reihe des Zuschauerraums gesessen. Kortschnoj behauptete damals, Suchar wolle ihn telepathisch in seiner Konzentration stören. Entnervt verlor er damals mit 5 : 6 Punkten. Ähnliches wiederholte sich bei dem Meraner Treffen der beiden Kontrahenten, das mit einem niederschmetternden 2 : 6 endete.
Der ehemalige tschechische Schach-Großmeister Ludek Pachman, der nach dem »Prager Frühling« in die Bundesrepublik geflüchtet war, hielt es ebenfalls für möglich, daß die Sowjets bei Weltmeisterschaftsspielen tele-hypnotische Techniken versuchten, um den Gegner psychisch auszuschalten. Hierbei berief er sich auf eigene Erfahrungen. Er hatte 1946 in der sowjetischen Hauptstadt an einem Städtekampf Prag-Moskau teilgenommen. Pachman spielte damals gegen den Großmeister Igor Bondarewskij eine ausgeglichene Partie. Da nahm mit einem Mal das zuvor erwähnte Medium August Messing im Zuschauerraum Platz und starrte Pachman unentwegt an. Wenig später unterliefen dem Tschechen unverständliche Fehler; er gab auf. In einem zweiten Spiel hatte Pachman klare Vorteile. Wieder wurde er von Messing fixiert. Pachman erinnert sich: »Plötzlich kamen mir Bedenken. Ich sagte mir, du wirst sowieso verlieren, es hat keinen Sinn, hier zu sitzen und die Figuren zu bewegen.« Pachman verlor. Bei beiden Spielen hatte Pachman von der Anwesenheit Messings und dessen Rolle zunächst gar nichts gewußt. Erst 1979 will er aus der sowjetischen Zeitschrift *Technik und Wissenschaft* erfahren haben, daß man ihn seinerzeit psychisch »gegängelt« hatte.
In einem 1981 von Kortschnoj herausgegebenen Buch über

Schachstrategien erwähnt dieser auch die Möglichkeit, die Leistungen minder begabter Schachspieler suggestiv zu verbessern: »Sowjetforscher suggerierten einem miserabel spielenden Medium, es sei der US-Großmeister Paul Morphy. Dann mußte der Mann gegen den russischen Großmeister und Ex-Weltmeister Michail Tal spielen. Dem Anfänger gelangen meisterhafte Züge. Er brachte Tal in Bedrängnis, erzielte strategische Vorteile, und nur mit Glück und Mühe rettete Tal ein Remis. Das Medium, noch immer in Trance, forderte anschließend sein Honorar – in Dollar.«

S. Serow und A. Troskin, beide aus Swerdlowsk (Ural), die sich vorwiegend mit den Auswirkungen telepathischer Impulse auf die Körperfunktionen befassen, konnten nachweisen, daß die Anzahl der weißen Blutkörperchen (Leukozyten) um etwa 1500 zunimmt, wenn man einem Patienten telepathisch positive Emotionen suggeriert. Unter dem Einfluß negativer Telepathie-Impulse ging die Anzahl der weißen Blutkörperchen dagegen um 1600 zurück. Da die Leukozyten an der Abwehr von Infektionskrankheiten nachhaltig beteiligt sind, müßte eine telepathisch bewirkte Veränderung der Leukozytenzahl die Gesundheit der hiervon Betroffenen ganz erheblich beeinträchtigen, wodurch die Telepathie auch auf medizinischem Gebiet zu einer gefährlichen »Waffe« werden könnte.

Bereits zu Beginn der sechziger Jahre hatten die Amerikaner Dr. John Mihalasky, Douglas Dean und Robert Taetzsch am zuvor erwähnten Newark College of Engineering (NCE) eine interessante Methode zur Registrierung und Messung eintreffender telepathischer Impulse mittels sogenannter Plethysmographen entwickelt – Geräten, mit denen sich die Blutmenge in den äußeren Gliedmaßen, vorwiegend in den Fingern, feststellen läßt. Der Plethysmograph (griech.: *plethysmos* bedeutet Vergrößerung) registriert eigentlich das Erröten oder Erbleichen der Körperextremitäten – Veränderungen, die offenbar durch das sympathische Nervensystem ausgelöst werden, indem dieses Adrenalin freigibt.

Zunächst stellten die Experimentatoren den Einfluß mentaler Prozesse auf die Blutmenge in den Fingern fest. Sie ändert sich z. B., wenn man angestrengt nachdenkt, wenn das Telefon läutet, aber auch – und hier erkennt man die Bedeutung des Plethysmographen für die Ermittlung telepathischer Impulse –, wenn eine *andere* nahestehende Person kopfrechnet oder sich gedanklich auf jemanden konzentriert. Eintreffende Psi-Signale (telepathische Impulse) bewirken innerhalb von zehn Sekunden eine Verringerung der Blutmenge; die Gefäßreaktionen normalisieren sich jedoch schon nach etwa einer halben Minute. Dean und seine Mitarbeiter waren die ersten, die den Plethysmographen zur Messung physiologischer Veränderungen im menschlichen Körper, die von unbewußten telepathischen Impulsen herrühren, benutzten. Sie experimentierten am Anfang mit Mihalasky, der in jahrelangen Versuchsreihen etwa 80 Prozent der eintreffenden telepathischen Impulse (Emotionen) exakt empfangen haben will.

Später dehnte das Team seine Versuche auch auf andere Personen aus. Eine Methode sah vor, daß der »Sender« der telepathischen Information in zeitlich unterschiedlichen Abständen Karten umblätterte, auf denen die Namen irgendwelcher Personen verzeichnet waren. Sobald er auf einen Namen stieß, der dem Empfänger gut bekannt war, mußte dieser plethysmographisch reagieren.

Ostrander/Schroeder berichten über ein gelungenes plethysmographisches Telepathie-Experiment mit dem amerikanischen Star-Medium Eileen Garrett (†), einer erfolgreichen Geschäftsfrau, die damals Vorsitzende der *Parapsychology Foundation* war: »Sender in weit entfernten Zimmern betrachteten die auf Karten geschriebenen Namen in zufälliger Reihenfolge und zu wahllos bestimmten Zeitpunkten. Dean arbeitete mit strengen Versuchskontrollen und der doppelten Blindmethode, bei der, außer dem Sender, niemand wissen konnte, wann die Namen ›gesendet‹ wurden. Die Versuche mit Mrs. Garrett führten zu ›großartigen plethysmographischen Reaktionen. Anschließend machten wir Experimente zwischen Mrs. Garrett in Florida und ihrem Büro in New York‹. Mrs. Garretts Finger wurden an einen Plethysmographen angeschlossen, während ein Sender in ihrem New Yorker Büro ... die Karten mit den Namen durchsah. Sobald der Name eines Freundes oder einer Freundin von Mrs. Garrett an die Reihe kam, verringerte sich die Blutmenge in ihrem Finger – obgleich der Sender fast 2000 Kilometer entfernt war.«

Interessant ist, daß auch Personen mit dem Plethysmographen getestet wurden, die gar nicht einmal wußten, daß sie an einem Telepathie-Empfangsversuch teilnahmen. Sie waren der Meinung, man wolle lediglich ihre Blutmenge ermitteln. Dennoch erzielten sie hervorragende Testergebnisse, was darauf schließen läßt, daß der telepathische »Verkehr« über das Unbewußte abgewickelt wird.

Entfernungen scheinen für die Empfangsqualität (Trefferquote) von Psi-Signalen keine Rolle zu spielen. Telepathische Impulse breiten sich allem Anschein nach jenseits unserer Raumzeit-Welt aus. Sie wären somit für unsere Begriffe »unendlich schnell«; mit anderen Worten: Psi-Signale erreichen den Empfänger im Augenblick ihres Entstehens. Die in unserer 4D-Welt zwischen Sender und Empfänger existierende räumlich-zeitliche Sperre entfällt, weil die andersdimensionalen Psi-Signale die Direktverbindung

über den hypothetischen Hyperraum (einem Bereich außerhalb unserer vierdimensionalen Raumzeit) wählen, d. h. Sender und Empfänger »verschmelzen« miteinander. Beim Arbeiten nach dem von der NCE entwickelten Kommunikationsprinzip konzentriert sich der Sender z. B. auf einen Namen, der für den Empfänger emotional bedeutungsvoll ist. Der an den Empfänger angeschlossene Plethysmograph registriert daraufhin eine Blutmengenveränderung, die entsprechend eines vereinbarten Punkt-Strich-Codes einem Punkt entspricht. Das Strich-Symbol würde einem unveränderten Blutvolumen beim Nichtsenden entsprechen. Wenn während einer genau festgelegten Zeiteinheit Punkte und Striche gesendet werden, kann man nach der plethysmographischen Methode auch längere Botschaften übermitteln. Das hier beschriebene, von telepathischen Spontanreaktionen und Zufällen unabhängige Übertragungssystem wurde von dem tschechischen Arzt Dr. Figar auch in der Sowjetunion eingeführt.
Telepathische Signale lassen sich angeblich ebenso mit Hilfe eines »Tobiskops« bzw. einer Variante dieses Gerätes – dem von Dr. Viktor Adamenko, Moskau, entwickelten Biometer – anmessen. Das Tobiskop dient normalerweise der exakten Lokalisierung von Akupunkturpunkten auf der Haut, d. h. von Stellen, die die Elektrizität leichter leiten. Es vermag unter anderem Flächen aufzuspüren, wo der Energiefluß blockiert ist. Die Russen Viktor Adamenko und Wladimir Raikow untersuchten mit diesem Gerät Personen in unterschiedlichen Bewußtseinszuständen. Hierbei will man festgestellt haben, daß die Bioplasmafelder von telepathisch »angesprochenen« Versuchspersonen stark reagieren.
In den letzten Jahren hat es nicht an Versuchen gefehlt, telepathische Kontakte auf emotionaler Basis auch zwischen

Menschen und Tieren bzw. Pflanzen nachzuweisen. Die Existenz eines solchen primitiven Kommunikationsprinzips innerhalb bestimmter animalischer und pflanzlicher Spezies, ja, sogar zwischen ungleichen Lebensformen (z. B. Mensch/Delphin), kann aufgrund kaum zu widerlegender, von Biologen und Verhaltensforschern gesammelter Beweise nicht mehr ausgeschlossen werden.
Professor Günther Becker von der Bundesanstalt für Materialprüfung in Berlin glaubt den Informationsaustausch in benachbarten Behältern untergebrachter Termitengruppen mit der Existenz »nichtchemischer Informationssysteme« – mit dem Wirken von hypothetischen »Biofeldern« – erklären zu können, die er im Bereich elektromagnetischer Felder angesiedelt wissen will. Daß es sich hierbei möglicherweise um »bioplasmatische«, um einer anderen dimensionalen Ordnung angehörende Felder handeln könnte, bleibt leider unerwähnt. Dabei scheinen gerade die Pflanzen-»Telepathie«-Experimente des Amerikaners Cleve Backster – er unterhält in San Diego, Kalifornien, ein Polygraphen-Labor – für die »nicht-physikalische«, d. h. feinstoffliche Beschaffenheit, der Psi-Signale zu sprechen. Backster gelang es im Jahre 1966 erstmals, mit Hilfe eines Polygraphen (Lügendetektor) den Einfluß der menschlichen Psyche – des Bewußtseins – auf Pflanzen reproduzierbar nachzuweisen. Als er damals seine *Dracaena masangeana* (Drachenbaum) an das Galvanometer eines Polygraphen anschloß, um aufgrund von Veränderungen der elektrischen Leitfähigkeit die Geschwindigkeit zu messen, mit der Wasser von den Wurzeln in die Blätter aufsteigt, erhielt er ein Signalmuster, das etwa dem eines Menschen entsprach, der kurzzeitig Gefühlsreizen ausgesetzt ist. Hierdurch stutzig geworden, beschloß er durch Verbrennen eines Blattes weitere Reaktionen zu provozieren, als augenblicklich der

Zeiger des Meßgerätes heftig ausschlug. Dabei hatte er sich weder von der Stelle gerührt noch die Pflanze angefaßt, um sein Vorhaben in die Tat umzusetzen. Später fand Backster heraus, daß seine Pflanzen, um deren Pflege er sich stets persönlich kümmerte, auch noch in großen Entfernungen (bis zu 1000 Kilometern) auf ihn reagierten. Während eines Spazierganges stoppte er einmal – einer plötzlichen Eingebung folgend – die genaue Zeit seiner Umkehr. Er stellte nachher erstaunt fest, daß der Schreiber des mit der Pflanze verbundenen Polygraphen in jenem Augenblick einen »freudigen Ausschlag« registriert hatte. Personen, die im Auftrag des Experimentators Pflanzenblätter verbrannten oder auf ähnliche Weise zerstörten, wurden bei einer »Gegenüberstellung« mit anderen, im gleichen Raum befindlichen Pflanzen von diesen mühelos »identifiziert«. Jedesmal, wenn sich der »Täter« den verschonten »Tatzeugen« näherte, reagierten diese offenbar mit panischer »Angst«; der Zeiger des Galvanometers schlug wild aus. Unbeteiligte Kontrollpersonen fanden dagegen keine »Beachtung«. Backsters Behauptung, daß Pflanzen mit anderen Lebensformen kommunizieren würden, inspirierte Forscher in aller Welt zu ähnlichen Experimenten.

So ließ z. B. Dr. Aristide H. Esser, vormals Psychiaterin am Rockland State Hospital in Orangeburg, New York, eine Versuchsperson mit einem Philodendron zu sich kommen, den sie gepflanzt, gegossen und gepflegt hatte. Sie schlossen die Pflanze an einen Polygraphen an und stellten der Besitzerin eine Anzahl Fragen, auf die diese zum Teil absichtlich falsch antwortete. Genau wie bei Backsters Experimenten reagierte der Polygraph so, als ob die Versuchsperson selbst angeschlossen wäre.

Inzwischen hat sich herausgestellt, daß Pflanzen nicht nur

Menschen und Tiere wiederzuerkennen vermögen, sondern auch auf die Verletzung und Zerstörung anderer Lebewesen heftig reagieren. Dies ergab z. B. ein Versuch mit lebenden Garnelen, die Backster, unter Zuhilfenahme eines Zufallsgenerators, zu einem willkürlich gewählten Zeitpunkt in kochendes Wasser kippen ließ. Die Reaktionen der im Nebenraum aufgestellten Pflanzen ließen im Augenblick des »Massenmordes« die Zeiger des Meßgerätes bis zum Anschlag hochschnellen.

Dr. Viktor Injuschin von der Staatsuniversität Kasachstan benutzte zum optischen Nachweis emotio-telepathischer Kontakte zwischen dem Bio-System »Mensch-Pflanze« (HP-PP; vgl. *Tabelle 2*) »Pflanze-Mensch« (PP-HP), »Tier-Pflanze« (AP-PP) usw. einen Laser. Mit Hilfe einer hochempfindlichen, gegen äußere Einflüsse gut abgesicherten Versuchsvorrichtung – das als »Empfänger« der emotio-telepathischen Signale dienende pflanzliche Zielobjekt war in einem Faradayschen Käfig untergebracht – konnte er feststellen, daß Pflanzen auf »Schmerzensschreie« elektrogeschockter Katzen heftig reagieren. Dabei nahm die Intensität des durch das Pflanzenblatt geschickten polarisierten Laserstrahls merklich zu.

Die experimentelle Erforschung emotio-telepathischer Aktivitäten unterschiedlicher biologischer Systeme und deren Wechselwirkungen dürfte nicht nur zur Theorienfindung beitragen, sondern, mit Blick auf die Backstersche Polygraphen-Pflanzen-Anordnung, auch neue Möglichkeiten beim Verhör von Agenten und Kriegsgefangenen eröffnen. So könnten z. B. Pflanzen wegen ihres empfindlichen »Gespürs« für von Vernommenen unbewußt »ausgesandte« emotio-telepathische Reaktions-Signale als »lebende Lügendetektoren« herangezogen werden.

Wenden wir uns nun einer weiteren Spielart der strategisch

nutzbaren Biokommunikation zu: Im vorangegangenen Kapitel wurde kurz auf die militärische und nachrichtendienstliche Bedeutung der telepathisch induzierten Hypnose (Tele-Hypnose) hingewiesen, eine besonders heimtückische Spielart, die auf eine heimliche Unterwanderung eines potentiellen Gegners, auf die permanente Aushöhlung seines wirtschaftlichen und Verteidigungspotentials hinauslaufen könnte. Möglicherweise lassen sich durch gezielte Selektionsverfahren Medien »rekrutieren«, die ihren mentalen Einfluß auch über große Entfernungen auszuüben vermögen. Auf die mit der Tele-Hypnose verbundenen Gefahren verweist auch Col. John B. Alexander in seiner zuvor mehrfach zitierten Studie: »Auch die telepathische Hypnose stellt ein bedeutendes militärisches Potential dar. Darüber hinaus werden noch weitere mentale Kommunikationsmethoden in Erwägung gezogen. Nach ihrer Verwirklichung und Vervollkommnung könnte eine direkte Informationsübertragung von einem Agenten oder einer Agentengruppe auf eine ausgewählte Empfängergruppe möglich sein. Wesentlich ist hierbei, daß der Empfänger der Information die Gedankeneingabe durch eine fremde Quelle nicht bemerkt, daß er meint, es handle sich ausschließlich um sein eigenes Gedankengut.«
Zahllose Protokolle der Wassiliewschen Experimente belegen in signifikanter Weise die Existenz des telepathisch induzierten Einschlaf-Weck-Phänomens, das sich, perfektioniert, sicherlich auch militärisch nutzen ließe. Raikow und Naumow führten später ähnlich erfolgreich tele-hypnotische Versuche durch. Im Labor von Dr. Pawel Guliajew im Leningrader Bechterew-Gehirnforschungsinstitut will man sogar medial unbedarften Personen tele-hypnotische Fähigkeiten antrainiert haben, mit deren Hilfe sie ihre Freunde auf Distanz in Schlaf versetzen konnten.

Auch auf dem Gebiet der militärisch genutzten Raumfahrt könnte in Krisensituationen – vor allem, wenn durch die Einwirkung eines elektromagnetischen Pulses normale Funkverbindungen nicht möglich sein sollten – die Telepathie ganz wesentlich zur Aufrechterhaltung des Informationsflusses zwischen Raumfahrzeugen und Bodenstationen oder Unterwasser-Stützpunkten beitragen.
Der amerikanischen Nachrichtenorganisation DIA war schon Mitte der sechziger Jahre bekannt, daß die Sowjets, gewissermaßen zur Ergänzung des elektromagnetischen Bordkommunikationssystems, ihre Kosmonauten immer häufiger in der Beherrschung telepathischer Informations-Übertragungstechniken ausbilden. Codesysteme, wie zuvor beschrieben, sollten auch hier die Kommunikation zuverlässiger machen. Ähnliche Versuche unternahmen die Amerikaner während ihrer dritten Mondlandemission mit *Apollo 14* Anfang Februar 1971. Damals versuchte der Astronaut Edgar D. Mitchell insgesamt hundertfünfzigmal mit Kontaktpersonen auf der Erde telepathisch zu kommunizieren. Die Ergebnisse der Apollo-14-Experimente wurden im Detail aufgezeichnet und im *Journal of Parapsychology* veröffentlicht.
Obwohl die Zeitschrift *Sowjet-Seefahrtsnachrichten* 1967 zu berichten wußte, daß »die telepathische Kommunikation im Weltraum einfacher als auf der Erde ist«, verliefen die Apollo-Versuche weniger erfolgreich, was möglicherweise dem Streß während der ersten Mondlandeunternehmen zuzuschreiben ist. Man darf annehmen, daß Russen und Amerikaner seit dieser Zeit verstärkt an der direkten telepathischen Kommunikation arbeiten, d. h. an Methoden, die auch ohne ein Codesystem funktionieren.
Was die sowjetischen Bemühungen um Stabilisierung der telepathischen Kommunikation anbelangt, heißt es in dem

DIA-Report *PT-1810-12-75*: »Indem die Sowjets die Telepathie weiter erforschen, suchen sie nach praktischen Möglichkeiten zum Reproduzieren und Verstärken dieses Phänomens, um es besser kontrollieren zu können. Die Kontrolle und Manipulation des menschlichen Bewußtseins muß als ihr oberstes Ziel angesehen werden.«
Einer einfachen Methode zum Antrainieren und Stimulieren telepathischer Fähigkeiten bediente sich der sowjetische Ingenieur Wladimir Fidelman von der Abteilung Bioinformation des Moskauer Popow-Instituts. S. Ostrander und L. Schroeder beschreiben seine »Teleblinker«-Methode in ihrem Buch *Psi-Training:* »Er [Fidelman] legte eine Zahl, beispielsweise die 8, auf eine Lichtquelle und blinkte den telepathischen Sender rhythmisch damit an. ›Singen Sie‹, befahl er, ›singen sie 8, 8, 8 im Rhythmus mit dem Licht.‹ Er wies den Sender an, sich in die 8 zu versenken, bis er nichts als die 8 voll lebendiger Klarheit auf einem imaginären Bildschirm in seinem Geist sah. Fidelman berichtete, daß sein Sender nach dem Training mit dieser Technik einem mehr als 1,5 Kilometer entfernten Empfänger 100 von 134 Zahlen erfolgreich übermittelte. Zweifellos halfen Fidelmans Blinklichter den Sendern, sich besser zu konzentrieren und auf diese Weise präziser zu denken.«
Seitdem man weiß, daß Mikrowellen direkt ins Gehirn einzudringen und dort unter anderem auch bestimmte »Ton«-Empfindungen hervorzurufen vermögen, ist nicht auszuschließen, daß man diesen elektromagnetischen Frequenzbereich zur Weckung und/oder Stabilisierung telepathischer Impulse benutzt.
Paul Brodeur beschreibt dieses seltsame Mikrowellen-Geräuschphänomen als »Brummen, Pfeifen, Zischen, Ticken oder Klappern«. Es wurde bei verschiedenen Leistungsdichten sogar noch etwa hundert Meter von der Sendean-

tenne entfernt wahrgenommen. Interessant ist Brodeurs Feststellung: »Es wirkte aber, als käme es nicht von weitem, sondern von einem Punkt in geringer Entfernung von der Mitte des Hinterkopfes und wurde auch von Leuten vernommen, die fast taub waren oder denen man die Augen verbunden hatte. Offensichtlich hatte die Empfindung überhaupt nichts mit akustischen Luftschallwellen zu tun; sie war also eigentlich kein ›Hören‹.«

Der amerikanische Biologe Dr. Allan H. Frey vom privaten Forschungsinstitut *Randomline* führte im Auftrag der US-Marine schon in den sechziger Jahren Mikrowellen-Experimente durch, um deren »akustischen« Einfluß auf das menschliche Gehirn zu studieren. In einer abschließenden Stellungnahme heißt es unter anderem: »Die Russen könnten durch modulierte Mikrowellensignale nicht nur Töne, sondern vielleicht sogar ganze Wörter ins Gehirn ›senden‹, die dem Betroffenen als akustische Wahrnehmungen, ja sogar unbewußt als eigene Einfälle erscheinen.« Weiter heißt es hier: »Der so Manipulierte würde von der Beeinflussung nichts spüren, da die geringe Leistungsdichte keine Beschwerden zur Folge hätte.« Brodeur vermerkt hierzu: »Dasselbe wurde im Frühjahr 1973 im Walter-Reed-Forschungsinstitut der US-Armee von Dr. Sharp und seinen Mitarbeitern in Selbstversuchen mit Erfolg durchgeführt. In einem schallschluckend ausgekleideten Raum sitzend, erkannte Dr. Sharp den Klang einiger Wörter, die nicht gesprochen, sondern einer 2-Gigahertz-Mikrowellenstrahlung mittels Audiogramm aufmoduliert worden waren.« Etwas völlig Abstraktes wurde hier also in etwas »Vernehmbares«, geistig Assoziierbares umgewandelt. Analogien zur Telepathie drängen sich auf.

Daß Mikrowellen und andere Frequenzbereiche nicht nur zur quasi-akustischen Informationsübermittlung, sondern auch zur Verstärkung und Stabilisierung telepathisch ausgesandter Bewußtseinsinhalte (Gedankenimpulse) sowie zur hellseherischen Informationseinholung *(Remote Viewing)* dienen könnten, zeigen kombinierte EEG/Computerysteme, wie sie in den USA und in Rußland entwikkelt wurden.

An der Universität von Missouri experimentierten der Neurophysiologe Dr. Donald York und der Sprach-Pathologe Dr. Thomas Jensen mit dem sogenannten »Neurophon«, einem Gerät, mit dem sich unter Umgehung der normalen Sinnesorgane Informationen direkt in das Gehirn und Nervensystem einspeisen lassen. Die Wissenschaftler haben seinerzeit in speziellen Gehirnwellenmustern 27 Worte und Silben identifizieren und entschlüsseln können. Sie konnten die elektroenzephalographischen Muster von etwa 40 Testpersonen mit deren verbalen Äußerungen und sogar mit einigen der von ihnen gedachten Worte in Wechselbeziehung bringen. Dr. York und Dr. Jensen fütterten einen Computer mit dem Gehirnwellenvokabular der EEGs von Personen, die infolge von Schlaganfällen die Sprache verloren hatten, um durch Überwachen und »Lesen« der EEGs mit den Behinderten kommunizieren zu können. Es wäre ohne weiteres denkbar, daß sich nach dieser oder einer ähnlichen Methode die bewußten oder unbewußten Gedankeninhalte von militärischen oder politischen Geheimnisträgern möglicherweise sogar über größere Entfernungen ausforschen und manipulieren lassen, sobald erst einmal ein generelles Prinzip zur Umsetzung personenspezifischer enzephalographischer Muster in ihre semantische Bedeutung existiert. Nach einem solchen technisierten Gedankenübertragungsprinzip müßten sich dann wohl auch mühelos Telepathen für den militärischen und Spionagedienst heranzüchten lassen.

3 *Analyse eines Phänomens*

»Es ist die Theorie, die entscheidet,
was wir beobachten können.«

ALBERT EINSTEIN (1879–1955)

Bei den im vorangegangenen Kapitel erwähnten, mit Plethysmographen und Polygraphen aufgezeichneten physiologischen Reaktionen auf eintreffende telepathische Impulse handelt es sich natürlich nicht um bioinformative Signale an sich. Irgendwo im menschlichen, tierischen oder pflanzlichen Körper aber müssen die offenbar »nicht-physikalischen«, raumzeit-neutralen telepathischen Impulse, die die stofflichen Barrikaden unserer Welt (wie z. B. Faradaysche Käfige) mühelos überwinden, umgewandelt werden. An irgendwelchen Stellen müssen diese Psi-Signale bekannte Energieformen und Kräfte stimulieren, die dann wiederum biochemische, bioelektrische und andere meßbare Reaktionen auslösen. Und über diese Berührungs- und Umwandlungsstellen im menschlichen Körper, über unsere Ankoppelung an andere belebte, sogar an unbelebte Systeme, gibt es ganz konkrete Vorstellungen, auf die wir in der Folge noch öfter zurückkommen werden.
Hier interessiert zunächst die Frage nach Ursprung und Wirkungsweise der telepathischen Kommunikation, die scheinbar fundamentale wissenschaftliche Erkenntnisse und Gesetzmäßigkeiten in Frage stellt und Zweifel an der Richtigkeit unseres vierdimensional begrenzten physikalischen Weltbildes aufkommen läßt. Möglicherweise übersehen wir in unserer hochtechnisierten Welt voller stupider, vorprogrammierter Abläufe andere, geistig-feinstoffliche Realitäten – unsichtbare, mit uns koexistierende »Univer-

sen«, über die nicht nur telepathische, sondern auch alle anderen Psi-Aktivitäten abgewickelt werden. Auf der Suche nach dem Funktionsprinzip der telepathischen Kommunikation gilt es vor allem die Wechselwirkungen zwischen diesen hypothetischen, andersdimensionalen Realitäten und unserer Welt auszuloten, um ein anschauliches Arbeitsmodell entwickeln zu können.

Es wurde bereits angedeutet, daß russische und amerikanische Wissenschaftler die telepathische Kommunikation zunächst mit dem Wirken elektromagnetischer Wellen, d. h. nach dem Rundfunkprinzip, zu erklären versuchten. Genau wie bei diesen gab es auch hier Telepathie-»Sender« und -»Empfänger«: völlig unzutreffende Bezeichnungen, die, wenn auch nur im übertragenen Sinne, bis heute beibehalten wurden. Die elektromagnetische Hypothese wurde von Leonid Wassiliew und anderen Wissenschaftlern später bedingt in Frage gestellt, nachdem man beweisen konnte, daß Versuchspersonen in Faradayschen Käfigen, die elektromagnetische Wellen abblocken, selbst noch aus großen Entfernungen telepathisch beeinflußbar sind.

Wassiliew benutzte als Faradaysche Käfige unter anderem Bleikammern mit Deckeln, die in mit Quecksilber gefüllte umlaufende Rillen eintauchten. Dennoch drangen, zum größten Erstaunen der Experimentatoren, die telepathischen Impulse in das Innere der Kammern ein, wurden z. B. Versuchspersonen nachweislich tele-hypnotisch in Schlaf versetzt.

Die allgemeine Verwirrung war komplett, als Wissenschaftler in Ost und West feststellten, daß Faradaysche Käfige für elektromagnetische Strahlung extrem hoher und niedriger Frequenzen »durchlässig« sind und daß diese durch metallische Abschirmungen nur geringfügig gedämpft werden. Unter »extrem hohen Frequenzen« ver-

steht man den verhältnismäßig schmalen Spektrumabschnitt der Mikrowellen und unter »extrem niedrigen Frequenzen« die niedrigstfrequenten VLF (10–30 kHz)- und ELF (1–100 Hz)-Bereiche.
Die der Kogana-Gruppe angehörenden russischen Wissenschaftler hielten es damals für möglich, daß für die Übertragung telepathischer Impulse die in der Natur vorkommenden elektromagnetischen Wellen extrem geringer Frequenz verantwortlich sind. So sollen die Gehirnaktionsfrequenzen mit den in der Natur vorkommenden Frequenzen interagieren, wodurch Interferenzmuster entstünden, die sich über die gesamte Ionosphäre ausbreiten. Solche Muster könnten bei Personen, die über eine ähnliche Sensitivität und entsprechende Erfahrungen verfügten, ähnliche Gedankenmuster oder Eindrücke hervorrufen. Mit bestimmten Vorstellungen geprägte natürliche ELF-Trägerwellen würden dem Empfänger nicht unbedingt exakte Daten, sondern lediglich Assoziationen über das Gedachte vermitteln. Selbst wenn die übermittelten Informationen komplexer Natur wären, könnte der mustererzeugende Mechanismus im Gehirn dennoch genügend »Bausteine« zusammentragen, um den annähernd richtigen Gesamteindruck ins Bewußtsein des Empfängers vordringen zu lassen. Dieses »natürliche« *elektromagnetische Übertragungssystem* dürfte nach damaliger Ansicht russischer Wissenschaftler mit einem wesentlich geringeren Energiebedarf auskommen als vergleichbare Modelle, die voraussetzen, daß das Gehirn die gesamte für die telepathische Kommunikation benötigte Energie allein aufzubringen hat. Natürliche niedrigstfrequente Wellen findet man im gesamten VLF- und ELF-Bereich. Sie entstehen durch geomagnetische Veränderungen und Solaraktivitäten sowie beim Betrieb elektrischer Geräte. Man beobachtet sie auch im Re-

sonanzbereich zwischen 7 und 33 Hz. Die natürlichen elektrischen Aktivitäten an der Oberfläche des menschlichen Gehirns fallen gleichermaßen in den ELF-Bereich. Der untere Teil dieses Frequenzsektors soll nach Meinung einiger Wissenschaftler paranormale Aktivitäten zumindest begünstigen. So will man in der Nähe von Personen, die Psi-Aktivitäten auszulösen versuchten, schwache elektromagnetische Feldeffekte festgestellt haben, deren Frequenzveränderungen (3–6 Hz) auffällig mit den Gehirnaktionsstromfrequenzen übereinstimmten. Dies muß aber nicht zwangsläufig bedeuten, daß die hier erwähnten Interferenzmuster die *Träger* telepathischer Signale sind. Es könnte durchaus sein, daß sie telepathische und hellseherische Aktivitäten lediglich stimulieren und/oder stabilisieren.

Ungeachtet der durch das merkwürdige Verhalten höchst- und niedrigstfrequenter Strahlungen verursachten Kontroverse zwischen Befürwortern und Gegnern der modifizierten elektromagnetischen Hypothese beschrieb 1966 der sowjetische Wissenschaftler Je. Pamow, Swerdlowsk, drei bei bioinformatorischen Übertragungen (Telepathie) ermittelte Paradoxa – Phänomene, die eigentlich gegen diese konventionell-physikalische Hypothese sprechen:

– Die telepathische Kommunikation ist entfernungsunabhängig [die abgestrahlte Leistung elektromagnetischer Signale nimmt jedoch proportional zum Quadrat ihrer Entfernung vom Empfänger ab];

– sie kommt ohne den Gebrauch der uns bekannten Sinne zustande und steht in keiner erkennbaren Beziehung zu elektromagnetischen Wellen;

– einige Fälle spontaner Telepathie (auch des Hellsehens) widersprechen der Kausalität [diese Feststellung bezieht sich auch auf Präkognition, das Vorauserfahren zukünftiger Geschehnisse, ein für die heutige Wissenschaft noch unfaßbares Phänomen]

Der am Birkbeck College der Londoner Universität dozierende Physik-Professor John Hasted – wir besuchten ihn 1983 im Rahmen einer Studie über die dort durchgeführten Psychokinese-Experimente – beurteilt aufgrund der vom amerikanischen Stanford Research Institute International (Dr. R. Targ und Dr. H. E. Puthoff) veröffentlichten Telepathie-Forschungsergebnisse die elektromagnetische Hypothese als völlig unzureichend; er argumentiert:

– Die zeitlich schwankenden elektroenzephalographisch ermittelten elektrischen Potentiale am Schädel [der Versuchsperson: telepathischer Sender] sind für telepathische Übertragungen um viele Größenordnungen zu schwach; sie können allem Anschein nach ohnehin keine Informationen übermitteln.

– Unser Gehirn ist nicht dafür geschaffen, reine elektromagnetische Signale mit einem hohen Wirkungsgrad zu empfangen und zu entschlüsseln.

– Nur extreme Niederfrequenzstrahlung (Längstwellen, ELF) vermag größere Entfernungen und Abschirmungen zu überwinden; ihre Informationsübertragungskapazität ist jedoch zu gering. ELF-Wellen übermitteln Informationen sehr langsam, und die Übertragung telepathischer Impulse erfolgt in der Regel wesentlich schneller.

– Die telepathische Kommunikation mittels elektromagnetischer Wellen müßte von Entfernungs- und Abschirmungseffekten begleitet sein; diese waren aber auch bei Fernwahrnehmungs- und ähnlichen Experimenten nicht feststellbar.

– Die elektromagnetische Hypothese hat keine Erklärung für Prä- und Retrokognition.

Überzeugende Beweise dafür, daß die telepathische Kommunikation und andere ASW-Phänomene nicht auf dem Prinzip der elektromagnetischen Übertragung beruhen können, lieferte das sowjetische Spitzenmedium Tofik Dadaschew, Telepath und Hellseher, der Wolf Messings Erbe angetreten hatte. Der früher in St. Petersburg ansässige Wissenschaftler Genadij Sergejew beobachtete Dadaschew während der Ersten Internationalen Prager Psychotronik-Konferenz im Juni 1973 bei einem seiner erstaunlichen Experimente: »Tofik verblüffte sie alle. Besonders seine Fähigkeit, die Gedanken einer nicht russisch sprechenden Person zu lesen, blieb allen unerklärlich. Er wurde *in Gedanken* von einem nur englisch sprechenden Wissenschaftler aufgefordert, zu einem bestimmten Mann in der zweiten Reihe zu gehen und ihn als John anzusprechen. Tofik, der auf der Bühne stand, lächelte, stieg herunter, ging ohne zu zögern auf den Mann zu und sagte auf russisch: ›Sie sind John.‹ Ich war dabei, als das geschah. Nun weiß ich mit Sicherheit, daß Tofik nicht ein einziges Wort Englisch kann. Offensichtlich bedienen sich Gedanken einer eigenen Sprache.«

Hätte der in englischer Sprache gedachte, d. h. mental formulierte Auftrag Dadaschew auf elektromagnetischem Wege erreicht, so wäre er von diesem mit Sicherheit nicht verstanden worden. Selbst wenn man die elektromagnetische Übertragung des englisch gedachten Wortlauts noch irgendwie begründen konnte, so fehlt doch für dessen Umsetzung in die russische »Lesart« jede physikalische Erklärung.

Für das Zustandekommen telepathischer und anderer ASW-Phänomene wurden im Laufe der letzten Jahre zahlreiche weitere, wenn auch nicht in allen Details befriedigende Hypothesen aufgestellt. Sie sollen der Vollständigkeit halber hier kurz angedeutet werden:

Gravitations-Hypothese

Wassiliew und andere Wissenschaftler hielten es für denkbar, daß die telepathische Kommunikation auf Wechselwirkungen zwischen Gravitationsfeldern und anderen, bislang ungeklärten Funktionsmechanismen beruht, die möglicherweise auf Aktivitäten der Gehirnmasse zurückzuführen sind.

Neutrino-Hypothese

Diese Hypothese wurde 1966 von Je. Parnow entwickelt. Neutrinos sind Elementarteilchen mit einer Ruhmasse Null ohne elektrische Ladung, die sich mit nahezu Lichtgeschwindigkeit fortbewegen und selbst große Massen spielend durchdringen. Wenn nachgewiesen werden könnte, daß solche Teilchen während neuropsychischer Prozesse auch im Gehirn entstehen, wäre es möglich, daß diese als telepathische Informationsträger in Frage kommen.

Quantentheoretische Hypothese

Verschiedene Phänomene der »außersinnlichen« Wahrnehmung lassen sich zumindest hypothetisch mit Hilfe der Quantenphysik erklären, was auf eine Beschreibung der Realität durch Wahrscheinlichkeitsfunktionen sowie auf die gegenseitige Verbundenheit von Beobachtung (Messung) und Vorgängen auf Quantenebene zurückzuführen ist. Diese Verbundenheit kann im Prinzip so weit getrieben werden, daß sie das Bewußtsein miteinbezieht, denn das Endresultat einer jeden Beobachtung läßt sich als bewußter oder unbewußter mentaler Prozeß, als Interaktion zwischen Beobachter und (beobachtetem) Vorgang darstellen.

Das Einstein-Rosen-Podolsky-Paradoxon besagt, daß Elementarteilchen gleicher Quantencharakteristika miteinander verbunden sind.

Holographische Hypothese

Nach dieser Hypothese, die auf den Ergebnissen der modernen Gehirnforschung beruht, stellt unser Gehirn eine Art organisches »Hologramm« dar.
Den holographischen Charakter von Denkprozessen glaubt man neuerdings unter anderem in der »Verteilung« des Gedächtnisses über die gesamte Gehirnmasse, in Lernvorgängen und -störungen, im Imaginieren und Wahrnehmen, in veränderten Bewußtseinszuständen usw. zu erkennen. Den Schlüssel zu all diesen Operationen sollen die großen Gehirnmoleküle (Neuropeptide) bilden, die beim Regulieren mentaler Prozesse eine wichtige Rolle spielen. Sie bestimmen nicht nur neurale Aktivitäten, sondern beeinflussen auch Frequenz- und Phasenbeziehungen zwischen unterschiedlichen Gehirnpartien – Funktionen, die sich möglicherweise ebenfalls holographisch deuten lassen.
Die holographische Interpretation von Gehirnprozessen (Denkvorgängen) kann ohne weiteres auch auf paranormale Phänomene übertragen werden, da dieses Modell davon ausgeht, daß im gesamten Universum ein fundamentales, allumfassendes Hologramm existiert, mehr noch, daß unsere Welt im Prinzip ein Super-Hologramm darstellt. Jedes noch so kleine Teilchen eines Hologramms aber vermag Daten ähnlich dem Original zu reproduzieren. An jeder Stelle eines derartigen Hologramms stünden dann spezifische Daten und Informationen zur Verfügung, die sich durch paranormale Aktivitäten im Gehirn blitzschnell abrufen ließen.

Denkoperationen, aber auch Vorgänge im Unbewußten und sogenannte »außersinnliche« Wahrnehmungen sind ausschließlich mentale Prozesse, die sich mehr informatorisch als energetisch erklären lassen. Auf der Suche nach einem informatorisch konzipierten Funktionsmodell für Telepathie und verwandte biokommunikative Phänomene erwies sich das von russischen Forschern postulierte »Bioplasma« – ein dem physischen Körper mit seinen Kernteilchen, Atomen, Molekülen und Zellen entsprechendes nicht-physikalisches Energiefeld – als tragfähige Grundlage für einschlägige Überlegungen.
Aufgrund seiner zwitterhaften Beschaffenheit – je nach Bedarf psychisch-feinstofflich oder materiell-grobstofflich – könnte sich dieses Modell beim mentalen Informationsaustausch zwischen belebten Systemen (Menschen, Tieren, Pflanzen) durchaus als Wirkmechanismus erweisen. Der amerikanische Mediziner und Parapsychologe Dr. Andrija Puharich geht bei seiner bioplasmatischen Betrachtung der Telepathie davon aus, daß es bei der telepathischen Kommunikation so etwas wie »Sender« und »Empfänger« überhaupt nicht gibt. Er hält den fälschlicherweise als »Sender« bezeichneten Teilnehmer eines telepathischen Aktes vielmehr für eine Art psychisches »Anziehungszentrum«. Nach dieser Hypothese würde der als Sender Bezeichnete um sich herum ein mit Vorstellungen getränktes »mentales Vakuum« aufbauen, welches das Bewußtsein des eingestimmten Quasi-Empfängers auf sich lenkt (»anzieht«).
Puharich argumentiert, daß der aktive Teilnehmer des bioinformatorischen Aktes (der Sender) durch gewisse Notwendigkeiten und Wünsche einen »mentalen Zustand« schaffe, den der Empfänger mit seinen eigenen Symbolen

und Eindrücken ausstatte. Vereinfacht ausgedrückt: Ein im Sender (wir wollen diesen Ausdruck des besseren Verständnisses wegen beibehalten) entstehender Gedanke verläßt diesen in Wirklichkeit gar nicht. Die Information (der Gedankeninhalt) wird vielmehr vom Empfänger im Gehirn des Senders abgefragt oder abgetastet. Der Empfänger vergleicht nun die eingeholten Gedankeninhalte mit seinen eigenen im Unbewußten gespeicherten Erfahrungen und Vorstellungen, ähnlich wie bei einem Puzzlespiel – ein Vorgang, der sich wegen des holographischen Aufbaues des mentalen Informationsspeichers in Nullzeit abspielen dürfte.

Sobald das beim Sender unbewußt eingeholte Informationsmuster mit einem im Unbewußten des Empfängers gespeicherten ähnlichen Muster übereinstimmt, dringt dieses automatisch in dessen Wachbewußtsein vor. Der aktivere Teil wäre bei der Telepathie somit der Empfänger. Die telepathische Erfolgsquote hängt – so Puharich – letztlich von der Genauigkeit der mentalen Assoziation ab, d. h. von der Fähigkeit des Empfängers, seine aus dem eigenen Unbewußten hervorgebrachten verbalen oder bildhaften Vorstellungen möglichst genau an das vom Sender »abgenommene« Gedankenmuster anzugleichen. Hierbei wird im Prinzip zwischen Sender und Empfänger nichts »bewegt«, nichts »gesendet«. Der Empfänger holt sich vom sogenannten Sender nur Anregungen zur Beschaffung adäquater Vorstellungen aus dem eigenen holographisch funktionierenden Informationsreservoir. Das telepathische Einholen der Sender-Gedankenmuster geschieht nach Puharichs Meinung mittels körpereigenem Bioplasma (Psi-Plasma). Hierbei greift der Empfänger mit seinem bioplasmatischen »Tentakel« nach den Bewußtseinsinhalten des Senders, was zwangsläufig über eine höhere Dimensionalität erfolgt. Von einer höheren Warte außerhalb der Raumzeit aus gesehen, liegen nämlich sämtliche Orte und Zeiten in unserem Universum buchstäblich »aufeinander«. Sie durchdringen einander – anders ausgedrückt: sie konzentrieren sich in einem einzigen Punkt, was etwa dem zuvor erwähnten holographischen Prinzip entspricht. Dies würde auch verständlich machen, warum die telepathische Übertragung in quasi »Nullzeit« stattfindet. Deckungsgleiche Sender und Empfänger benötigen für die Informationsübermittlung keine Wegstrecke und somit auch keine Zeit. Die sogenannte Biokommunikation würde nach diesem Modell direkt über den Hyperraum abgewickelt werden.

Der eigentliche telepathische Vorgang soll nach Puharich durch das Zusammenspiel zwischen bestimmten Körperwirkstoffen (Adrenalin und Acetylcholin), der Gravitation und Bioplasmafeldern zustandekommen.

Die Bioplasma-Hypothese läßt sich womöglich auch auf andere Psi-Bewirkungen anwenden, was zu der Annahme verleiten könnte, daß Telepathie, Hellsehen, Prä- und Retrokognition usw. nur bestimmte Spielarten eines *einzigen* übergeordneten Geschehens darstellen – eines Super-Phänomens –, das wir aufgrund unserer anerzogenen monokularen Betrachtungsweise nicht zu erkennen vermögen.

4 *ASW-Spionage – Ausforschung auf Distanz*

Projektname:	SCANATE
Projektleitung:	Physiker Dr. Harold E. Puthoff, Dr. Russell Targ; beide SRI
Fernwahrnehmungsaufgabe:	Beschreiben einer vermutlich unterirdischen militärischen Anlage;

	Ausforschung dortiger Büroräume; Schilderung von Details
Zielort/Zeit:	Unbekannter Ort im US-Bundesstaat Virginia, 1977
Auftraggeber:	CIA, Washington; Codierung erfolgte durch CIA-Beamte in Menlo Park, Kalifornien
Auswahl des Zielortes:	NSA-Mitarbeiter in Washington
Scout-Medium:	Pat Price
Operationsbasis des Mediums:	Stanford Research Institute International (SRI), Menlo Park, Kalifornien
Pat Price:	»Auf dem Schreibtisch liegen Papiere beschriftet mit: Fliegenfalle Minerva Aktenschrank an der Nordseite des Büros, beschriftet mit: Operation ›Pool‹ [Billard] Billardkugel (14er, 4er, 8er) Spieldreieck Codebezeichnung der Anlage scheint ›Heugabel‹ oder ›Heuschober‹ zu lauten.
Zeugen:	Col. R. J. Hamilton Maj. General George R. Nash Maj. John C. Calhoun ??«

»Zum Teufel, es gibt keine Geheimhaltung mehr!« Dies genau waren die Worte eines verblüfften Sicherheitsbeamten der amerikanischen Regierung, nachdem er Prices hellseherisch ermittelte Informationen – das Ergebnis seines paranormalen Spähtruppunternehmens in die Büroräume

einer in Virginia befindlichen Satellitenabhöranlage des Army Signal Corps zur Überwachung sowjetischer Raumfahrzeuge – sorgfältig mit den speziell für diese Operation ausgesuchten und am Zielort benutzten Kodeworten verglichen hatte.
Im vorliegenden Fall waren die geographischen Koordinaten des Satellitenmonitorsystems von der NSA-Leitstelle in Washington ausgewählt und einem CIA-Verbindungsmann am SRI – eine der renommiertesten amerikanischen »Denkfabriken« – übermittelt worden. Dieser hatte die Zielkoordinaten, ordnungsgemäß verschlüsselt, über Dr. Puthoff an das Medium Pat Price weitergeleitet. Die erzielte Übereinstimmung zwischen der Zielortsituation und Prices Beschreibung war selbst in Details so groß, daß CIA und NSA auf einer sofortigen Überprüfung der Testbedingungen bestanden. Man argwöhnte, daß es irgendwo im System eine »undichte Stelle« geben müsse, fand jedoch nichts, was auf Manipulationen irgendwelcher Art hindeutete. Die Skeptiker unter den Sicherheitsbeamten standen vor einem Rätsel. Immerhin: Die nationale Sicherheit schien auf dem Spiel zu stehen.
So, als ob Price dies geahnt hätte, forschte er – gewissermaßen zur Wahrung des Spionageproporzes – bei einer seiner nächsten hellseherischen Expeditionen eine ähnliche Satellitenüberwachungsanlage im Uralgebiet aus. Er konnte der CIA nicht nur deren geographische Lage nennen, sondern beschrieb auch den Aufbau der Anlage in allen Details: Hubschrauberlandeplätze, Gleise, die zu einem Bergabhang führten, Radarantennen sowie einen »ungewöhnlich hohen Anteil an Frauen, vorwiegend während der Nacht«. CIA-Wissenschaftler, die diesen Test überwachten – Prices Angaben wurden später durch konventionelle Ausforschung bestätigt –, hielten ihn für einen

erstklassigen ASW-Spionage-Agenten, der mit seinen paranormalen Fähigkeiten jeden Winkel unserer Erde zu erkunden vermochte, dem nichts verborgen blieb – ein James Bond in Sachen Fernwahrnehmung.

Ungeachtet der Ratlosigkeit führender amerikanischer Staatsschützer wurden am SRI sowie an anderen öffentlichen und geheimen Psi-Forschungsinstituten die für die Ausforschung militärischer Objekte so überaus wichtigen Fernwahrnehmungsversuche verstärkt fortgesetzt. Außer der CIA und NSA beteiligen sich vor allem Navy und Air Force finanziell an diesen zukunftsweisenden, heute allerdings noch phantastisch anmutenden Projekten, wobei sie sich modernster wissenschaftlicher Hilfsmittel und Methoden bedienen. Ihre in moderne Psi-Spionagetechniken gesetzten Erwartungen erscheinen gerechtfertigt. So konnten die SRI-Institutsleiter Puthoff und Targ mit einem Team hochkarätiger Sensitiver nicht nur die Existenz des Hellseh-Fernwahrnehmungs-Phänomens, sondern auch dessen Reproduzierbarkeit wissenschaftlich nachweisen. Darüber hinaus leisteten sie einen nicht unbedeutenden Beitrag zur genaueren Beschreibung dieser Spielart bioinformatorischen Wahrnehmens. Die für das paranormale Erfahren räumlich (auch zeitlich) entfernter Objekte und/oder Vorgänge im Laufe der Jahre entstandenen Fachausdrücke, wie *Fernwahrnehmung* und *außerkörperliche Erfahrung* (AKE) scheinen nämlich bei oberflächlicher Betrachtung stets auf das gleiche hinauszulaufen, d. h. einander zu verwischen, was aber nicht der Fall ist. Sie alle weisen feine Unterschiede auf, die zum besseren Verständnis des Gesamtphänomens etwas ausführlicher erörtert werden sollen. Das *Hellsehen* unterscheidet sich von der Telepathie dadurch, daß das Bewußtsein des hellseherisch begabten Sensitiven, um eine Vorstellung vom Zielort zu erlangen, nicht so sehr einzeln eingeholte Informationsteilchen (Bits) zusammensetzt, sondern das Zielgebiet unmittelbar in seiner Gesamtheit wahrnimmt. Dr. Werner F. Bonin (†) definiert das Hellsehen, das offenbar auf dem gleichen oder einem ähnlichen Funktionsprinzip wie die Telepathie beruht, als »ein paranormales Erfahren von Gegenständen oder Sachverhalten in Gegenwart oder Vergangenheit ohne Vermittlung einer fremden psychischen Organisation, d. h. Agent und Perzipient (Wahrnehmender) sind eine Person.«

Diese Definition bezieht sich nicht nur auf räumliche paranormale Wahrnehmungen, sondern auch auf solche, die Objekte und Sachverhalte in der Vergangenheit betreffen – ein bioinformatorischer Wahrnehmungsakt, den man normalerweise als *Retrokognition* bezeichnet.

Der bekannte englische Philosoph und Parapsychologe Frederic William Henry Myers (1843–1901) beschrieb das Hellsehen (er bezeichnete es als »Telästhesie«), um es von der Telepathie zu unterscheiden, als »eine direkte Empfindung oder Wahrnehmung von Dingen oder Zuständen, unabhängig von allen anerkannten sinnlichen Wahrnehmungsmöglichkeiten und unter Umständen, die eine bekannte Seele außerhalb der des Perzipienten als Quelle dieser Kenntnisse ausschließen.«

Die Schweizer Parapsychologin Fanny Moser (1872–1953) unterschied unter Berufung auf Myers zwischen zwei fundamentalen Erscheinungsformen des Hellsehens und schuf somit eine erste Grundlage für die übersichtliche Interpretation des Gesamtphänomens:

I. Räumliches Hellsehen:

1. Die (direkte) Wahrnehmung des (räumlich) Verborgenen;
2. die (direkte) Wahrnehmung des (räumlich) Fernen [auch als »reisendes Hellsehen« bezeichnet].

II. Zeitliches Hellsehen:

1. Das Erkennen des (zeitlich) Fernen, die Prophetie (Präkognition);
2. das Erkennen des Vergangenen (Retrokognition).

Die bei Moser erwähnte Präkognition – das Hellsehen in die Zukunft – widersetzt sich aufgrund ihres akausalen Charakters mehr noch als andere ASW-Phänomene herkömmlichen physikalischen Erklärungen. Da sich aus dem Vorauswissen wahrgenommener Ereigniswahrscheinlichkeiten möglicherweise strategische Präventivmaßnahmen ableiten lassen, soll dieses ASW-Phänomen gesondert abgehandelt werden.

Bei der Fernwahrnehmung *(Remote Viewing),* ein von Puthoff und Targ geprägter Begriff, handelt es sich um einen hellseherischen Wahrnehmungsakt, der, wie zuvor dargelegt, zur Ermittlung entfernter Objekte oder Vorgänge meist geographischer Zielkoordinaten bedarf. Mit Hilfe dieser Koordinaten oder anderer Anhaltspunkte vermag sich der Sensitive auf ein ihm unbekanntes, von den Versuchsleitern zuvor genau festgelegtes Ziel »einzuschießen«, seine äußere und/oder innere Beschaffenheit zu erkunden. Die Fernwahrnehmung erlaubt perfekten ASW-Medien das unbemerkte »Eindringen« in geheime politische und militärische Planungs- bzw. Kommandozentralen, in Raketensilos, Munitions- und Atomwaffendepots, in Flug- und Marinestützpunkte, in Unterwasserbasen und Forschungsinstitute, in bewegliche und unbewegliche Objekte gleichermaßen, kurzum in die Schaltzentren der Macht, deren gründliche Ausforschung ungeheure strategische Vorteile verheißt.

In den letzten Jahrzehnten haben amerikanische Hellseh-Medien wiederholt bewiesen, daß sie, wenn auch vorläufig noch nicht mit absoluter Zuverlässigkeit, in Sicherheitsräumen und Tresoren deponierte Geheimpapiere auszuforschen (zu »lesen«) und militärische Codes zu knacken vermögen.

Zwischen der sogenannten »außerkörperlichen Erfahrung« (AKE) und der »Fernwahrnehmung« besteht praktisch kein großer Unterschied. Beim AKE-Modell wird allerdings mehr der feinstoffliche Körper der Menschen, der psychisch-bioplasmatische Verbund (sogenannter Astralleib), als informationseinholendes Vehikel dargestellt, mit dem man häufig bewußt und willentlich jedwede Entfernung überbrücken und materielle Hindernisse durchdringen kann. Das Phänomen der Außerkörperlichkeit tritt vorwiegend im hypnagogen (halbwachen) Zustand, d. h. zwischen dem Noch-Wachsein und Einschlafen bzw. dem Aufwachen und völligen Wachsein, auf. Echte AKE-Zustände dürfen auf keinen Fall mit Traumerlebnissen, Halluzinationen, Drogen- oder pathologischen Zuständen verwechselt werden.

Möglicherweise erreichen wir alle AKE-Fernwahrnehmungszustände häufiger, als uns unmittelbar bewußt wird. Sie zu erkennen und praktisch zu nutzen, dürfte nach Meinung des amerikanischen Forscherteams Puthoff und Targ auch weniger medial Begabten nicht schwerfallen. Die beiden SRI-Physiker müssen es wissen, da sie über viele Jahre mit Fernwahrnehmungsmedien experimentierten und infolgedessen über reiche Erfahrungen auf diesem Gebiet verfügen. Ihr offiziell der Radiophysikalischen Abteilung des SRI zugeordnetes Labor gehörte zu den modernsten zivilen Psi-Forschungsstätten der westlichen Welt. Puthoff und Targ, die sich mit der Fernwahrnehmung nur nebenberuflich befaßten – ihre Hauptfachgebiete sind die Laser-, Plasma- und Quantenphysik, die Optik und Vakuumtechnologie –, haben an ihrem Institut zahlreiche hellseherisch hochbegabte Persönlichkeiten getestet und weiter »aufgebaut«. Zu nennen wären der New Yorker Künstler und Sensitive Ingo Swann, Uri Geller, die Berufsfotografin Hella Hammid, der Sozialwissenschaftler und SRI-Mitarbeiter Duane Elgin, Bestseller-Autor Richard Bach *(Die Möwe Jonathan),* der zuvor erwähnte ehemalige Vizebürgermeister von Burbank, Kalifornien, und Direktor eines Kohlebergwerks, Pat Price, die Mathematikerin Phyllis Cole und viele andere.

Im Verlaufe ihrer mit wissenschaftlicher Akribie betriebenen Serienexperimente haben Puthoff und Targ festgestellt, daß die Mehrzahl der als richtig eingestuften Informationen nichtanalytischer Natur sind, indem sie sich weniger auf Benennungen und Funktionen, sondern mehr auf Umrisse, Formen, Farben und Materialien bezogen. Hieraus wäre möglicherweise zu folgern, daß die Informationseinholung unter Ausschluß der Normalsinne von den Funktionen der rechten Gehirnhemisphäre abhängt. Wenn auch die Fähigkeit der Fernwahrnehmung bei jedem Menschen latent vorhanden ist, bedarf sie doch des ständigen Stimulierens und Trainierens, um reproduzierbare positive Ergebnisse zu erzielen.

Anlaß für den eigentlichen Beginn des Fernwahrnehmungsprogramms am SRI war ein Psychokinese-Experiment. Ingo Swann gelang es nämlich, ein in der physikalischen Abteilung des Instituts aufgestelltes, abgeschirmtes Magnetometer derart zu beeinflussen, »daß sich die Frequenz der oszillierenden Kurve etwa 30 Sekunden lang verdoppelte«, was als ein Anzeichen dafür gewertet wurde, daß »das magnetische Feld zweimal so schnell wie erwartet zerfiel«.

Auf die Frage der Wissenschaftler, wie Swann sich diesen Effekt erkläre, zumal er über die magnetische Verteilung nichts wissen konnte, meinte dieser treuherzig, daß er eine »direkte Vision« vom Inneren des Magnetometers gehabt und von seinem Standort aus die einzelnen Geräteteile lediglich »betrachtet« habe.

In der Folgezeit widmete sich das SRI-Team verstärkt der experimentellen Erforschung des Fernwahrnehmungsphänomens. Swann beschloß auf psychischem Wege Expeditionen zu unternehmen und Orte aufzusuchen, von denen er nur die Längen- und Breitengrade, d. h. abstrakte Daten, genannt bekam.

Diesen Experimenten liegt Swanns Philosophie zugrunde, daß »abstraktes Denken eine Funktion des schöpferischen Bereiches zwischen der psychischen und physikalischen Welt und eine ebensolche der Kreativität auf hoher Ebene als Kodierungssystem der Sinne« sei.

Nach Festlegung einer theoretischen Basis begann das SRI-Team mit geographischen Koordinaten als geeignete Abstraktion zu experimentieren, d. h., Puthoff und Targ übermittelten Swann einen Satz ausgesuchter Längen- und Breitengrade, woraufhin dieser die abstrakt festgelegten Örtlichkeiten aufzufinden versuchte. Puthoff und Targ zogen zu diesen Fernwahrnehmungsexperimenten später auch skeptisch eingestellte Fachkollegen hinzu, um die erzielten Ergebnisse kritisch überprüfen zu lassen. Treffer und Mißerfolge wechselten einander ab.

Eine besonders exakte Beschreibung erhielten die Wissenschaftler von einem durch seine Koordinaten bestimmten Vulkan, dem im Südwesten von Island gelegenen Hekla. Swann äußerte sich, unmittelbar nachdem man ihm die Zielkoordinaten genannt hatte: »Ich sehe einen Vulkan im Südwesten.«

Nachdem das SRI-Team durch eine Vielzahl von »Indizienbeweisen« die Existenz der Fernwahrnehmung als gesichert betrachten konnte, ersann es neue, raffiniertere Testmethoden, um die Anwendungsmöglichkeiten dieses Psi-Phänomens weiter auszuloten. So wurden z. B. die an Fernwahrnehmungsexperimenten beteiligten Sensitiven in Isolierräumen (Faradayschen Käfigen) untergebracht, um störende Einflüsse zu unterbinden und das Einholen der Informationen auf elektromagnetischem Wege auszuschließen. Die Versuchsleiter gingen ferner dazu über, zufällig ausgewählte Orte – normalerweise im Umkreis einer halben Fahrstunde vom Labor entfernt – selbst aufzusuchen, während die Versuchspersonen in ihren Isolierräumen die vom Zielort empfangenen Eindrücke auf Band sprachen und erläuternde Rohskizzen anfertigten. Diese Fernwahrnehmungsform unterscheidet sich ganz wesentlich vom AKE-Prinzip, indem sie am Zielort über eine Art menschlichen »Monitor« verfügt. Später wurden diese Aufzeichnungen, nachdem man ihre Reihenfolge durch Mischen willkürlich verändert hatte, neutralen Auswertern überlassen, die dann die jeweilige Zielsituation mit den Informationen der Versuchsperson verglichen. Die Bewertung erfolgte nach einem Benotungsschlüssel von 1 (sehr gut) bis 9 (geringste Übereinstimmung). Bei der statistischen Auswertung der nach der neuen Testmethode gesammelten Daten behauptete Ingo Swann seine Spitzenposition als Fernwahrnehmungsmedium, gefolgt von Pat Price, der, wie bereits erwähnt, am Projekt »SCANATE« beteiligt gewesen war.

Swann und Price arbeiteten gelegentlich auch »im Verbund«. Anhand einfacher Zielkoordinaten beschrieben sie einmal eine französisch-sowjetische Wetterstation (Kerguelen) im Südindischen Ozean. Ihre Angaben wurden später in allen Details von der CIA bestätigt.

Die New Yorker Berufsfotografin Hella Hammid erzielte

ebenfalls beachtliche Übereinstimmungen mit der Zielortsituation. Besondere Beachtung fand ein Langstrecken-Experiment, in dessen Verlauf die Sensitive von ihrem New Yorker Appartement aus mittels Fernwahrnehmung die Aktivitäten eines SRI-Teams im Bundesstaat Ohio (Entfernung rd. 850 Kilometer) verfolgte.

Puthoff und Targ besuchten damals in Begleitung eines skeptisch eingestellten Kollegen, dem daran gelegen war, die Mission besonders schwierig zu gestalten, die Ohio Caves – ein Höhlentrakt in der Nähe der Stadt Springfield, Ohio. Über dieses gelungene Fernwahrnehmungsexperiment berichteten beide Wissenschaftler in einem Vortrag vor Mitgliedern der American Association for the Advancement of Science (AAAS; etwa: Amerikanische Vereinigung zur Förderung der Wissenschaften):

»Unter der Kontrolle unseres Herausforderers – jenes skeptisch eingestellten Wissenschaftlers – riefen wir die Versuchsperson 4 (Hella Hammid) in New York City an und erhielten ihre Zustimmung, an einem Fernwahrnehmungsexperiment auf große Distanz teilzunehmen. Der Versuchsperson wurde lediglich mitgeteilt, daß wir uns irgendwo zwischen New York und Kalifornien befänden und daß wir in Kürze zu einem bestimmten Zielort dirigiert werden würden. Der Zeitpunkt des Experiments wurde auf 14 Uhr festgesetzt. Wir einigten uns darauf, um 15 Uhr erneut anzurufen, um die Eindrücke von Hella Hammid zu erfahren …

Wir betraten das Gebiet durch einen gewölbten Torbogen, hinter dem sich eine weite Rasenfläche erstreckte … Die Höhlen liegen in etwa 150 Fuß [= 45 m] Tiefe und werden durch ein kleines Gebäude betreten, das in einer langen, steilen Treppenflucht den Zugang zu dem Komplex bietet. Unten gingen wir durch einen Irrgarten aus felsigen Tunneln, die schließlich in eine Reihe von Höhlen mit Stalaktiten und Stalagmiten aus weißem Kalkgestein mündeten. Sie bildeten frostig-weiße und beigefarbene Kristallformen, die Eiszapfen ähnelten. Alle Höhlen waren durch kleine elektrische Birnen an den Wänden erleuchtet. Nach einem dreiviertelstündigen Rundgang durch die Höhlen verließen wir diese durch eine große Metalltür, die in einen quadratischen Schacht mündete, von wo aus Stufen zur Erdoberfläche führten.«

Etwa eine Stunde nachdem Puthoff, Targ und ihr Kollege (die Kontrollinstanz) den Höhlentrakt verlassen hatten, rief letzterer Hella Hammid in New York an. Sie hatte die hellseherisch am Zielort gesammelten Eindrücke niedergeschrieben. Während eine Kopie ihrer Niederschrift bereits an das SRI-Hauptquartier in Menlo Park unterwegs war, verlas sie am Telefon den Originaltext, der von der Kontrollperson mitgeschrieben wurde: »13.50 Uhr, kurz vor Beginn: Flache, halbindustrielle Landschaft mit einer Bergkette im Hintergrund. Es hat etwas zu tun mit unterirdischen Höhlen oder tiefen Schächten – halb von Menschen gemacht, halb natürlich. Man vernimmt ein elektrisches Summen – ein Pochen, ein inneres Pochen. Eine nukleare oder irgendeine ganz merkwürdige und möglicherweise geheime Einrichtung – ein Gang, ganze Labyrinthe davon –, beinahe eine ganze unterirdische Stadt. Ich mag das überhaupt nicht – weit bis zu den Ausgängen und zur Natur. 14 Uhr: Russell und Harold gehen eine sonnige Straße entlang – sie gehen in einen baumartigen Schacht – es sieht wieder so aus, als habe der Mensch der Natur nachgeholfen … führt in eine unterirdische Welt. Dunklere Erde – eine merkwürdig riechende kühle und diesige Passage mit etwas Grauem, Interessantem zu ihrer Linken – modrig – plötzlicher Wechsel zu einer Reihe von Aufzügen – eine äußerst ›menschlich‹ erzeugte Stahlwand – und ein schachtähnlicher, umgekehrter Silo, der tief in die Erde hineinreicht – hell erleuchtet.«

Bis auf die Einlassung, daß es sich bei dem observierten Ort möglicherweise um eine »nukleare« oder »geheime« Anlage handle – unterirdische Einrichtungen dieser Art dürften in den USA nicht selten sein –, ist die erzielte Übereinstimmung bemerkenswert gut. Hella Hammid ließ bewußt Mutmaßungen über Art und Zweck des wahrgenommenen Objekts in ihre paranormale Aussage miteinfließen, was dann gewisse Verfälschungen zur Folge hatte. Interpretationen kommen im Gegensatz zu medial eingeholten Informationen rational zustande und beinhalten dadurch zwangsläufig die üblichen Irrtümer.

Dadurch, daß Puthoff und Targ später das Computernetz der Advanced Research Project Agency des US-Verteidigungsministeriums mitbenutzen durften, konnten sie ihre Aktivitäten auch auf andere Gebiete der Vereinigten Staaten ausdehnen und ihre Experimente zeitlich genau aufeinander abstimmen.

Wie sehr die SRI-Forschungsarbeit militärische Interessen berührte, zeigen Versuche, die das Wissenschaftlerteam im Auftrag der US Navy bzw. der CIA unternahm. Bei einem dieser im Juli 1977 durchgeführten Experimente wurden vom SRI getestete Fernwahrnehmungsmedien, darunter Ingo Swann, an Bord des US-Forschungstauchbootes *Taurus* vor der südkalifornischen Insel Santa Catalina auf eine Tauchtiefe von einigen hundert Metern gebracht, um von dort aus etwa 800 Kilometer entfernte Zielorte zu beschreiben. Man wollte vor allem den Abschirmeffekt des Meerwassers ermitteln; Wasser ist bekanntlich für sämtliche elektromagnetische Frequenzen, mit Ausnahme der Niedrigstfrequenzstrahlung (ELF), undurchlässig. Diese

Langstreckentests verliefen außerordentlich erfolgreich, und sie erhärteten die Hypothese, daß Wasser, genau wie andere materielle Objekte, ASW-Impulse nicht abzublokken vermag.
Es wurde auch über Versuche an anderen Orten des Pazifiks berichtet, in deren Verlauf das Team die Lage verlorengegangener Anker und Teile gesunkener Schiffe der amerikanischen Kriegsmarine lokalisieren konnte. Über die genaue Position dieses Einsatzgebietes schwieg sich die Navy zwar aus, es ist jedoch anzunehmen, daß die Operation an einem der pazifischen Kriegsschauplätze stattfand.
Zwei Jahre zuvor hatten die Psi-Strategen der amerikanischen Marine dem SRI 50 000 Dollar bewilligt, um prüfen zu lassen, ob Sensitive möglichst genau weit entfernte Auslöser elektromagnetischer Felder paranormal orten können. 1976 wurde dieser Betrag um weitere 26 000 Dollar aufgestockt. Die SRI-Medien sollten die Möglichkeit der paranormalen Einflußnahme auf Magnetometer erkunden – in diesem Fall Magnetfeldmeßinstrumente, die bei der Ortung getauchter U-Boote eine außerordentlich wichtige Rolle spielen.
Über andere Fernwahrnehmungsmissionen der Medien Swann und Price in Richtung Sowjetunion und China liegen keine weiteren Informationen vor, was im Hinblick auf die »Wettbewerbssituation« zwischen der CIA und dem KGB verständlich erscheint. Im übrigen bestritt Swann damals – wohl mehr aus Sicherheitsgründen – jegliche Beteiligung an CIA-Projekten: »Wenn jemand auf die Idee käme, daß der Psi-Krieg bereits im Gange ist, würde man mich vielleicht auf der Straße umbringen.«
Während die Resultate der am SRI, an einigen amerikanischen Universitäten und anderen zivilen Institutionen durchgeführten nichtmilitärischen Biokommunikationsfor-

schung nur selten der Öffentlichkeit vorenthalten wurden, befaßte man sich bei der Rand Corporation in Cleveland, Ohio, bei Westinghouse in Friendship, Maryland, bei der General Electric Co. in Schenectady, New York, bei der Bell Telephone Co. in Boston, Massachusetts, bei der Ai-Research Manufacturing Company of California in Torrance, Kalifornien, und vor allem im Forschungszentrum der US Army in Redstone, Alabama, unter anderem mit Fernwahrnehmungs- und ähnlichen ASW-Projekten, die der strikten Geheimhaltung unterlagen. Man darf wohl annehmen, daß in den dortigen Entwicklungslaboratorien auch an der Technisierung und Stabilisierung von ASW-Phänomenen gearbeitet wurde.

In der ehemaligen Sowjetunion unterlagen Fernwahrnehmungs-AKE-Experimente für militärische und Spionagezwecke ebenfalls der Geheimhaltung. Ihr Abschirmdienst scheint auf diesem spionageträchtigen Psi-Anwendungsgebiet besonders gut funktioniert zu haben. Über paranormale Ortungsübungen russischer Medien liegen daher kaum irgendwelche nachrichtendienstlichen Erkenntnisse vor. Einige westliche Experten mutmaßen – vielleicht gerade wegen dieser Geheimniskrämerei –, daß den Russen auf dem Gebiet der AKE womöglich ein beachtlicher Durchbruch gelungen sei. In diesem Zusammenhang gewinnt eine 1975/76 von der CIA finanzierte Kontraktstudie über ASW-Funktionsmechanismen mit der Tarnbezeichnung NBIT (engl.: Novel Biophysical Information Transfer Mechanisms; etwa: Neue biophysikalische Informationsübertragungsmechanismen) an Bedeutung, die nicht nur Neutrino-, quantentheoretische und holographische Hypothesen, sondern auch die von dem Wissenschaftler Dr. Ippolit Kogan aufgestellte modifizierte Elektromagnetische Hypothese beinhaltet. Wie wir bereits wissen, hält es Kogan für möglich, daß mit Gedanken (Gehirnfrequenzen) modulierte natürliche VLF/ELF-Trägerwellen Ursache der Telepathie und anderer ASW-Phänomene sein könnten. Diese würden entlang der Erdoberfläche und Ionosphäre »Wellenleiter« bilden, die die telepathische Informationsübermittlung begünstigen. Die NBIT-Studie der amerikanischen Wissenschaftler E. C. Wortz, J. W. Eekens, A. I. Bauer, R. F. Blackwelder und A. J. Saur soll schon Präsident Jimmy Carter zur Einsichtnahme vorgelegen und im Jahre 1979 zur Bewilligung eines eigenen ELF-Versuchsprogramms beigetragen haben.

Das US-Medium Ingo Swann glaubt, daß Medien mit hervorragenden hellseherischen Fähigkeiten anhand von Luftbild- oder Satellitenaufnahmen recht gut zwischen vorgetäuschten und getarnten echten militärischen Anlagen, z. B. unterirdischen Computersystemen für die Luftverteidigung, Kommandozentralen, Unterwasserbasen usw., unterscheiden können. Solche Aufnahmen dürften dem Sensitiven das paranormale Eindringen in besagte Anlagen insofern erleichtern, als, entsprechend der zuvor erörterten holographischen Hypothese, in jedem Teilchen eines Bildes die Gesamtinformation über das Objekt enthalten ist. Die durch Fernwahrnehmung gewonnenen Detailinformationen könnten, wenn man sie durch Computer analysieren, vergleichen und auswerten läßt, nicht nur über die Echtheit getarnter oder unterirdischer Anlagen, sondern auch über deren Aufbau und Funktion Aufschluß geben.

Seit geraumer Zeit – genau genommen seit Ende des kalten Krieges – wenden ehemalige Geheimdienst- und Armeeoffiziere Fernwahrnehmungs- und Präkognitionstechniken auch im zivilen Bereich an. Im Jahre 1989 gründete US-Major Ed Dames, der bis zu seiner Pensionierung der amerikanischen Abwehr angehörte, seine PSI TECH, Inc.,

ein Unternehmen, das auf Kontraktbasis mit paranormaler Ausforschung in Wissenschaft und Industrie sowie mit der Schulung angehender FW-Medien befaßt ist.
Dem kleinen Team gehören vorwiegend frühere Militärs an – hochqualifizierte professionelle Analytiker, die vom amerikanischen Top-Medium Ingo Swann für spezielle Fernwahrnehmungsaufgaben trainiert wurden. Wenn man davon ausgeht, daß dem menschlichen Bewußtsein keine materiellen Schranken gesetzt sind, daß es jederzeit und überall unbemerkt einzudringen und, unter günstigen Voraussetzungen, Bewußtseinsinhalte anderer anzuzapfen vermag, wird man verstehen, warum eine Psi-Task-Force, wie die von Ed Dames, über eine unbegrenzte Ausforschungskapazität verfügt.
Nach dem Golfkrieg, im Jahre 1991, wurde Dames von Mitarbeitern der UN gebeten, bei der Suche nach geheimen Forschungsanlagen für die Entwicklung biologischer Waffen bzw. nach Verstecken bereits existierender Bio-Waffen im Irak behilflich zu sein. Die mit der Ermittlung und Zerstörung irakischer Raketen-, Chemie-, Nuklear- und Bio-Waffen beauftragte UN/US-Offizierin Major Karen Jansen war durch eine Sendung der amerikanischen Fernsehstation KIRO über die Möglichkeit des Einsatzes von Sensitiven im nachrichtendienstlichen Bereich auf Ed Dames' Team aufmerksam geworden. Noch am gleichen Tag rief sie Dames an, der ihrem Hilfeersuchen sofort zustimmte. Eine gute PR war ihm sicher.
Die für die UN unentgeltlich durchgeführte Fernwahrnehmungsoperation endete mit der Erstellung einer Skizze von zwei Örtlichkeiten, wo angeblich biologische Waffen gelagert sein sollten. Aus Kreisen der einschlägig befaßten UN-Kommission verlautete, daß man in den durch Fernwahrnehmung georteten Gebäuden zwar keine einsatzfähigen

biologischen Waffen, wohl aber Forschungsanlagen für deren Herstellung entdeckt habe.
Diese Episode aus jüngster Zeit zeigt einmal mehr die potentiellen Einsatzmöglichkeiten solcher Teams, über die später ausführlicher zu berichten sein wird.

5 *Informationen aus der Zukunft*

Leonardo da Vinci (1452–1519) – Maler, Musiker, Bildhauer, Architekt, Naturforscher und Ingenieur – träumte zeit seines erfahrungsreichen Lebens von Erfindungen, deren Funktion und Nutzen nur wenige seiner Zeitgenossen erkannt haben dürften. Um 1500 erforschte er den Vogelflug, über den er zahlreiche Abhandlungen verfaßte. Er entwarf unter anderem Modelle für Segelflugkörper, Helikopter und Propellerflugzeuge, ohne jedoch die hierfür erforderlichen Antriebssysteme beschreiben zu können. Selbstangefertigte Segelflugmodelle, die er mit Erfolg von Türmen und Brücken herabgleiten ließ, bestätigten allerdings damals schon im Prinzip seine Prognose, daß der Mensch eines Tages den Luftraum beherrschen werde.
Mit Recht gilt daher Da Vinci auch auf dem Gebiet der Luftfahrt zumindest theoretisch als Pionier, als Einzelgänger, der seiner Zeit um Jahrhunderte voraus war, dessen Ideen noch viele Generation nach ihm beschäftigen sollten.
Mehr noch: Vor nahezu 500 Jahren konstruierte er ein Unterseeboot, dessen Pläne er mit der Begründung vernichtet haben soll: »Ich gebe dies nicht preis, weil die Natur des Menschen so böse ist.« Es scheint, als habe Da Vinci auch in der Beurteilung der moralischen Qualitäten seiner Nachfahren recht behalten.
Bewundernd fragt man sich, auf welche Weise Da Vinci zu

solch genialen, für die damalige Zeit als geradezu phantastisch geltenden Erkenntnissen gelangte, was ihn in die Lage versetzte, Jahrhunderte mühsamen Lernens, Nachdenkens und Ausprobierens zu überspringen. War dieser Da Vinci etwa ein Sensitiver, ein mit außergewöhnlichen präkognitiven Gaben ausgestatteter Mensch, der hervorragendes Naturbeobachtungsvermögen mit einem hohen Maß an Intuition und Vorauswissen geschickt zu kombinieren wußte? Zapften er und die vielen anderen frühen Erfinder womöglich einen aus der Zukunft in die Vergangenheit, also akausal gerichteten Informationsfluß an? Konnten sie lange im voraus Dinge schauen (vielleicht auch verstehen), deren eigentliche Erfindung dem 19. oder 20. Jahrhundert vorbehalten war? Könnte es nicht so sein, daß die Genies der Antike, des Mittelalters und der beginnenden Neuzeit mit ihrem raumzeit-freien Bewußtsein Jahrhunderte oder gar Jahrtausende »kurzzuschließen« vermochten, daß sie das intuitiv gewonnene Wissensgut mit dem Erkenntnisstand ihrer jeweiligen Epoche vermischten oder daß sie es ganz einfach in für die damalige Zeit verständliche und nützliche Anwendungsformen transformierten?

Doch begeben wir uns in die Gegenwart zurück, beschäftigen wir uns ein wenig mit kurzzeitigeren Vorhersagen, medial empfangenen Warnungen vor Gefahrensituationen, die, da es sich um echte Präkognition handelt, nicht abzuwenden waren.

Dezember 1956: Peter Hurkos, ein holländisches Psychometrie-Medium, brilliert mit seinen paranormalen Fähigkeiten vor Besuchern eines Amsterdamer Kinotheaters. Einige Zuschauer händigen ihm personen- oder familienbezogene Gegenstände aus, die er mit der vergangenen, gegenwärtigen oder zukünftigen Lebenssituation der Besitzer und deren Angehörigen in Verbindung zu bringen ver-

14

15

17

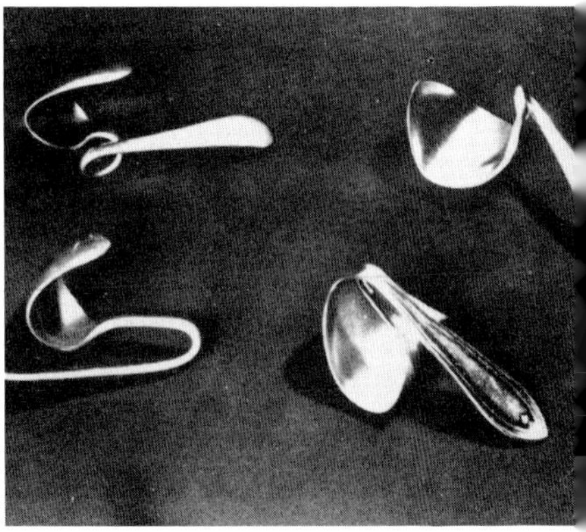

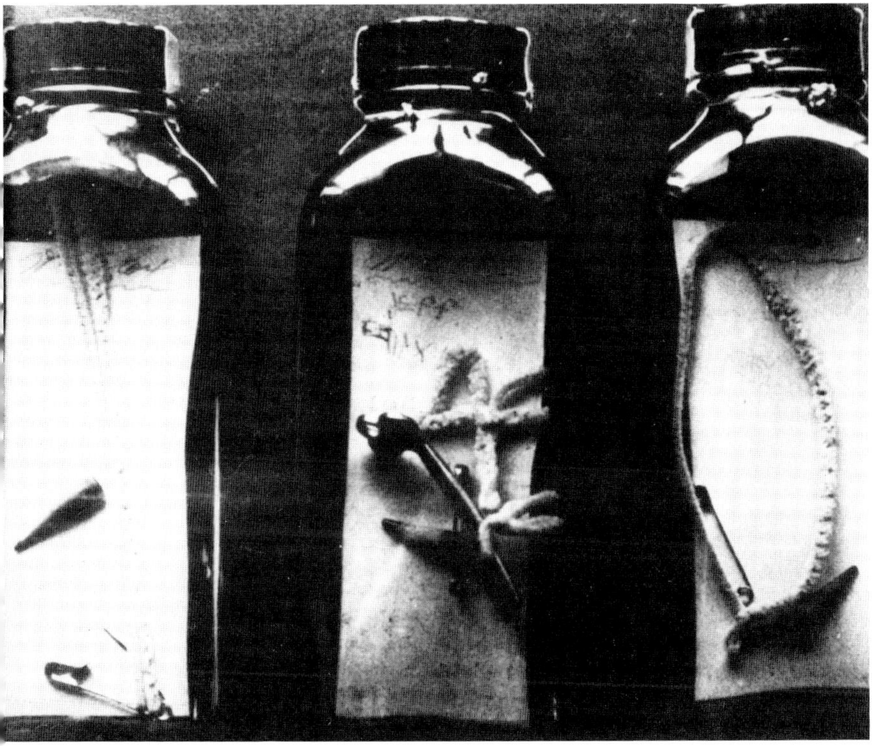

19

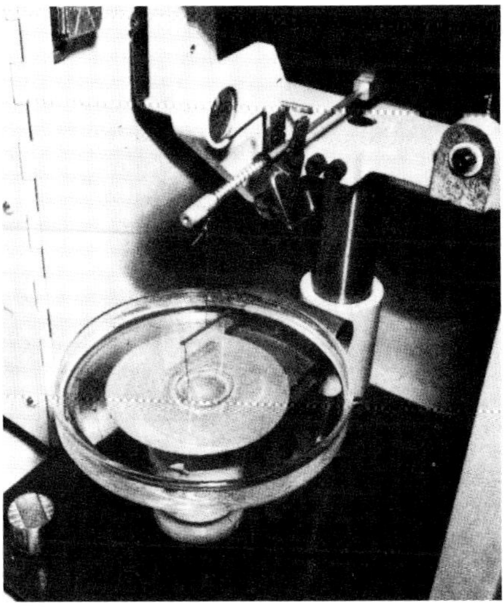

21

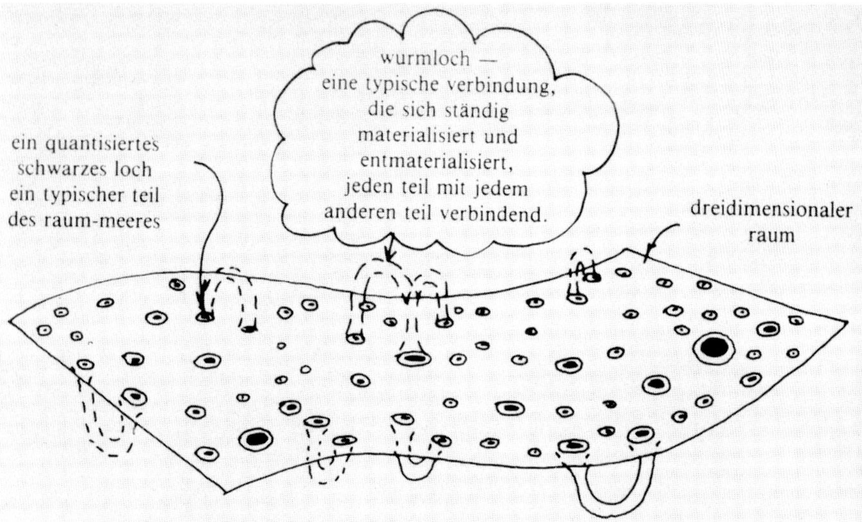

22

14 Douglas Dean (im Bild), Robert Taetzsch und Dr. J. Mihalasky vom Newark College of Engineering hatten bereits Anfang der sechziger Jahre eine neue Methode zur Ermittlung und Messung telepathischer Impulse mittels sogenannter Plethysmographen entwickelt.

14a Der Plethysmograph (griech.: plethysmos bedeutet Vergrößerung) registriert im Prinzip das Erröten bzw. Erbleichen der Körperextremitäten – Veränderungen, die durch das sympathische Nervensystem ausgelöst werden, indem dieses Adrenalin freigibt.

15 Ähnlich wie Nina Kulagina vermag die aus Tiflis stammende und in Moskau wohnende »Wunderheilerin« Dschuna Dawitaschwili ein Froschherz psychokinetisch zu beeinflussen. Sie erhöht auf Distanz die Herzschlagfrequenz eines präparierten lebenden Froschherzens um ein Mehrfaches seiner Normalfrequenz, bis Herzstillstand eintritt.

16 Professor John Hasted vom Birkbeck-College der Universität London führt in seinem Physik-Labor psychokinetische Experimente durch, bei denen er einen sogenannten Faradayschen Käfig benutzt (rechts im Bild), um den Einfluß elektromagnetischer Wirkmechanismen auszuschließen.

17 Die von Professor Hasted getesteten PK-Medien konnten zahlreiche in eine Glaskugel eingebrachten Büroklammern psychokinetisch, d. h. berührungslos verbiegen und miteinander verdrillen.

18 Vom englischen PK-Medium Julie Knowles psychokinetisch verbogene Löffelenden. Professor Hasted beobachtete und filmte die Biegevorgänge aus nächster Nähe.

19 Bei den psychokinetischen Gruppenexperimenten des Amerikaners William E. Cox wurden versiegelte Flaschen – sogenannte Minilabors – benutzt, um psychokinetische Effekte im Kleinen nachzuweisen. Links eine unbeeinflußte Originalflasche, die einen Bleistiftstummel, eine offene Sicherheitsnadel, Pfeifenreiniger und Papier enthält. Der Inhalt wurde während einer Schiffsreise von einem jungen Mann auf bizarre Weise verändert, ohne die Siegel zu brechen.

20 Das berühmte, unter anderem von Dr. Robert N. Miller, Atlanta (USA), getestete ASW- und PK-Medium Olga Worrall. Bei einem der PK-Experimente beeinflußte sie aus etwa tausend Kilometer Entfernung Vorgänge in einer Nebelkammer gleich zweimal hintereinander.

21 Bei der von Dr. Miller benutzten Nebelkammer des Typs 71850 handelte es sich um ein physikalisches Gerät zum Sichtbarmachen der Bahnen elektrisch geladener Teilchen in staubfreiem Gas, das mit Wasserdampf übersättigt ist.

22 Wurmlöcher im Raumzeit-Gefüge – winzige Öffnungen im Quantenschaum des Mikrokosmos, die nach ihrem Entstehen sofort wieder verschwinden – sollen nach Auffassung renommierter Physiktheoretiker unter anderem für paraphysikalische Phänomene verantwortlich sein.

sucht. Bei einem der von Hurkos in Empfang genommenen Objekte handelt es sich um ein Familienfoto – ein Gruppenbild. Es steckt einem verschlossenen, undurchsichtigen Kuvert; der Sensitive kann also nichts erkennen. Dennoch übermittelt er den verdutzten Besitzern des Bildes folgende unangenehme Nachricht: »Ich sehe einen kleinen Jungen, neun bis zehn Jahre alt. Auf seinem Weg zur Schule folgt er dieser Route [er fertigt eine Skizze an]. Hier überquert er eine Kreuzung. Ich bedauere Ihnen sagen zu müssen, daß dieser Junge an einem Mittwoch, gegen zwölf Uhr mittags, in einen Unfall verwickelt sein wird, ausgelöst durch einen gelben Bus.«

Die Eltern des Jungen – es gab ihn tatsächlich – sind völlig verängstigt, stimmt doch Hurkos' Skizze selbst in Details mit dem täglichen Schulweg ihres Sohnes überein.

Nach der Sitzung fragen sie Hurkos besorgt, was sie unternehmen können, um das drohende Unheil abzuwenden. Der einzige Rat, den er ihnen geben kann, ist der, daß sie den Jungen etwa vier Wochen lang mittwochs nicht aus dem Hause lassen sollen.

Hurkos' Rat wurde strikt befolgt. Nach Ablauf dieser Zeitspanne ließen die Ängste der Eltern nach, und sie beschlossen, ihren Sohn fortan auch mittwochs wieder zur Schule zu schicken.

Zwei Wochen später trat das vorausgesagte Ereignis ein: Der Junge wurde beim Überqueren besagter Kreuzung an der von Hurkos beschriebenen Stelle von einem großen, braunlackierten amerikanischen Wagen (nicht von einem gelben Bus!) erfaßt und leicht verletzt. Dies geschah an einem Mittwoch, genau um zwölf Uhr mittags. Zufall oder Präkognition? Man darf wohl kaum annehmen, daß ein Junge dieses Alters unter Erfüllungszwang steht – ein von Kritikern der Para-Szene häufig vorgebrachtes Motiv zur

»Erklärung« vorausgesagter Ereigniseintritte. Wen würde es schon danach drängen, unbedingt angefahren zu werden, nur damit eine Prophezeiung in Erfüllung geht?
Wesentlich spektakulärer und deshalb auch leichter nachprüfbar sind mediale Voraussagen über Attentate auf hochgestellte Persönlichkeiten. Am 10. März 1981 ließ die amerikanische Sensitive Noreen Renier im *National Examiner* verlauten, daß »Reagan angeschossen, aber nicht getötet, sondern nur im linken, oberen Brustraum verletzt werden würde«. Zwanzig Tage später, am 30. März gegen 14.30 Uhr Ortszeit, sollte sich Mrs. Reniers Prophezeiung erfüllen: Präsident Ronald Reagan wurde nach einer Ansprache vor Funktionären des amerikanischen Gewerkschaftsbundes AFL/CIO beim Verlassen des Washington-Hilton-Hotels von dem fünfundzwanzigjährigen John Warnock Hinckley aus Evergreen, Colorado, angeschossen und schwer verletzt. Die Kugel des Attentäters war unter dem zum Winken erhobenen Arm Reagans in den Körper eingedrungen, an der siebten Rippe abgeprallt und etwa sieben Zentimeter tief in der Lunge steckengeblieben.
Was ist von diesen teils exakten, teils verschwommenen präkognitiven Aussagen zu halten? Wo endet die Spekulation, die Trendverfolgung, und wo beginnt echte Präkognition?
Daß durch spektakuläre Prophezeiungen – vor allem dann, wenn man sie publizistisch hochspielt – die prognostizierten Ereignisse vielleicht überhaupt erst ausgelöst werden, ist nicht von der Hand zu weisen. In einer mit präkognitiven Informationen überhäuften Mediengesellschaft gibt es möglicherweise zahlreiche subversive Elemente – Frustrierte, potentielle Attentäter, Kriminelle und Möchtegern-Helden –, die sich durch die »Botschaft aus der Zukunft« angesprochen, motiviert fühlen. Wenn dies tatsächlich so sein

sollte, dann träfe die Sensitiven womöglich eine Mitschuld (oder sogar die Hauptschuld) am tragischen Geschehen, weil sie die Öffentlichkeit über die »künftigen Ereignisse« vorschnell informierte. Oder bedürfen Attentäter gar nicht erst der Motivation durch Sensitive, unterliegen auch sie einem Automatismus, der für gewöhnlich »Schicksal« genannt wird? Gäbe es dann überhaupt noch »Schuldige« oder »Unschuldige«?

Attentats- oder umsturzbedingte Veränderungen der politischen Szene wirken sich oft auch auf die militärstrategische Konzeption eines Landes nachhaltig aus. Insofern kommt der Präkognition auf höchster Ebene, der präkognitiven Ausforschung eines potentiellen Gegners, einige Bedeutung zu, selbst wenn es sich herausstellen sollte, daß »vorgezeichnete« Ereignisse letztlich nicht abzuwenden sind.

Der Begriff »Präkognition« ist äußerst komplex; er wird durch die vorangegangenen Beschreibungen nur grob umrissen. Die bereits erwähnte Psi-Theoretikerin Fanny Moser unterschied schon wesentlich exakter zwischen:

1. persönlichen Prophezeiungen, bei denen ein Mensch und dessen Schicksal im Mittelpunkt der Voraussage stehen, und

2. über- bzw. außerpersönlichen Prophezeiungen – auf psychischem Wege erlangte Vorausinformationen über kommerzielle, politische und kosmische Ereignisse.

Wie schon angedeutet, lassen sich zukünftige Ereignisse oft Tage oder gar Monate vor ihrem Eintritt durch Weiterverfolgen gewisser Trends, die man durch routinemäßiges Beobachten über lange Zeiträume und Hineinvertiefen in vorgegebene Situationen annähernd erkennen kann, auch *ohne* präkognitive Fähigkeiten vorhersagen. Es sind dies auf logischen Schlußfolgerungen aufbauende, methodische

Voraussagen, wie sie von Meinungsforschungsinstituten und Marketing-Unternehmen erstellt werden. Alle diese künstlichen, auf Trendbeobachtungen beruhenden Voraussagen haben jedoch mit unbewußt empfangenen Vorausinformationen präkognitiver Art nichts gemein, obgleich in solche Untersuchungen durchaus intuitive Elemente einfließen können. Umgekehrt lebt auch der präkognitiv veranlagte Mensch keinesfalls in einem »Vakuum«. Er nimmt, wie jeder andere, am Alltagsgeschehen teil und wird somit, wenn auch ungewollt, von äußeren Einflüssen geprägt und manipuliert. Er unterliegt mitunter der Beeinflussung durch vorhersehbare Trends, was dann »durch Zufall« zu richtigen, aber ebenso zu falschen Voraussagen führen kann.

Das Zustandekommen präkognitiver Wahrnehmungen naturwissenschaftlich erklären zu wollen, bereitet aufgrund der (scheinbaren) Verletzung des Kausalitätsprinzips erhebliche Schwierigkeiten. Dennoch wurden im Laufe der Zeit von Naturwissenschaftlern und Parapsychologen auf modernen physikalischen Erkenntnissen beruhende Funktionsmodelle entwickelt, über die wir uns, um dieses rätselhafte Phänomen besser verstehen zu können, kurz informieren wollen.

Dr. Nikolai Kosyrow, ein russischer Astrophysiker, der sich in den vergangenen Jahrzehnten experimentell mit der Dimension »Zeit« auseinandergesetzt hat, sieht in deren energetischer Qualität, die er als erster entdeckte, Erklärungsmöglichkeiten auch für ASW-Bewirkungen.

Die Ergebnisse seiner Versuche ließen nicht nur einen »Zeitfluß«, sondern auch eine gewisse »Dichte der Zeit« erkennen, die er auf natürliche Prozesse in der terrestrischen Atmosphäre zurückführt. Und diese Dichte scheint durch das, was er als »Wirkung« bezeichnet, »gedehnt«

bzw. »komprimiert« zu werden, wodurch, seiner Auffassung nach, das menschliche Bewußtsein auch über zukünftige Ereignisse Kenntnis erhalten könne.
Andere Wissenschaftler, die auf Kosyrows Erkenntnissen aufbauen, bringen ein Enzym, den biologischen Baustein DNS (Desoxyribonukleinsäure), mit ASW-Phänomenen in Verbindung. Nach dieser Hypothese ist DNS ein »unmittelbares molekulares Zeitgebäude, das mit den Eigenschaften der Zeit im Gleichgewicht steht«. Bei einer Störung dieses Gleichgewichts würde DNS durch das sofort wirkende Medium »Zeit« Signale aussenden, auf die andere DNS-Moleküle reagieren. Man hält es für möglich, daß die Präkognition auf Symmetrien der Zeit und der DNS-Moleküle beruht, und spekuliert, DNS könne eventuell von entgegengesetzten »Wendeln« (Spiralen) auf Signale aus der Zukunft ansprechen.
Da die Präkognition das Gesetz von Ursache und Wirkung, die Kausalität, scheinbar auf den Kopf stellt, fragt es sich, ob wir überhaupt immer nur kausal, d. h. in der uns logisch erscheinenden Folge, denken dürfen, ob es nicht so etwas wie übergeordnete Verknüpfungen – eine Transkausalität – gibt. Viele bedeutende Philosophen, die von diesem Problem fasziniert waren, haben hierzu interessante Überlegungen angestellt. Eine der bekanntesten Theorien findet in dem Begriff der »Synchronizität« oder »Gleichzeitigkeit«, den der Psychoanalytiker C. G. Jung und der Physiker Wolfgang Pauli gemeinsam entwickelt haben, ihren Ausdruck. Jung stellte fest, daß dieser Begriff einen Standpunkt diametral zur Kausalität einnimmt und meinte: »Meine Beschäftigung mit der Psychologie unbewußter Vorgänge hat mich schon vor vielen Jahren genötigt, mich nach einem anderen Erklärungsprinzip umzusehen, weil das Kausalitätsprinzip mir ungenügend erschien, gewisse

merkwürdige Erscheinungen der unbewußten Psychologie zu erklären. Ich fand nämlich zuerst, daß es psychologische Parallelerscheinungen gibt, die sich kausal schlechterdings nicht aufeinander beziehen lassen, sondern in einem anderen Geschehenszusammenhang stehen müssen. Dieser Zusammenhang erschien mir in der Tatsache der relativen Gleichzeitigkeit gegeben, daher der Ausdruck ›synchronistisch‹.«

Das kausale Prinzip beinhaltet die Folge von Ereignissen als gradliniges Fortschreiten (lineare Progression). Bei synchronistischen Ereignissen erleben wir hingegen eine viel umfassendere Schau mit diversen äußeren und inneren Vorgängen, die durch ihre Charakteristika miteinander verbunden sind und Muster der gleichen Momentsituation zeigen. Jung und dessen Anhänger rechnen daher die Präkognition der akausalen Kategorie zu, einem Universum, das sie »unus mundus« (*eine* Welt) nennen.

Die SRI-Physiker Puthoff und Targ halten es für denkbar, daß es bei Überlichtgeschwindigkeit zu einer Art Datenausgleich zwischen unserer Gegenwart und der Zukunft (bzw. mehreren voneinander abweichenden Zukünften) kommen könnte, ein andersdimensional ablaufender Prozeß, der die Präkognition auch physikalisch verständlich machen würde. Die beiden Wissenschaftler gehen davon aus, daß die aus der Zukunft in die Gegenwart vordringenden, informationsgeladenen »Wellen« offenbar sehr schnell gedämpft werden. Dies sei mithin ein Grund dafür, daß zukünftiges Geschehen um so besser vorausgesagt werden könne, je näher man an ein Ereignis herankomme – eine Behauptung, die in der Praxis schon mehrfach belegt werden konnte.

Verfolgt man die Daten-»Austausch«-Hypothese der SRI-Wissenschaftler weiter, so erhält man ein Funktionsmodell für präkognitive Wahrnehmungen, dessen Parameter irgendwo außerhalb unserer Raumzeit-Welt (in einer anderen Dimensionalität) angesiedelt sind. Im Rahmen dieser Betrachtung kommen präkognitive »Sichtungen« möglicherweise dadurch zustande, daß unser immaterielles, d. h. mehr als vier Dimensionen umfassendes Bewußtsein in Trance oder im Traum einen von vielen möglichen in der Zukunft eintretenden Zuständen auswählt und durch Überspringen der Zeitbarriere, rückwärts verlaufend, Informationen hierüber in unsere Gegenwart meldet. Im Wachzustand wären dann Gegenwart und Zukunft wieder fein säuberlich voneinander getrennt, und Informationen über zukünftiges Geschehen ließen sich nur auf logischem Wege (Trendverfolgung) einholen. Den Transport der im Zeitfeld eingelagerten Informationsmuster (über unser Schicksal) könnten sehr wohl die derzeit noch hypothetischen überlichtschnellen und daher aus der Zukunft kommenden Tachyonen übernehmen – natürlich »zeitneutral«, d. h. in Nullzeit. Möglicherweise kommen solche Blitzkontakte zwischen der Zukunft (zukünftigen Welten und Situationen) und unserer fließenden Gegenwart, zwischen einer für uns imaginären und unserer jetzigen Welt, durch noch unbekannte Mittler- oder Übergangsteilchen zustande. Die durch das Zusammenwirken von Tachyonen und Übergangsteilchen aus der Zukunft eingeholten Informationen könnten im Schlaf oder in Trance vom ebenfalls immateriellen Unbewußten leicht angezapft werden, um dann bildhaft, allegorisch-verschlüsselt ins Wachbewußtsein vorzudringen.

In der Nacht vom 19. zum 20. September 1977 hatte Linda Marczek aus Munnsville, New York, einen merkwürdigen Traum: Sie stand vor der Tür ihres Hauses und blickte auf ein Gebäude, das wie ein kleiner Busbahnhof aussah.

Auf einer Bank im Inneren der Station – sie bestand nur aus einem einzigen Raum – saß ihr Onkel Bill Brower. Seine Hände umklammerten eine ungewöhnlich große Taschenuhr, die er mit ausdruckslosem Gesicht unentwegt anstarrte. Er schien sehr krank zu sein. Linda näherte sich ihm vorsichtig, um ihn nicht zu erschrecken. Auf halbem Wege bemerkte sie, wie sich seine Lippen ein wenig bewegten. Es war, als unterhielte er sich mit seiner Uhr. Beim Näherkommen vernahm sie ganz deutlich die monoton hingeleierten Worte: »Die Zeit läuft ab, die Zeit läuft ab …« Schließlich erwachte Linda; der »Film« war gerissen. Verstört suchte sie nach einer Erklärung für ihr sonderbares Traumerlebnis, nach irgendwelchen Zusammenhängen, und fand nichts, was ihm hätte zugrunde liegen können. Auch ihr Mann, dem sie sich am nächsten Morgen anvertraute, war ratlos.

Genau eine Woche später, am 26. September, geschah etwas, das Lindas Traum zur harten Realität werden ließ: Ihr Onkel Bill Brower, der Bruder ihrer Mutter, war mit seinem Wagen auf der Bundesstraße 26, nahe Ava im Staate New York, ins Schleudern geraten und in voller Fahrt gegen einen Leitungsmast geprallt. Er starb noch am Unfallort. Seine Zeit war tatsächlich »abgelaufen«.

Man darf sicher sein, daß Brower auch dann ums Leben gekommen wäre, wenn seine Nichte aufgrund ihres präkognitiven Traumes, den sie als solchen zunächst gar nicht zu erkennen vermochte, ihm eine Warnung übermittelt hätte.

In ähnliche Situationen sehen sich Personen versetzt, die den Informationen und Ratschlägen präkognitiv begabter Medien vertrauen. Wenn professionelle Hellseher ihren Klienten Warnungen zukommen lassen, handeln sie genaugenommen »im Auftrag des Schicksals«, d. h. entsprechend einer festliegenden »Programmierung«, auf die offenbar niemand Einfluß zu nehmen vermag. So gesehen, kann und muß es sogar mediale »Nieten« geben, eine schicksalsbedingte Irreführung, für die man das Medium allerdings nicht verantwortlich machen sollte. Warnt es z. B. jemanden davor, einen bestimmten Flug anzutreten, beherzigt die betreffende Person diesen Rat und stürzt dann die beinahe in Anspruch genommene Maschine ab, so haben Warnung und Verhinderung sicher genau dem vorgegebenen Schicksalsverlauf des Gewarnten entsprochen. Ebenso wäre das Schicksalsprogramm dieser Person auch dann eingehalten worden, wenn der Hellseher aufgrund irgendwelcher äußerer Einflüsse ein bevorstehendes Unglück »übersehen« und daher keine Warnung ausgesprochen hätte. Der Kombinationsmöglichkeiten gibt es viele, und man darf aus diesen Darlegungen folgern, daß echte Verhinderungen trotz präkognitiv empfangener Warnungen gar nicht möglich sind. Härter formuliert: Jegliche Aktivitäten, die wir zeit unseres Lebens entfalten, wären sie auch noch so raffiniert und »schicksalsbestimmend« eingefädelt, sind letzten Endes nichts als eine Farce ... reine »Beschäftigungstherapie«.

Trotz fehlender Interventionsmöglichkeiten befassen sich sowohl zivile als auch militärische Stellen in Ost und West schon seit geraumer Zeit mit der Erforschung des Präkognitionsphänomens. Vielleicht möchte man anhand vieler präkognitiver Einzelwahrnehmungen, die sich unter Inanspruchnahme moderner Datenverarbeitungstechniken fortlaufend mit statistisch ermittelten Trends vergleichen lassen, zukünftige militärische und politische Situationen möglichst frühzeitig erfassen, um die jeweiligen strategischen Chancen besser abwägen und nutzen zu können. Vielleicht glauben auch einige unbelehrbare Militärs durch Früherkennung taktisch entscheidender Situationen zukünftige Entwicklungen besser in den Griff zu bekommen – ein völlig unsinniges Unterfangen.

Am SRI befaßte man sich etwa Mitte bis Ende der siebziger Jahre – gelegentlich auch im Auftrag militärischer Stellen – mit der Erforschung des Präkognitionsphänomens. SRI-Wissenschaftler haben bei Fernwahrnehmungsexperimenten unter Laborbedingungen festgestellt, daß Versuchspersonen entfernte Örtlichkeiten sogar dann genau beschreiben können, wenn diese noch gar nicht festliegen, sondern nach einem von den Auswertern unabhängigen Zufallsauswahlsystem bestimmt werden. So beschrieb Hella Hammid, die auch bei normalen Fernwahrnehmungsversuchen hervorragend abschnitt, auf Anhieb vier erst nachträglich und zufällig bestimmte Örtlichkeiten in allen Einzelheiten:

Präkognitive Beschreibung des Zielortes durch Hella Hammid	*Zielortsituation (Ort nach präkognitiver Beschreibung ermittelt und aufgesucht)*
1. Eine Art »erstarrte Teermasse« oder »zusammengepreßte Lava«. Es sieht so aus, als sei die ganze Gegend von einer »gerunzelten Elefantenhaut« bedeckt, die ausgelaufen ist ... an der Harold (Dr. Puthoff) steht.	Dr. Puthoff besuchte *später* den Jachthafen von Palo Alto, der wegen niedrigen Wasserstandes von einer öligen Schlammschicht bedeckt war.
2. Eine Gartenanlage hinter einer Mauer mit einer »doppelten Säulenreihe«; sehr gepflegt.	Dr. Puthoff besuchte den Ziergarten des Krankenhauses der Stanford-Universität; alle Details stimmten.

3. Ein »schwarzes Dreieck« aus Eisen, »größer als ein Mensch«. Sie hörte ein Quietschen, etwa einmal pro Sekunde.	Szene auf einem Kinderspielplatz: Eine Kinderschaukel mit einem dreieckigen Haltepfosten; sie quietschte bei jeder Schaukelbewegung.
4. Ein sehr hohes Gebäude zwischen städtischen Straßen mit »gazeartigem Glas« verkleidet.	Das Rathaus von Palo Alto; es besitzt eine Glasverkleidung.

Wie die aus Riga stammende Parapsychologin Barbara Iwanowa vor einiger Zeit verlauten ließ, befaßten sich kleinere Experimentalgruppen in Rußland seit 1974 mit der Erforschung der Präkognition. Die Iwanowa glaubt aufgrund eigener Erfahrungen, auch weniger medial begabten Personen präkognitive Fähigkeiten antrainieren zu können: »Zunächst müssen dem Lernenden einige Basisinformationen – theoretische Begriffe über das Phänomen selbst – vermittelt werden, Kenntnisse über seine Manifestationsformen und die dafür notwendigen Zustände von Körper und Geist usw. Es wird begrüßt, wenn der Schüler einige Voraussetzungen erfüllt, d. h., wenn er gewisse Übungen (Yoga, autogenes Training usw.) beherrscht, Diät hält, über einschlägige Erfahrungen verfügt ... Meine Gruppe besteht aus 50 bis 60 unterschiedlichen Personen. Ich gebe ihnen auch Hausaufgaben auf, und unsere Arbeit beginnt meistens mit der Frage: ›Welche Resultate haben Sie erzielt? Welche Eindrücke haben Sie empfangen, nachdem Sie sich Ihr geistiges Vakuum geschaffen hatten?‹ Ihre Aufgabe besteht nämlich darin, einen ›leeren Raum‹ zu imaginieren, jegliche Ablenkungen der Alltagspersönlichkeit auszuräumen, alle Wünsche, Meinungen, Erinnerungen usw. zu unterdrücken. Informationen, die dann willkürlich, ohne auf Zeit, Ort, Aufgabe, Objekte usw. bezogen zu sein, von den Schülern empfangen werden, sind manchmal sehr bedeutsam, ihre Symbole sehr tiefgründig.

Dann beginnen wir unsere eigentliche Arbeit mit Entspannungsübungen. Ein entspannter Zustand ist sehr wichtig. Einige Entspannungsübungen beinhalten Suggestion, die bewirkt, daß der einzelne über bessere Präkognition als zuvor verfügt. Dabei steigt die Zahl der positiven Ergebnisse um 30 bis 50 Prozent.

Bevor meine Schüler mit dem Psi-Wahrnehmungstraining anfangen, das auf bestimmte Ziele (z. B. Kartentests) ausgerichtet ist, üben wir spontane Wahrnehmung in der Gruppe. Sie beinhaltet das Erraten von Bildern, Worten, Vorstellungen, geometrischen oder anderen Formen, Symbolen usw. Wir beginnen unsere erste Visualisierungsübung damit, daß wir eine ›pseudo-visuelle Vorstellung‹ schaffen, die darin besteht, sich gewisser realer Ereignisse zu erinnern oder solche zu erfinden und sie so lebendig wie möglich zu machen, dann tief in sie einzudringen, wobei die Aufmerksamkeit auf jedes noch so kleine Detail fixiert ist. Dann ›fegen‹ wir die Vorstellung fort. Gleich danach ›rufen‹ wir einen ›pseudohörbaren‹ Eindruck hervor, indem wir uns an ein reales oder vorgestelltes Geräusch erinnern … Dann müssen die Schüler das richtige Erinnern lernen, indem sie Art und Ort ihrer Vorstellung festzuhalten versuchen.

Nachdem die Eindrücke ›ausgeknipst‹ worden sind, ist der Weg für den Empfang paranormaler Informationen [gemeint sind präkognitive Wahrnehmungen] frei. Sie können nun in das geschaffene Vakuum, in die Vorstellungsleere einfließen. Jetzt kommt die unerwartete präkognitive Information. Sie entspricht etwa einem ›Sich-vorwärts-Erin-

nern‹, nicht anders, als ob man sich an etwas Vergangenes erinnere. Ebenso tauchen jetzt auch Bilder auf. Diese ähneln in gewisser Hinsicht Phantasien, nur lassen sich die ›echten‹ Bilder nicht willentlich ändern. Auf diese Weise kann man zwischen Psi-Informationen und eigenen ›Erfindungen‹ klar unterscheiden.
Präkognitive Eindrücke werden auf unterschiedliche Weise empfangen:
1. pseudo-visuell (hellsichtig);
2. pseudo-hörbar;
3. pseudo-fühlbar und
4. allgemein-intuitiv, ohne Beteiligung der bekannten Sinne (man ›weiß‹ ganz einfach, daß etwas so sein muß).
Diese präkognitiven Wahrnehmungsarten treten entweder alle zusammen, getrennt oder kombiniert in Erscheinung, was von vielen Faktoren abhängt.«
Bei der Einholung von Informationen über zukünftige Ereignisse scheint man sich nicht ausschließlich auf die Fähigkeiten Sensitiver und auf moderne Präkognitions-Trainingsmethoden verlassen zu haben. Aus den USA verlautet, daß man in der Vergangenheit auch die Transkommunikationstechnik – das Einspielen verbaler Äußerungen Verstorbener auf Tonbänder und Cassetten – in die Strategie der präkognitiven Ausforschung militärischer Geheimnisse miteinzubeziehen versuchte.
Am 6. April 1982 informierte der amerikanische Ingenieur und ehemalige Topmanager George W. Meek von der »Metascience Foundation« vor dem National Press Club in Washington Wissenschaftler und Journalisten aus aller Welt über die sensationellen Ergebnisse seiner zehnjährigen Tonbandstimmenforschung nach der von ihm entwickelten *Spiricom*-Methode: »Erstmals in der Geschichte der Menschheit haben wir den elektronischen Beweis, daß

Geist, Gedächtnis, Persönlichkeit und Seele den Tod des physischen Körpers überleben!«

Meek und dessen Mitarbeiter – Hans Heckmann und William O'Neil – versichern glaubhaft, mittels ihres elektronischen Kommunikationsgerätes der vierten Generation, *Spiricom MARK IV*, mehrfach bis zu dreißig Minuten mit dem 1967 an Herzversagen gestorbenen amerikanischen Physiker Dr. George Jeffries Mueller, einem Elektroniker, kommuniziert zu haben. Mehr noch: Dr. Mueller, den man aufgrund seiner eigenen Tonbandmitteilungen später genau identifizieren konnte, soll an der Entwicklung der verbesserten *Spiricom*-Methode von »drüben« aus maßgeblich beteiligt gewesen sein. Meek sagte aus, daß Dr. Mueller einen in der Frequenz genau bezifferten »persönlichen Harmonialakkord« aus 13 Tonfolgen durchgegeben habe, der dann über einen speziellen Träger im oberen Kurzwellenbereich ausgesendet wurde. Auf diese Weise soll dem Metascience-Team schließlich der insgesamt mehrere Stunden dauernde Dialog mit Dr. Mueller gelungen sein. Der Autor verfügt über eine Aufzeichnung dieser sensationellen, bislang einmaligen Unterhaltung.

Meek selbst sieht in der *Spiricom*-Methode einen »bahnbrechenden Beginn für die Entwicklung eines perfekt arbeitenden elektromagnetisch-ätherischen Kommunikationssystems, das eines Tages vielleicht gestatte, mit Personen, die als Verstorbene auf einer höheren Bewußtseinsebene fortexistieren, telefonähnliche Unterhaltungen zu führen«.

Es war vorauszusehen, daß Meeks jenseitsgestützte Neuentwicklung schon bald das Interesse der Geheimdienste finden würde. So soll sich die CIA seinerzeit für ein makabres Projekt interessiert haben, das vorsah, verstorbene Agenten über geplante Vorhaben der anderen Seite auszu-

fragen. Es beruht offenbar auf der Annahme, daß jenseitige Entitäten – die Persönlichkeitskerne Verstorbener – von ihrer zeitneutralen, andersdimensionalen Warte aus auch zukünftige Ereignisse wahrzunehmen vermögen.
Ein ehemaliger CIA-Mitarbeiter, Victor Marchetti, will während seiner vierzehnjährigen Dienstzeit von solchen mediumistischen Kontaktversuchen der CIA erfahren haben. Einer der »angesprochenen« Jenseitigen sei Oleg Penkowskij gewesen, ein früherer Oberst des sowjetischen Militär-Geheimdienstes GRU, von dem sowohl die britische Abwehr als auch die CIA jahrelang wertvolle Informationen erhalten hatten. Er war als Mitglied des Sowjetischen Staatskomitees für technische Kontakte und Entwicklungen im In- und Ausland zuständig. Am 11. Mai 1963 verurteilte ihn der Oberste Gerichtshof in Moskau wegen erwiesener Spionage für den Westen zum Tod durch Erschießen. Ob die Versuche mit Penkowskij den gewünschten Erfolg hatten, ist nicht bekannt.
Die sensationellen Dauerkontakte des deutschen Transkommunikations-Experten Adolf Homes aus Rivenich/Trier mit solchen Transwesenheiten über Radio, Fernsehen, Telefon und neuerdings sogar über Computer lassen den Schluß zu, daß eine stabile Zweiweg-Kommunikation mit anderen Realitäten durchaus möglich ist. Homes' »Commodore C-64« besitzt keinen Modem-Anschluß, so daß physikalisch nachweisbare Einflüsse von außen (Manipulationen) mit Sicherheit auszuschließen sind. Professor Dr. E. Senkowski hat in der von ihm herausgegebenen Zeitschrift *Transkommunikation* (Vol. 1., Nr. 2, 1991) ausführlich über Homes' »Jenseits«-Kontakte berichtet (Gesellschaft für Psychobiophysik e.V., Eichendorffstr. 19, 55122 Mainz). Doch zurück zu Meeks Experimenten.

6 *Psychokinese – der »lange Arm« des Bewußtseins*

»Die unglaubliche Vielschichtigkeit der Kräfte,
welche die Materie beherrschen,
wenn nicht gar bilden,
müssen Bewußtseinsprodukte sein.«

Alfred Russel Wallace (1823–1913)

Ein amerikanischer Mediziner namens Robert A. Bradley, der sich für alles Paranormale interessierte, machte eines Tages die erstaunliche Feststellung, daß er selbst über psychokinetische Fähigkeiten verfügt, d. h. mit Hilfe seines Bewußtseins materielle Dinge beeinflussen kann. Diese Erkenntnis traf ihn wie ein Keulenschlag, da er ein solches Phänomen an sich selbst nie für möglich gehalten hatte.

Als er einmal allein am Schreibtisch sitzend die Hand nach seinem schweren Zigarrenanzünder ausstreckte, um ihn näher heranzuholen, erhob sich dieser plötzlich ganz von selbst. Er schwebte einige Augenblicke etwa dreißig Zentimeter über der Tischplatte und glitt dann langsam wieder an seinen ursprünglichen Standort zurück. Nachdem sich Dr. Bradley von seinem ersten Schreck erholt hatte, analysierte er das ungewöhnliche Ereignis nüchtern und unvoreingenommen. Er untersuchte den aus Metall gefertigten Zigarrenanzünder von allen Seiten, konnte aber nichts Ungewöhnliches an ihm entdecken. Sein Verstand sagte ihm, daß die Ursache für den Vorfall nur bei ihm selbst gelegen haben konnte.

Hatte er aufgrund seiner positiven Einstellung gegenüber Psi-Phänomenen – in der festen, nahezu »kindlichen« Überzeugung, daß diese eine nicht zu bestreitende, wenn auch konventionell-physikalisch bislang kaum erklärbare

Tatsache darstellen – für kurze Zeit eine Verbindung zwischen unserer materiellen und einer ebenso realen »psychischen« oder Bewußtseinswelt hergestellt? Hatte sein Gedanke, sein mehr unbewußt formulierter Wunsch, den Zigarrenanzünder heranzuholen, ausgereicht, ein wie auch immer geartetes psychisches Kraftfeld aufzubauen, das die Gravitation aufhob und den Gegenstand seines Interesses für Sekunden frei in der Luft schweben ließ? Ist so etwas überhaupt denkbar?

Szenenwechsel. Wir befinden uns in der Akademie der Pädagogischen Wissenschaften in Moskau. Unter den kritischen Blicken von Psychologie-Professor Wenjamin Puschkin versucht das bekannte Psychokinese-Medium Boris Ermolajew – ein erfolgreicher Filmregisseur – wieder einmal bewußt auf die vor ihm aufgestellten Objekte mental einzuwirken. Entspannt konzentriert er sich auf eine Streichholzschachtel, einen Tennisball und einige wahllos herumliegende Bleistifte. Dann richtet er mit einem Mal seine ganze Aufmerksamkeit auf einen dieser Gegenstände, bis dieser sich, wie von Geisterhand geführt, von ihm fortbewegt.

Erlagen die Zeugen dieser berührungslosen Objektbewegung einer Sinnestäuschung, operierte Ermolajew etwa nur mit elektrostatischen Kräften, die er bewußt oder unbewußt anzuwenden vermochte, oder wirkte das Bewußtsein dieses Mannes tatsächlich indirekt über eines der uns bekannten physikalischen Felder auf die vor ihm liegenden Objekte ein? Selbst dann müßten wir von Psychokinese sprechen, da die Bewegung über ein elektrostatisches oder elektromagnetisches Feld von Gedanken ausgelöst wurde.

Wie solche kurzzeitigen, offenbar durch das menschliche Bewußtsein gesteuerten Energieausbrüche entstehen, welche Potentiale angezapft werden und wie die Bündelung dieser Energien – ihre Übertragung auf materielle Systeme – erfolgt, kann bis heute noch niemand mit absoluter Gewißheit sagen. Es steht jedoch fest, daß diese psychokinetischen Kräfte in vielfältiger Weise und mit unterschiedlicher Stärke auftreten und daß es für ihre Entfaltung praktisch keine Entfernungsbeschränkung gibt. Sie scheinen sich den Gesetzen unserer Raumzeit-Welt zu widersetzen.

Doch wieder zurück nach Moskau, zu den Experimenten mit Nina Kulagina.

Das in eine Kochsalzlösung getauchte winzige Froschherz – normalerweise vermag es im isolierten Zustand bis zu 40 Minuten weiterzuschlagen – widersetzt sich Nina Kulaginas mentaler Attacke ganze 40 Sekunden. Dann sind seine schwachen Energien aufgebraucht. Die Zeiger der elektronischen Meßgeräte signalisieren Herzstillstand. Ist das der Beweis für »Geist über Materie«?

Die Kulagina – einstiger Star der sowjetischen Psychotronik-Forschung – hatte den psychokinetischen »Schlag« aus einer Entfernung von etwa anderthalb Metern geführt. Reaktivierungsversuche mittels Elektroschock waren wirkungslos geblieben. Betrug, subjektive Einflüsse und Zufallsreaktionen konnten aufgrund strenger Sicherheitsvorkehrungen ausgeschlossen werden – die an diesem Versuch beteiligten Wissenschaftler durften zufrieden sein.

Und dennoch: Psychokinese muß jedem, der sich ihr unter Negierung psychischer Wirkfaktoren ausschließlich von konventionell-physikalischem Wissen her nähert, unverständlich, schockierend-fremdartig erscheinen.

Sie zu verstehen, setzt voraus, daß man sich des Einflusses eines geistigen Prinzips auf unbelebt-stoffliche und auch auf biologische Systeme bewußt wird – Prozesse, mit denen wir uns in der Folge immer wieder zu beschäftigen haben werden.

Der Begriff *Psychokinese* (von griech. *kinein,* bewegen) beschreibt indes nicht nur psychisch bewirkte Bewegungsvorgänge, sondern auch andere, physikalisch bislang nicht erklärbare Phänomene, wie z. B.:

- bewußtseinsgesteuerte mechanisch-physikalische Veränderungen im Gefüge materieller Systeme (Biegephänomene, Transmutationen [Stoffumwandlungen], Materialisationseffekte usw.);
- Beeinflussung physiologischer Prozesse; Einwirkung des Bewußtseins auf biologische Systeme (mediale Heilung; Geistchirurgie);
- Einwirkung des Bewußtseins auf Foto- und Tonträgermaterial, d. h. Erzeugung optischer und akustischer Phänomene (Psychofotos; Stimmenphänomene);
- Aufhebung (Neutralisierung) der Schwerkraft (sogenannte Levitation);
- Spontane Orts- und Zeitversetzungen von Objekten (Teleportationen, Apporte, Penetrationen, Poltergeistphänomene usw.);
- Erzeugung meßbarer magnetischer, elektromagnetischer elektrostatischer und gravitativer Felder um Zielobjekte (sie gelten als sekundäre Auslöser psychokinetischer Effekte) usw.

Wir wollen uns zunächst ausführlich mit dem Erscheinungsbild eines jeden der hier aufgezeigten Einzelphänomene – seiner Definition und Wirkungsweise – befassen, um dann, in einem gesonderten Kapitel, die Möglichkeiten der taktischen und strategischen Anwendung psychokinetischer Effekte zu untersuchen.

Objektbewegungen

Bonin erkennt in paranormalen Objektbewegungen ganz allgemein »psychisch ausgelöste Bewirkungen auf materielle Systeme«, Vorgänge, die sich nach der uns geläufigen Physik nicht deuten lassen. Hierzu gehören im weitesten Sinne auch die sogenannten Poltergeistphänomene, wie sie unter anderem in sogenannten »Spukhäusern« auftreten, d. h. unerklärliche Geräusche (Raps) und physische Belästigungen, ausgelöst durch spontane Objektversetzungen, Levitationen, Apporte usw.

Das PK-Medium Ingo Swann unterscheidet mehr anwendungsbezogen zwischen Bewegungen, die durch unmittelbares Einwirken psychokinetischer Kräfte auf Objekte zustande kommen – z. B., indem man eine Kompaßnadel durch analoge Handbewegungen über dem Gehäuse zum Rotieren bringt –, und solchen, die berührungslos, d. h. auf Distanz, ausgelöst werden. Als Verursacherprinzip glaubt der amerikanische Psychologe Dr. Stanley Krippner bei kleinen Objekten das Wirken elektrostatischer und/oder elektromagnetischer Kräfte, bei größeren jedoch den Einfluß der sogenannten *Biogravitation* erkannt zu haben. Entfernungsbeschränkungen scheint es zumindest für biogravitativ ausgelöste PK-Phänomene nicht zu geben. So gelang es z. B. der in Baltimore lebenden Heilerin Olga Worrall im Jahre 1967, die in einer Nebelkammer enthaltenen subatomaren Teilchen noch aus einer Entfernung von nahezu tausend Kilometern psychokinetisch zu beeinflussen. In diesem Zusammenhang sei auch an Ingo Swanns »Eindringen« ins Innere eines beim SRI installierten Magnetometers erinnert, in dessen Verlauf er dieses auf psychokinetischem Wege unbewußt zu einer Frequenzverdoppelung stimuliert hatte.

Die amerikanische Psychokinetin Felicia Parise bedient sich einer PK-Einleitungstechnik, wie sie wohl von den meisten Medien praktiziert werden dürfte. Sie konzentriert sich so lange auf eine bestimmte Stelle des anvisierten Objekts, bis alles um sie herum verschwindet. Indem sie ihrer emotionalen Erregung freien Lauf läßt, nimmt ihr Verlangen, das Objekt zu bewegen, immer mehr zu. Sie verdrängt alle anderen Gedanken und konzentriert sich einzig und allein auf die Realisierung ihres Vorhabens, bis schließlich der gewünschte Effekt eintritt. Wie viele ihrer Kollegen leidet auch sie nach solchen Experimenten unter lang anhaltenden Erschöpfungszuständen.

Uri Geller – trotz seiner vielen Eskapaden und Starallüren nach Meinung von Professor Hasted der fähigste Psychokinet unserer Tage – verkraftet hingegen PK-Objektbewegungen mit spielerischer Gelassenheit. Er besitzt zudem die Gabe, seine psychokinetischen Fähigkeiten auch auf Dritte übertragen bzw. diese in anderen wecken zu können. Sollte es sich herausstellen, daß durch einen solchen »Stimmgabel«-Effekt Psychokinese generell übertragbar, d. h. auf breiter Basis »machbar« ist, könnten findige Militärstrategen dieses Phänomen nutzen, um schlagkräftige PK-Sabotagetrupps ausbilden zu lassen – Einheiten, die einem potentiellen Gegner aus der Ferne klammheimlich erhebliche materielle Verluste zuzufügen vermögen.

Biegephänomene

Paranormale Biegephänomene kommen laut Definition durch das Einwirken der Psyche (des Bewußtseins) auf die Oberfläche bzw. das Feingefüge eines Objekts zustande. Es sind dies bewußt (gewollt) oder unbewußt (spontan) verlaufende Prozesse, die Gefüge- und Formveränderungen (Umgestaltungen) zur Folge haben.

Professor John Hasted sieht im paranormalen Verbiegen metallischer Werkstoffe und in entsprechenden strukturellen Veränderungen »das Wirken von Reorganisationskräften, die bei der Erschaffung bzw. Vernichtung von Atomen an den Grenzen zwischen den Universen [gemeint sind Welten unterschiedlicher Dimensionalität, die berührungslos koexistieren] auftreten«. Die Beschaffenheit dieser Grenzflächen sei, so Hasted, außerordentlich kompliziert; sie würden mit ihren »Turbulenzen« bis in mikroskopische Räume hineinreichen.

Teleportationen und verwandte Phänomene

Wie zuvor schon angedeutet, versteht man unter *Teleportation* das physikalisch nicht erklärbare, d. h. paraphysikalisch bewirkte Verbringen von Objekten an einen anderen Ort. Teleportiert sich jemand selbst, spricht man von Autoteleportation.

Larissa Wilenskaja berichtet über sensationelle Erfolge junger chinesischer Psychokineten beim Teleportieren von Minisendern und lichtempfindlichem Fotopapier. Sollten sich diese Experimente als positiv erweisen, so würden sie die Hypothese vom transräumlichen Teleportationsprinzip vollauf bestätigen.

Die chinesischen Experimentatoren forderten z. B. einen dieser Psychokineten auf, einen winzigen batteriebetriebenen Peilsender aus seiner Hosentasche oder aus einem an seinem Körper befestigten versiegelten Kasten an bestimmte Stellen innerhalb des Versuchsraumes bzw. in angrenzende Räume zu teleportieren. Dabei wurde streng darauf geachtet, daß die Versuchsperson das zu teleportierende Objekt nicht anfaßte.

Während der insgesamt 15 unter wissenschaftlicher Kontrolle durchgeführten Experimente dauerte es zwischen 24 Sekunden und 61 Minuten, um den Sender verschwinden zu lassen. Bis zum Wiederauftauchen des Objekts vergingen zwischen 60 Sekunden und 56 Minuten.

Die Wissenschaftler, die während des gesamten Teleportationsvorgangs das von dem Minisender abgestrahlte Signal mit einem Monitor verfolgen konnten, berichteten einhellig über »wilde Signalschwankungen«. Gelegentlich soll es sogar ganz verschwunden gewesen sein. In dieser Zeit dürfte sich das Objekt allem Anschein nach völlig im Hyperraum befunden haben. Nach Meinung der chinesischen PK-Forscher durchlaufen teleportierte Objekte einen Prozeß der »Existenz zur Nicht-Existenz« und umgekehrt: »Wir glauben, daß diese ›Nicht-Existenz‹ nicht mit der totalen Auflösung eines materiellen Objekts gleichzusetzen ist. Möglicherweise ist die Existenz [des dematerialisierten Objekts] nur nicht mit den menschlichen Sinnesorganen erkennbar bzw. mit konventionellen Detektoren nachweisbar.«

Im Verlauf ähnlicher Teleportationsexperimente, an denen gleichzeitig zwei Versuchspersonen beteiligt gewesen waren, wurde unbelichtetes Fotopapier aus einem versiegelten lichtundurchlässigen Beutel in einen anderen, auf gleiche Weise präparierten leeren Sicherheitsbeutel teleportiert. Man hatte den Psychokineten die Beutel mit Sicherheitsnadeln an ihre Jacken geheftet. Einer von ihnen erhielt den Auftrag, das Fotopapier in den leeren Beutel zu teleportieren.

Kurze Zeit, nachdem das besonders gekennzeichnete Filmmaterial aus dem Behältnis verschwunden war – das Medium behauptete, es sei *»zwischen«* den Beuteln, d. h. zwischen den Dimensionen, im Hyperraum –, tauchte es in dem bis dahin leeren Beutel auf. Die Siegel beider Behältnisse waren unversehrt. Als man diesen Beutel in der Dunkelkammer vorsichtig öffnete, stellte es sich heraus, daß das Fotopapier nach wie vor unbelichtet war.

Schließt man aufgrund der strengen Sicherheitsmaßnah-

men Betrug aus, muß das Fotopapier eine Route jenseits unseres Raumzeit-Universums eingeschlagen haben, da es andernfalls belichtet gewesen wäre.
Professor Hasted hat ein auf den Erkenntnissen der Quantenphysik aufbauendes Funktionsmodell entwickelt, das solche Orts- und Zeitversetzungen erklären könnte. Er geht sogar so weit, das Erscheinen und Verschwinden (Re- und Dematerialisieren) makroskopischer Objekte auf spontane oder künstlich ausgelöste Teleportationsprozesse im mikroskopischen Bereich, d. h. im Feingefüge der Werkstoffe oder in deren atomarer Struktur, zurückzuführen. Hasted beschreibt in seinem Buch *The Metal-Benders* (Die Metallbieger) die Teleportationstalente der PK-Medien Uri Geller und Stephen North (London), von deren Echtheit er sich durch meßtechnisch hervorragend abgesicherte Laborversuche selbst überzeugen konnte.
Der hier erörterten Kategorie psychokinetischer Manifestationen gehören auch die *Apporte* an. Es handelt sich hierbei sozusagen um Teleportationen in »umgekehrter Richtung«, um das Herbeischaffen von Objekten ohne erkennbaren Kontakt zu diesen, das »psychokinetische Bringen« in geschlossene Räume. Dabei kommt es zu einem weiteren paranormalen Phänomen, der *Penetration,* dem psychokinetischen Durchdringen fester Gegenstände (z. B. Wände), ohne deren Feingefüge zu beschädigen.

Materialisations- und Dematerialisationsprozesse

Unter Materialisation versteht man prinzipiell die Entstehung eines Objektes aus dem »Nichts« (Verstofflichung), unter Dematerialisation den Vorgang des Entstofflichens, d. h. Verschwinden im »Nichts«. Es sind dies Prozesse, die die Existenz eines weiteren unabhängigen, mit unserer

Welt berührungslos verschachtelten Universums – eines multidimensionalen Hyperraumes – voraussetzt. Das psychokinetisch entstofflichte Objekt könnte nach dieser Hypothese entweder für immer im Hyperraum verbleiben (aus unserer Welt ganz verschwunden sein) oder an einem anderen Ort erneut auftauchen, d. h. sich *rematerialisieren* (wiederverstofflichen).

De- und Rematerialisationsprozesse entziehen sich in der Regel der Beobachtung, da sie offenbar überhaupt keine Zeit beanspruchen: Eben ist ein Objekt noch vorhanden – im nächsten Augenblick hat es sich scheinbar in Luft aufgelöst. Dieser zunächst mysteriös erscheinende Vorgang läßt sich am Beispiel eines normalen Waagebalkens auf einfache Weise veranschaulichen. Drückt man nämlich den einen Hebelarm der Waage nach unten, geht der andere sofort, d. h. unvermittelt, ohne zeitliche Verzögerung, nach oben. Da beide Hebelarme starr miteinander verbunden sind, löst die Aktion *sofort* eine Reaktion aus. Zu vergleichbaren Reaktionen scheint es an den Grenzflächen der Universen zu kommen, an Stellen, wo Raum und Zeit zu einem Punkt zusammenschrumpfen und somit ebenfalls ein »starres System« bilden.

Dennoch kennt man Fälle, in denen sich Objekte vor den Augen Anwesender auch langsam, d. h. in einer bestimmten Sequenz, ver- bzw. entstofflichen. Über einen dieser seltenen Fälle berichtet der japanische Parapsychologe Dr. Miyauchi. Ein von ihm getestetes PK-Medium namens Masuaki Kiyota hatte im Beisein von Zeugen eine noch volle Coca-Cola-Flasche gewissermaßen »stufenweise« apportiert. Zuerst erschien der untere, dann der obere Teil der Flasche. Vielleicht wollte das Medium mit dieser skurrilen Darbietung die Echtheit des Materialisationsphänomens unterstreichen.

Transmutationen (Stoffumwandlungen)

Transmutationen (lat. *mutare,* verwandeln) stellen psychokinetisch bewirkte Stoffumwandlungen dar, Prozesse, die aller Wahrscheinlichkeit nach mit dem partiellen oder totalen Umstrukturieren des Objektfeingefüges einhergehen. Bei den vorwiegend auf den Philippinen praktizierten *geistchirurgischen Eingriffen,* wie sie unter anderem von den beiden Wissenschaftlern Dr. Hans Naegeli-Osjord, Zürich, und Professor Dr. Alfred Stelter, Dortmund, beschrieben und bilddokumentarisch festgehalten wurden, kommt es immer wieder zu derartigen Stoffumwandlungen. So produziert der Operateur Juan Blance in Manila, gemäß Stelter, oft »ganz kuriose Rematerialisationsprodukte, mit denen die Medizin überhaupt nichts anfangen kann ... Bei Hautleiden treten aus der Haut mitunter ›saatartige‹ längliche Partikel heraus, die in dieser Form ganz bestimmt nicht innerhalb des Körpers existieren.«
Der in Pouso Alegre, im brasilianischen Bundesstaat Mato Grosso, ansässige Psychokinet Thomas Green Morton Coutinho – er befaßt sich in einer eigenen Klinik ebenfalls mit logurgischen Eingriffen und anderen paranormalen Heilungen – scheint Stoffumwandlungen meisterhaft zu beherrschen. Seine Transmutationen vollziehen sich fast ausnahmslos *in den Händen anwesender Personen.* Die italienische Journalistin Dr. Paola Giovetti wußte z. B. über einen Transmutationsfall zu berichten, in dem Coutinho vor 15 Augenzeugen das kugelförmig zusammengepreßte Stanniolpapier einer Zigarettenpackung in eine Goldmünze und danach einen Stanniolstreifen in ein Goldkettchen umgewandelt haben soll. Die umzuwandelnden Objekte befanden sich jedesmal ausschließlich in den Händen eines der Anwesenden.

Ein anderes Mal ließ Coutinho aus zwei gekreuzt gehaltenen Streichhölzern ein viel schwereres Metallkreuz entstehen. Gewichtsveränderungen sind bei Transmutationen durchaus nicht ungewöhnlich. Der Satz von der Erhaltung der Materie (und Energie) scheint im Bereich des Paranormalen offenbar keine Gültigkeit zu besitzen.

Gravitationsaufhebung – Levitation

Die Levitation – das »physikalisch unerklärliche freie Schweben einer Person oder eines Objekts« – läßt sich möglicherweise auf eine psychokinetisch bewirkte Aufhebung der Gravitation bzw. auf die Anwesenheit stützender bioplasmatischer Felder zurückführen, was im Endeffekt jedoch auf das gleiche hinauslaufen dürfte.

7 *Sabotage aus dem »Nichts« – PK als Waffe*

Dadurch, daß sich bewußtseinsgesteuerte Psi-Energien indirekt, d. h. unter Inanspruchnahme elektromagnetischer, elektrostatischer oder gravitativer Felder, auf anorganische oder organische Materie übertragen lassen, ergeben sich auch für eine perfektionierte »technisierte« Psychokinese womöglich zahlreiche handfeste Einsatzmöglichkeiten.
Dem Leistungskatalog der Nina Kulagina und anderer bekannter PK-Medien nach zu urteilen, kann man diese Energien je nach Aufgabenstellung bündeln, richten, positionieren und dosieren. Daß man bei solchen Operationen – was die Effizienz des Phänomens anbelangt – nicht unbedingt an gewisse Mindestentfernungen gebunden ist, erhellt sowohl aus der zuvor erläuterten Hastedschen PK-

Hypothese, als auch aus vielen gelungenen psychokinetischen »Langstreckenversuchen« (vgl. Olga Worralls Nebelkammertest, Kapitel III/6).
Was nun den taktischen Aspekt der Psychokinese, das Manipulieren gegnerischer Angriffs- und Verteidigungswaffen, anbelangt, ergeben sich, entsprechend den Besonderheiten eines jeden Einzelphänomens, ganz bestimmte Einsatzmöglichkeiten, die wegen ihres hypothetischen Charakters hier nur angedeutet werden können.

Objektbewegungen

PK-Sabotagetrupps könnten möglicherweise in Zusammenarbeit mit Fernwahrnehmungsmedien die mechanischen bzw. elektronischen Auslösekontakte gegnerischer Waffensysteme auf Distanz beeinflussen, so daß Geschosse, Torpedos, Minen, Bomben, Marschflugkörper, Fernraketen usw. vorzeitig, d. h. noch auf oder über dem Feindgebiet, zur Detonation gebracht werden. Bei rechtzeitigem Orten gegnerischer Operationsbasen ließen sich diese durch psychokinetisches »Zünden« dort gelagerter Waffen rasch außer Gefecht setzen. Infolge psychokinetischer Manipulationen – Eingriffe in chemische Reaktionen bzw. Veränderungen im Stoffgefüge – dürften sich unter anderem Munitionsfabriken sowie Anlagen zur Erzeugung von Raketentreibstoffen und atomaren Sprengköpfen in die Luft jagen lassen, was letztlich die totale Störung der gegnerischen Nachschubwege zur Folge haben müßte.
Psychokinetische Kräfte könnten ferner die Steuerungssysteme anfliegender Raketen blockieren bzw. zerstören, Schiffe, ferngesteuerte U-Boote oder Flugzeuge vom Kurs abbringen, elektronische Zielvorrichtungen, Radar- und Mikrowellenortungsgeräte, militärische und zivile Compu-

tersysteme sowie komplette Kommandozentralen außer Betrieb setzen.

Biegephänomene

Das psychokinetische Verbiegen von Bauelementen aus metallischen oder nichtmetallischen Werkstoffen sowie entsprechende Eingriffe in das Feingefüge dieser Objekte könnten sich auf die hier erwähnten Waffensysteme ebenfalls destabilisierend und inaktivierend auswirken. Wie Hasted zeigte, werden diese Effekte vor allem durch psychokinetisch bedingte Spannungen im Kristallgitter ausgelöst, die bei ausreichender Effizienz zur Materialermüdung und schließlich zum Bruch führen.

Teleportationen, Apporte

Perfektioniert dürften auch Teleportationen später einmal logistische Aufgaben erfüllen. Es wäre denkbar, daß man durch Teleportationen Waffen, Munition und sonstige militärische Ausrüstung praktisch in Nullzeit an jeden beliebigen Einsatzort verbringt oder Vernichtungswaffen unbemerkt in feindliches Gebiet einschleust.
Mittels kontrollierbarer Apport-Techniken ließen sich z. B. aus Tresoren, Geheimdepots und Sicherheitsräumen des Gegners heimlich wichtige Dokumente und Prototypen von waffentechnischen Neuentwicklungen »entwenden« und nach Einsichtnahme auf gleichem Wege durch Teleportieren zurückbefördern.
Auf den Einsatz solcher Techniken für nachrichtendienstliche Zwecke verweist G. A. Welk in seinem Beitrag *Proposed Use of Apport Technique as a Means to Strengthen the U.S. Intelligence System* (Mögliche Anwendungen von Ap-

port-Techniken zur Unterstützung des US-Spionagesystems). Der Autor bedauert darin, daß die amerikanische Abwehr offenbar mehr auf die Nutzung von ASW-Phänomene wie Telepathie, Fernwahrnehmung und Präkognition fixiert sei, wohingegen andere, psychokinetische Effekte außer acht gelassen würden. Aufgrund zahlreicher geheimer Informationen aus Rußland glaubt Welk gerade in »voll entwickelten« Apport-Methoden wertvolle nachrichtendienstliche Möglichkeiten zu erkennen.

Transmutationen

Nach Professor Hasted kommen Stoffumwandlungen (sog. Transmutationen) dadurch zustande, daß Materialien dabei eine übergeordnete Dimensionalität (den Hyperraum) passieren. Mit Hilfe dieses kombinierten De- bzw. Rematerialisationsprozesses wäre es theoretisch möglich, chemische, atomare und biologische Kampfstoffe jeglicher Konsistenz in harmlose (unschädliche) Substanzen umzuwandeln. Durch die psychokinetische Umstrukturierung kompletter Waffensysteme oder Teile derselben ließen sich ähnliche Inaktivierungs- und Destabilisierungseffekte, wie zuvor angedeutet, erzielen. Andererseits könnte man aus primitiven Materialien vielleicht auch seltene, strategisch wichtige Rohstoffe herstellen.

Gravitationsaufhebung – Levitation

Sollte sich das Phänomen der psychokinetisch bewirkten spontanen Gravitationsaufhebung – der Levitation – stabilisieren und verstärken, möglicherweise sogar künstlich herbeiführen lassen, so würde ihm bei der Außergefechtsetzung gegnerischer Waffen und beim Transportieren von

schwerem militärischen Gerät (Gewichtsminderung) usw. größte Bedeutung zukommen.
In diesem Zusammenhang gewinnt eine Objektlevitation an Bedeutung, über die E. Naumow und A. Mikhalchick berichteten. Experimentiert wurde mit einer männlichen Versuchsperson S., der man psychokinetische Fähigkeiten nachsagte.
Das Experiment bedurfte in der Vorbereitungsphase zunächst der »Selbststimulation des Bewußtseins« der Versuchsperson, was zwischen 6 und 8 Minuten in Anspruch nahm. Danach hatte diese das Gefühl, daß sich ihre Hände vergrößerten und zwischen ihnen ein »elastisches Luftkissen« bildete.
Brachte man nun ein leichtes Objekt zwischen die Handflächen, empfand das Medium eine Vergrößerung sowohl der Hände als auch des Gegenstands. Als diese Empfindung stärker wurde, fiel die Versuchsperson in einen tranceartigen Zustand, der von einem Summton in den Ohren begleitet wurde. Zog S. die Hände zurück, schwebte das Objekt 8 bis 10 Sekunden frei in der Luft.
Durch das Experiment hatte sich der psychophysiologische Zustand der Versuchsperson merklich verändert. Ärzte konstatierten danach körperliche Schwäche, Zittern der Hände, erhöhte Pulsfrequenz (bis zu 130 Schläge pro Minute), Atemschwierigkeiten, Schläfrigkeit und gesteigerten Appetit.

Mentale Brandstiftung

In der Parapsychologie steht der Begriff »Spontane Selbstverbrennung« (engl. Spontaneous Human Combustion, SHC) für das ohne erkennbare Ursache erfolgende Selbstentzünden und Verbrennen eines Menschen.

Einer von Dutzenden bekannt gewordener SHC-Fälle, bei denen eine Mrs. Reeser aus St. Petersburg, Florida, auf tragische Weise ums Leben kam, ereignete sich am 2. Juli 1951. Als Nachbarn – durch penetranten Brandgeruch alarmiert – in die Wohnung der Frau eindringen wollten, verbrannten sie sich an dem metallenen Knauf der Apartmenttür die Hände. Der schnell herbeigerufenen Feuerwehr schlug beim gewaltsamen Öffnen der Tür ein höllischer Gluthauch entgegen. In halber Zimmerhöhe bedeckte eine fette Rußschicht die Wände. Einige Schalter und Steckdosen waren geschmolzen, ebenso ein Plastikgefäß, die danebenliegende Zahnbürste aus Kunststoff hingegen nicht. Ansonsten war das Zimmer unversehrt bis auf ein Loch im Fußboden, dort, wo immer Frau Reesers Stuhl gestanden hatte. Seltsamerweise fehlte auch der typische Geruch von verbranntem Fleisch. Zwischen der Asche des Stuhls fanden sich ein unversehrter Fuß, etwas verbranntes Lebergewebe und ein stark geschrumpfter Kopf.
Polizei und Feuerwehr standen vor einem Rätsel. Man stellte sich die Frage, wie die zu einer solchen Zerstörung notwendige Temperatur von über 1600°C kurzfristig auf einen verhältnismäßig kleinen Raum einwirken konnte, ohne das gesamte Zimmer in Brand zu setzen, und wo die Energiequelle zur Entfesselung jenes Infernos zu suchen war.
Michael Harrison, der sich in seinem Buch *Fire from Heaven* (Feuer vom Himmel) mit den mannigfachen Aspekten des Phänomens der »spontanen Selbstverbrennung« auseinandersetzt, unterscheidet grundsätzlich zwischen zwei SHC-Kategorien: der absichtlich (wenn auch unbewußt) herbeigeführten Selbstverbrennung – man beobachtet sie mitunter bei potentiellen Selbstmördern – und dem durch eine »mechanische Fehlschaltung im Temperatursteue-

rungssystem des Körpers« automatisch ausgelösten Selbstentzündungsprozeß. Er will festgestellt haben, daß die Skala dieser »thermischen Unregelmäßigkeiten« im menschlichen Körper von unerklärlichen, medizinisch nicht zu begründenden Fieberanfällen (Pseudo-Fieber), über plötzlich auftretende Brandflecken auf der Haut und partielle Verbrennungen (wobei die Bekleidung der Betroffenen mitunter völlig unversehrt bleibt) bis hin zum totalen Verkohlen, der eigentlichen SHC, reicht.
Harrison ist davon überzeugt, daß es sich bei allen diesen Manifestationen um abgestufte Wirkungsformen ein und derselben Energie (Bioplasma) handelt, die, einmal aus ihrem latenten (höherdimensionalen) Zustand befreit, nahezu autonom fortzuwirken und Erstaunliches zu leisten vermag. Sollte sich das Phänomen der SHC unter Kontrolle bringen lassen, so könnte es zu einer gefährlichen Waffe werden.
Für den psychokinetischen Charakter der hier geschilderten Pyro-Phänomene spricht vor allem die Tatsache, daß diese von qualifizierten PK-Medien – offenbar mittels psychisch konzentrierter Feldenergie – auch *gewollt* hervorgebracht werden können.
Über die *pyrokinetischen* Fähigkeiten des verstorbenen russischen Spitzenmediums Nina Kulagina berichtet Genadij Sergejew in der englischen Sonntagszeitschrift *Sunday People:* »Häufig hinterließen diese [zur Ausübung ihrer psychokinetischen Experimente benötigten] Kräfte, die in ihren Körper eindrangen, auf den Armen und Händen bis zu zehn Zentimeter lange Brandflecken. Ich war einmal dabei, als ihre Kleider durch diese Energie Feuer fingen; sie flammten buchstäblich auf. Ich half ihr die Flammen zu ersticken und bewahre einen Teil der verbrannten Kleidung zum Vorzeigen auf.«

Die Kulagina durchdrang mit ihren psychokinetischen Energien nicht nur 1,5 Millimeter dicke Bleiabschirmungen und etwa 20 Millimeter dicke Hartgummiplatten, um auf darunterliegendem unbelichteten Filmmaterial Zeichen und Buchstaben entstehen zu lassen, sondern bewirkte auch bei anderen Personen durch ähnliche »Biothermal-Effekte« (russische Bezeichnung für dieses Phänomen) Hautreaktionen, die Rötungen, Blasen und sogar starke Verbrennungen zur Folge haben konnten. Sie übertrug ihre Energien durch Berühren bzw. berührungslos aus Entfernungen bis zu einem Meter, wobei sie zunächst analoge Effekte am eigenen Körper hervorbringen mußte. Suggestionstechniken (Hypnose) scheiden aus, da »Biothermal-Effekte« auch bei Personen, die nicht wußten, um was es bei diesen Versuchen ging, sowie bei Katzen und Hunden beobachtet wurden.

Der in die USA emigrierte russische Ingenieur Dr. Savely Schukoborsky untersuchte Mitte der siebziger Jahre am Kernmagnetischen Resonanzlaboratorium der Universität Leningrad den Einfluß »biologischer Felder« auf verschiedene Biosysteme und will bei Experimenten mit Nina Kulagina festgestellt haben, daß pyrokinetische Energien Thermometer nicht beeinflußten. Bei einem dieser Versuche placierte er zwischen Ninas Hand und dem Körper eines Institutsmitarbeiters außer mit Wasser und bestimmten Substanzen gefüllten Glasampullen auch ein Quecksilber-Thermometer. Obwohl die Haut der Versuchsperson nach dem Experiment Verbrennungen dritten Grades aufwies, zeigte das Thermometer normale Körpertemperatur (36,5 °C) an.

Der Gedanke liegt nahe, daß die von Psychokineten manipulierten Energien über Kanäle jenseits unserer physikalisch überschaubaren Raumzeit-Welt übertragen werden,

wobei, wie unlängst festgestellt wurde, die ultraviolette Komponente des elektromagnetischen Spektrums (sogenannte UV-Photonen) eine ungemein wichtige Rolle spielt.
Sergejew vermutet, daß die psychokinetischen Bewirkungen der Kulagina, also auch ihre paraphysikalischen Pyro-Effekte, auf einer durch sie verursachten *Entropieverminderung* beruhen. Die Entropie ist, vereinfacht ausgedrückt, das Maß für die wahrscheinliche Unordnung in einem geschlossenen System. Sie besagt, festgelegt durch den II. Hauptsatz der Thermodynamik (Entropiesatz), daß in der Natur der unwahrscheinliche Zustand der Ordnung von selbst in den wahrscheinlichen Zustand der Unordnung übergeht. Mit anderen Worten: Alles Geschehen in unserer Welt verläuft normalerweise nur in eine Richtung. Wenn Sergejew von einer psychokinetisch ausgelösten Entropieverminderung spricht, bedeutet dies, daß die Kulagina, um der naturbedingten Entropiezunahme entgegenzuwirken, eine andere, effizientere Energieform mobilisiert haben muß, die, damit der Entropiesatz seine Gültigkeit behält, nur außerhalb unseres Raumzeit-Kontinuums – dem Hyperraum – angesiedelt sein kann.
Einige der philippinischen Geistheiler sollen ebenfalls über pyrokinetische Fähigkeiten verfügen. Von dem inzwischen verstorbenen Heiler Tony Agpaoa, der in Baguio zu Hause war, wird behauptet, daß er früher einmal das Strohdach einer zwanzig Meter entfernten Hütte durch Anstarren in Brand gesetzt habe. Über ähnliche Fähigkeiten verfügte der brasilianische Psychokinet Antonio Ferreira aus São Luis im Bundesstaat Maranhão. Im Beisein mehrerer glaubwürdiger Zeugen ließ er die in einem Metallrahmen gefaßte Brille seiner Mutter, nachdem er sie kurze Zeit angestarrt hatte, in Flammen aufgehen. Die durch Ferreiras Bewußtsein aktivierten Energien brachten sogar die metal-

lische Fassung der Brille zum Schmelzen, ein Vorgang, der je nach Art der benutzten Legierung Temperaturen zwischen 1000 und 1500 °C beansprucht.
Es ist nicht auszuschließen, daß pyrokinetische Fähigkeiten irgendwann einmal militärtechnisch genutzt werden. Qualifizierte »Pyrokineten« könnten solo oder als Angehörige einer Fünften Kolonne, ohne technische Hilfsmittel in Anspruch zu nehmen, im feindlichen Hinterland Sabotageakte verüben und auf diese Weise zur allmählichen Zermürbung des Gegners beitragen. Möglicherweise lassen sich mittels Zielfernrohren und Nachtsichtgeräten brandauslösende bioplasmatische Energien hoher Konzentration auch an weit entfernte Feindobjekte herantragen. Vielleicht gelingt es sogar, anhand genauer Zielkoordinaten oder detaillierter Archivbilder gegnerische Waffensysteme über Tausende von Kilometern hinweg durch pyrokinetische »Anschläge« zu vernichten, noch bevor diese zum Einsatz kommen.

8 *Psychokineten auf dem Prüfstand*

Im Hinblick auf mögliche taktische und strategische Anwendungen psychokinetischer Effekte versuchen Wissenschaftler in Ost und West schon immer die besonderen Fähigkeiten ihrer PK-Medien weiter auszuloten, um die einzelnen Phänomene besser in den Griff zu bekommen. So wird von Nina Kulagina berichtet, daß sie aus Entfernungen von bis zu zwei Metern ohne technische Hilfsmittel berührungslos stofflich unterschiedlich beschaffene Objekte im Gewicht bis zu etwa 400 Gramm bewegen oder anderweitig manipulieren konnte.
Genadij Sergejew und L. Druschkin (früher St. Petersburg),

die sich lange Zeit mit Kulaginas PK-Aktivitäten befaßt haben, entdeckten bei ihr zahlreiche spektakuläre Einzelphänomene:

- Kontinuierliche Bewegungen einzelner Objekte in vorgegebene Richtungen, einschließlich kurzer Unterbrechungen;
- gleichzeitiges Bewegen einer ganzen Objektgruppe bzw. selektives Bewegen eines Einzelobjekts innerhalb dieser Gruppe;
- gleichzeitiges Bewegen von zwei oder drei Objekten in unterschiedliche Richtungen;
- kontinuierliches Bewegen eines Objekts entlang der Horizontalen bei gleichzeitiger Drehbewegung um die vertikale Achse;
- Niederhalten der leeren Schalen von speziell für PK-Versuche entwickelten Laborwaagen, die durch Glaszylinder gegen äußere Einflüsse abgeschirmt waren; Gewichtsveränderungen wurden automatisch registriert. Die Bewegungsmaxima der Waagschalen entsprachen Belastungen von jeweils ± 5 bzw. ± 20 Gramm;
- ein aus leichtem Kunststoffmaterial bestehender Ball wurde zwischen beiden Handflächen in der Schwebe gehalten und dabei um seine vertikale Achse gedreht;
- eine in einem wassergefüllten Glasrohr enthaltene Luftblase wurde zweigeteilt. Anschließend konnten die beiden Blasenhälften zu einem der beiden Rohrenden transportiert werden;
- Bewegen von Objekten, die partiell oder völlig in Wasser eingetaucht waren.

Bei diesen Versuchen hatte man die zu bewegenden Objekte durch die Anwendung unterschiedlicher Isoliermaßnahmen – Wasser, partiellem Vakuum, einem konstanten Magnetfeld usw. – gegen äußere Einflüsse abgeschirmt.

Durch diese Schutzmaßnahmen wurden die Versuche in keiner Weise beeinträchtigt.
Die Psychologin Alla Winogradowa – Lebensgefährtin des in der Physiologischen Abteilung des Moskauer Pädagogischen Instituts mit Psi-Experimenten befaßten Physikers Dr. Viktor Adamenko – verfügte ebenfalls über ein beträchtliches psychokinetisches Potential. Viele sahen in ihr eine Nachfolgerin von Nina Kulagina. Sie vermochte psychokinetisch einen Streichholzhaufen »explosionsartig« durcheinanderzuwirbeln und von mehreren nebeneinanderliegenden Objekten ein bestimmtes ihrer Wahl in Bewegung zu setzen. Spielend rollte sie leere Zigarrenhülsen aus Aluminium über glatte Tischflächen, wobei sie ihre psychokinetischen Fähigkeiten mitunter auch auf Dritte übertrug. Professor William A. Tiller von der Stanford University (Palo Alto) war selbst einmal an einem solchen Versuch beteiligt. Er konnte derartige Hülsen willentlich vor- und rückwärts rollen, versagte jedoch, als die Winogradowa das Experiment psychokinetisch stoppte. Bei ihren PK-Versuchen wurden mit Hilfe von Prüfglimmlampen in Objektnähe starke elektrostatische Ladungen festgestellt. Die Lampen leuchteten immer dann auf, wenn sie die Objekte psychokinetisch bewegte. Adamenko glaubt, daß PK-Medien einem bereits existierenden elektrostatischen Feld zusätzliche Energie hinzufügen, die elektromagnetische Aktivitäten auslöse. Sobald diese stärker als die Reibungskräfte seien, würde das Objekt in Bewegung gesetzt werden.
Im Gegensatz hierzu vermutet der Moskauer Psychologie-Professor Wenjamin Puschkin hinter den psychokinetischen Fähigkeiten des sowjetischen Spitzenmediums Boris Ermolajew – einem bekannten Filmregisseur, der nicht nur Objektbewegungen, sondern auch Biege- und Levitationstechniken beherrscht – das Wirken gravitativer Felder.

Wie sich noch herausstellen wird, sind beide Hypothesen unvollständig, indem elektrostatische, elektromagnetische und gravitative Felder lediglich kraftübermittelnde Funktionen ausüben.

Was die Echtheit psychokinetischer Biegephänomene betrifft, so sieht Professor Hasted vom Birkbeck College der Universität London diese durch die Art des Biegeverlaufs und gewisse meßtechnisch genau überwachte Details im stofflichen Verhalten der Versuchsobjekte überzeugend bestätigt. Bei Versuchen mit Biegemedien hat Hasted festgestellt, daß die Streckfestigkeit von psychokinetisch gebogenen metallischen Werkstoffen zeitweilig abnormal niedrig ist. Man erkennt dies äußerlich am Erweichen (Plastifizieren) des behandelten Materials. Natürlich mißt Hasted bei seinen PK-Experimenten auch mögliche Temperaturveränderungen am Versuchsobjekt, wobei er sich sogenannter Temperaturmeßfühler (Thermoelemente oder Widerstandsthermometer) bedient. Bei unserem Besuch in London 1983 hatten wir ihm aus deutscher Fertigung winzige Meßfühler mitgebracht, die es damals in England noch gar nicht gab. Solche Minimeßstellen sind Voraussetzung für genaueste Messungen an den vermuteten Einwirkungsstellen psychokinetischer »Kräfte«.

In manchen Fällen nahmen die Objekte an den psychokinetisch attackierten Stellen die Konsistenz von Kitt oder Kaugummi an, was die Einwirkung mechanischer Kräfte ausschließen dürfte. Den oft erhobenen Vorwurf, Biegemedien würden für ihre »Manipulationen« korrodierende Säuren oder Quecksilbersalze benutzen, schließt Hasted zumindest für die von ihm im Labor durchgeführten Versuche aus. Bei Verwendung derart aggressiver Chemikalien würden metallische Werkstoffe verspröden, netzen und Verfärbungen aufweisen, jedoch kaum erweichen. Objekte, die mittels korrosiver Chemikalien manipuliert werden, müßten zudem deutliche Gewichtsveränderungen aufweisen, was aber, Hasteds Versuchsprotokollen nach zu urteilen, überhaupt nicht der Fall war.

Erfolgreich verlaufene Experimente, bei denen das PK-Medium mit dem zu beeinflussenden Objekt erst gar nicht in Berührung kam, sind besonders beweiskräftig. Bei einem solchen von Hasted inszenierten Versuch gelang es Uri Geller in Anwesenheit der Physiker David Bohm, Ted Bastin und Jack Sarfatti sowie anderer Zeugen, einen scheibenförmigen Einkristall aus Molybdän – sein Durchmesser betrug 10 Millimeter – berührungslos zu verbiegen.

Der Kristall war Hasted vom Cavendish Laboratory der Universität Cambridge zur Verfügung gestellt worden, und er hatte ihn die ganze Zeit über in einer Schachtel aufbewahrt, die er stets bei sich trug. Hasted berichtet: »Geller bat, kleine metallische Gegenstände vor ihm auf eine große Metallplatte zu legen ... Ich nahm den Kristall aus der Schachtel und legte ihn völlig flach auf die Platte. Sarfatti hielt seine Hand einige Zentimeter über dem Kristall und den anderen auf der Platte befindlichen Objekten. Geller wiederum hielt seine Hand über die von Sarfatti, bis dieser ein Prickeln verspürte. Er versuchte seine »Energie zu konzentrieren«, und mit einemmal sahen die Anwesenden, daß der Kristall seine Form verändert hatte. Er war um einen Winkel von 20 Grad verbogen.«

Dem Londoner Psychokineten Stephen North, mit dem Hasted in den siebziger Jahren überaus erfolgreich experimentiert hatte, gelang es mitunter, Löffel an bestimmten Stellen zu erweichen, ohne sie berührt zu haben. Viele dieser Versuche wurden mit der Videokamera aufgezeichnet.

Am interessantesten aber waren Norths Teleportationen und Apporte. Hasted händigte ihm eines Tages einen kleinen eiförmigen Behälter aus, in dem sich drei Metallkristalle befanden. Dieses Kunststoff-Ei, bestehend aus zwei genau ineinanderpassende Hälften, war nach dem Beschikken mit den Kristallen fest verschlossen und versiegelt worden. Um 11.30 Uhr begann Stephen die Schachtel zu schütteln; man konnte das von den Kristallen im Inneren verursachte Geräusch hören. Nach einigen Minuten aber blieb das Rasseln aus, was nur bedeuten konnte, daß die Kristalle das Ei verlassen hatten. Dennoch wurde es zu diesem Zeitpunkt noch nicht geöffnet. Hasted bat Stephen, die Kapsel weiter zu schütteln und zu versuchen, die (offenbar teleportierten) Kristalle zurückzubekommen (zu apportieren).

Als sich im Ei nichts mehr rührte, öffnete man es, und Hasted fand dort anstelle der Kristalle zunächst eine Ein-Pfund-Note der Bank of England. Stephen meinte, er habe eine solche Banknote in der Tasche gehabt; sie war tatsächlich verschwunden. Einer der Kristalle – ein Vanadiumcarbid-Stab – befand sich noch (oder wieder) im Ei, war aber in die Banknote eingewickelt ... Die anderen Kristalle aus Zink und Germanium fand man in Stephens verschlossener Gesäßtasche.

Hasted placierte alle drei Kristalle wieder in die Kapsel und verschloß sie wie zuvor. Als man das Ei um 14.15 Uhr zum zweitenmal öffnete, lagen die drei Kristalle immer noch darin. Nach abermaligem Versiegeln schüttelte Stephen den Behälter weiter, bis das Geräusch um 14.20 Uhr erneut verstummte. Hasted fand die Kapsel jetzt leer. Diesmal war der Geldschein in Stephens Tasche geblieben.

Vor wenigen Jahren wurden in England und in den USA sogenannte »Minilabs« entwickelt – kleine, transportable »Labors« zur ambulanten Untersuchung psychokinetischer Phänomene –, mit denen man, unabhängig von der jeweiligen physischen und psychischen Verfassung des Mediums, vor äußeren, verfälschenden Einflüssen geschützt, PK-Versuche durchführen kann. Die Idee zu diesen autonomen Testgeräten stammte von Professor J. B. Rhine, der wiederholt auf die Notwendigkeit eines »sicheren Zielobjekts« hingewiesen hatte. Sie wurde von seinem früheren Mitarbeiter William E. Cox aufgegriffen und Ende der siebziger Jahre realisiert.

Das Coxsche Minilabor bestand aus einem kleinen, verschließbaren Glasbehälter, in dessen Inneren unterschiedliche Zielobjekte – z. B. Bleistifte oder Kugelschreiber, Papier, Notizblöcke, Aluminiumkugeln und Lederringe – zur psychokinetischen Beeinflussung enthalten waren. Jedes dieser Objekte war an einen elektrischen Stromkreis angeschlossen, der bei Kontaktunterbrechung außer der Innenbeleuchtung auch eine Acht-Millimeter-Schmalfilmkamera einschaltete.

Ohne gewollte psychokinetische Einwirkung – also spontan –, aber auch unter dem Einfluß von Gruppen-Psychokinese, ließen sich filmdokumentarisch erstaunliche Einzelphänomene festhalten:

- Lederringe verschlangen sich ineinander und entwirrten sich wieder;
- Objekte wurden offenbar aus dem Behälter heraus- und wieder hineinbewegt (teleportiert);
- gut durchgemischte Kartenstöße ordneten sich selbsttätig nach Farben;
- Bleistifte machten sich »selbständig« und übermittelten »Botschaften«;
- Ballons bliesen sich von selbst auf;
- elektrische Uhren begannen rückwärts zu laufen;
- Gegenstände aus Metall wurden verbogen usw.

Durch die Benutzung von Halbliter-Glasflaschen gelang es

Cox, das Minilabor – diesmal allerdings ohne den Anschluß an einen Meßstromkreis – nochmals zu verkleinern. Zu den Testutensilien gehörten jetzt Bleistiftstummel, offene Sicherheitsnadeln, Pfeifenreiniger und kleine Papierstreifen. Auch mit diesen Versuchseinrichtungen ließen sich interessante PK-Phänomene beobachten. Bei unverletztem Siegel gelangte ein Schlüssel in eine der Flaschen, nahmen die Pfeifenreiniger die Form von »Tieren« an, wurden die Papierstreifen beschriftet und Sicherheitsnadeln in Bleistiftstummel gebohrt.

Obwohl einige der mit diesen »Minilabs« durchgeführten Versuche umstritten sind, darf man nicht verkennen, daß ihnen bei der Erforschung der Ursachen psychokinetischer Bewirkungen erhebliche Bedeutung zukommt.

Professor John Taylor von der Universität London, der sich schon vor mehr als zehn Jahren intensiv mit dem Verursacherprinzip psychokinetischer Phänomene befaßte, schließt aufgrund versuchsgestützter Erkenntnisse elektromagnetische, radioaktive, nukleare und normale gravitative Wirkfaktoren aus. Er glaubt, daß die durch die Muskulatur sowie durch Herz- und Gehirnaktivitäten ungerichtet hervorgebrachten Fluktuationen in Größenordnungen von nur wenigen Tausendstel Volt viel zu gering seien, um z. B. Metallbiegeeffekte, Apporte, Teleportationen und andere PK-Phänomene zu bewirken. Taylor stellte auch Betrachtungen über ein sogenanntes »fünftes« (bioplasmatisches) bzw. Psi-Feld an, das er allerdings in einer nicht-physikalischen Welt, in einem anderen Universum enthalten wissen will.

Sein Kollege, Professor Hasted, der sich der Verursacherproblematik ebenfalls von der experimentellen Seite her nähert, gelangte zu ähnlichen Schlußfolgerungen. Er vermutet – und sieht sich durch entsprechende Versuche in seiner Annahme bestätigt –, daß PK-Medien die zu verformenden Objekte durch »andere Universen« (gemeint ist der hier mehrfach zitierte Hyperraum, bestehend aus mehr als vier Dimensionen) transportieren. Die von ihnen ausgehenden, am Objekt ansetzenden psychokinetischen Transportkräfte breiten sich seiner Auffassung nach allerdings nicht strahlenförmig, sondern mehr flächig aus. Hasted bezeichnet sie als »aktive Oberflächen« oder »Aktionsoberflächen« – Quasi-Kraftfelder, die *zwischen* zwei völlig unterschiedlichen Universen angesiedelt sind. Sobald sie sich erst einmal am Objekt »festgekrallt« hätten, würden sie dieses rotierend und wirbelnd umfließen. Die oft kunstvoll gebogenen Büroklammern, die korkenzieherartig verdrehten Gabeln und Löffel zeugten von der Wirkungsweise dieser psychokinetischen Kräfte.

Hasted, der in den Aktionsoberflächen eine »unsichtbare Verlängerung des menschlichen Körpers« (Psi-Tentakel) erblickt, glaubt, daß beim Aufbau dieser Quasi-Kraftfelder dem Unbewußten eine Schlüsselrolle zufällt. Ein Versuch, durch Abschirmen (Faradayscher Käfig) mehr über die Beschaffenheit der Aktionsoberflächen zu erfahren, führte zu der Erkenntnis, daß die Signale dadurch – offenbar psychologisch bedingt – zwar verlangsamt, aber keinesfalls unterbunden werden. Zur Erklärung dieses Phänomens, also des spontanen Zustandekommens von Passagen zwischen unterschiedlichen Dimensionalitäten, bemüht man den aus der Quantenphysik bekannten »Tunneleffekt«; er könnte übrigens auch Teleportationen, Apporte, Penetrationen usw. verständlich machen.

Beim »Tunneln« werden, vereinfacht dargestellt, atomare Teilchen (Kernteilchen) kurzzeitig durch Energiewälle hindurchbewegt, die durch elektromagnetische Abstoßung und nukleare Anziehung entstehen. Materie durchdringt unter bestimmten Voraussetzungen Materie praktisch ohne jeglichen Energieaufwand – eine Art »Geisterphysik« im Mikrokosmos. Hasted hält es für möglich, daß seine meist jugendlichen PK-Akteure die Verbindungsstellen zwischen unserer Welt und parallelen Universen – die von ihm postulierten Aktionsoberflächen – bewußt oder unbewußt wahrzunehmen und zu umgehen bzw. zu manipulieren vermögen.

Der geniale David Bohm, bis zu seinem Tod Professor für theoretische Physik am Birkbeck College, bereicherte Hasteds Aktionsoberflächen-Hypothese um einen weiteren spektakulären Aspekt. Das von ihm postulierte Prinzip der »eingefalteten Ordnung« – es beinhaltet die holographische Speicherung von Informationen, den »zusammengefalteten« Zustand der Materie – erklärt Teleportationen, Apporte und dergleichen als *Objektneubildungen am Erscheinungsort.* Mit anderen Worten: Bohm vermutet, daß sich teleportierte oder apportierte Objekte nicht physisch von einem Ort zu einem anderen bewegen, sondern daß sie an jeder Stelle, wo sie auftauchen, *von neuem erschaffen werden* (sich rematerialisieren). Er nimmt ferner an, daß sich ein »entfaltetes (explizites) Objekt« selbst (zusammen-)faltet (sich dematerialisiert), über ein Paralleluniversum (den Hyperraum) verschwindet und in einer neuen Position durch »Wiederentfalten« erneut sichtbar wird. Wenn auch das neu entfaltete Objekt dem in der vorherigen Position ähnele, bestünden dennoch gewisse Unterschiede: *Man habe an jeder neuen Stelle ein anderes Objekt vor sich.*

Bohms Hypothese erscheint durchaus logisch. Jede räumliche Objektversetzung in unserem Raumzeit-Universum entspricht zwangsläufig auch einer Bewegung durch die Zeit. Würde ein Objekt in jeder neuen Position *nicht* neu geschaffen werden, dann käme es bei möglichen Rück-

wärts-Teleportationen in der Zeit (sie sind sogar physikalisch nachweisbar) zu Paradoxa. Diese werden aber durch das Neuentstehungsprinzip (die Neuschöpfung »vor Ort«) vermieden.
Die Existenz von parallelen Universen und Aktionsoberflächen allein kann jedoch psychokinetische Phänomene nicht erklären. Als »Manipulationsinstrument«, das die steuernden mentalen Impulse auf physikalische und biologische Systeme überträgt, wollen die russischen Psychokinese-Forscher Viktor Adamenko, Viktor Injuschin und Genadij Sergejew aufgrund von Objektuntersuchungen im Hochfrequenzfeld eine biologische Energieform entdeckt haben, die sie *Bioplasma* (auch Biogravitation) nennen.
Genadij Sergejew vom Uktomskij-Laboratorium, das früher der Roten Armee unterstellt war, sieht in der Psychokinese das Ergebnis einer Wechselbeziehung zwischen elektrostatischen/elektromagnetischen Feldern (die nach Hasted ebenfalls psychokinetisch erzeugt werden können) und biologischen Feldern der Psychokineten. Das vom PK-Medium ausgesandte Bioplasma würde »ähnlich dem Laserprinzip« (sog. Biolasereffekt) polarisiert als physikalische Kraft auf das Objekt einwirken.
Ähnlich argumentierte der tschechische Psychotronik-Forscher Dr. Zdeněk Rejdák: PK-Medien akkumulieren in ihrem Körper unbewußt bioplasmatische Energie, lassen diese mit einemmal frei und transportieren sie (mental) in Richtung Versuchsobjekt. Nach Hasted würde dies heißen: Sie konzentrieren sich auf die erkannte Aktionsoberfläche, wodurch das Objekt psychokinetisch bewegt wird.
Biegeversuche, die Uri Geller im Auftrag der amerikanischen Marine am U.S. Naval Ordinance Laboratory (US-Marine Ausrüstungslabor) in White Oak, Maryland, unternommen hatte, lassen vermuten, daß man dort PK-Phä-

nomene ernst nimmt und sie militärisch zu nutzen gedenkt. Geller verbog im Beisein des Metallurgen Eldon Bird eine Nitinol-Probe durch bloßes Berühren. Bei Nitinol handelt es sich um eine jener Nickel-Titan-Legierungen, die nach dem Deformieren durch Tauchen in heißes Wasser wieder ihre ursprüngliche Form annehmen.
Nachdem Geller die Probe »freigegeben« hatte, setzte sich der Biegeprozeß auch dann noch fort, als man sie in kochend heißes Wasser eingetaucht hatte. Er kam erst bei einer Krümmung von 90 Grad zum Stillstand. Geller behauptet übrigens von sich, auf psychokinetischem Wege Radarsysteme ausschalten, Raketen sowie Satelliten ablenken und Computerbänder löschen zu können.
Was die psychokinetische Beeinflußbarkeit von Computer- und Tonbändern sowie von Filmmaterial anbelangt, dürften Gellers Behauptungen nicht übertrieben sein. So konnte durch eine Reihe gut abgesicherter Experimente der Einfluß bewußtseinsgesteuerter Psi-Felder auf Magnetbänder und Filmemulsionen wissenschaftlich nachgewiesen werden. Mehr noch: In den USA, in England und anderen westeuropäischen Ländern gibt es mittlerweile eine ganze Anzahl ziviler Gruppen, die mit großem Erfolg Psychokinese trainieren und praktizieren, da es ich gezeigt hat, daß hierzu keine besonderen medialen Fähigkeiten erforderlich sind.
Der bekannte amerikanische Autor Alan Vaughan nahm selbst an einem Workshop teil, in dessen Verlauf Personen, die über keine experimentellen Psychokinese-Erfahrungen verfügten, auf Anhieb Biegephänomene hervorzubringen vermochten. Der Leiter der PK-»Party«, ein Ingenieur, führte den Anwesenden zunächst Farbdias von erfolgreich praktizierten Biegeversuchen einer anderen Laiengruppe vor und stellte ihnen anschließend Versuchsobjekte aus Sil-

ber sowie massive Metallruten für schwierigere Biegeaufgaben zur Verfügung. Vaughan will festgestellt haben, daß die meisten Versuchsteilnehmer bei diesen ersten PK-Experimenten Erfolge verbuchen konnten. Man ließ ihn wissen, die Erfolgsquote der zehn vorangegangenen Workshops habe durchschnittlich bei 90 Prozent gelegen. Ihn beeindruckten vor allem Gefügeaufnahmen von Versuchsobjekten, Fotos von Metallbruchstellen und Oberflächen, die nach dem Einwirken psychokinetischer Kräfte »markante Vertiefungen« zeigten. Bei diesen Experimenten dürften das zuvor schon angesprochene »Übertragungsprinzip« (Psychokineten übertragen durch diesen Induktionseffekt ihre Talente auf Laien) und der sogenannte »Feedback«-Effekt – das Verstärken psychokinetischer Fähigkeiten durch »Sichtbarmachen« bzw. Hervorheben kleiner Eigenleistungen – eine wichtige Rolle spielen.

Dieses »Induktionsphänomen« (Hasted) scheint bei Jugendlichen besonders stark ausgeprägt zu sein. Hasted, Taylor und andere PK-Forscher wollen festgestellt haben, daß es sogar bei simulierter (unechter) Psychokinese auftreten kann. Wenn dies zutreffen sollte – und vieles spricht dafür –, wenn sich durch getrickste Darbietungen (live oder im Bild) das Bewußtsein einer psychokinetisch unbedarften Person zu echten PK-Handlungen stimulieren ließe, wäre das Antrainieren solcher Fähigkeiten unkompliziert.

Ähnlicher psychologischer Stimulationsmethoden bediente man sich zur Zeit des kalten Krieges in den Geheimlabors des KGB in Novosibirsk/Akademgorod beim künstlichen Herbeiführen der Autolevitation, ein Zustand, der dort als »partieller Tod« bezeichnet wurde. Der zuvor zitierte Emigrant Dr. August Stern will sich aktiv und mit Erfolg an solchen Experimenten beteiligt haben. Die Sowjets benutzten für ihre Autolevitationstests würfelförmige Kammern,

die innen allseitig mit Spiegeln ausgekleidet waren und, reflexionsbedingt, von der in ihr befindlichen Versuchsperson nach allen Richtungen hin scheinbar ins Unendliche verlaufende Bildfolgen produzierten.
Im Sommer 1977 ließ der NBC-Filmproduzent Alan Newman eine solche Spiegelbox anfertigen, um mit Stern zu experimentieren und etwaige Autolevitationen zu filmen. Professor Hasted, den man als Berater hinzugezogen hatte, sorgte dafür, daß der Boden der Box mit einer aufblasbaren Gummimatratze ausgelegt wurde, an die ein empfindliches Druckmeßinstrument angeschlossen war. Auf diese Weise konnte er jede bewegungsbedingte Druckveränderung sofort registrieren.
Stern lag als Versuchsperson auf einem großen, rückseitig stabilisierten Spiegel, der die Matratze total abdeckte. Sein Blick war ausschließlich auf die zahllosen, ineinander verschachtelten Spiegelbilder gerichtet.
Eine der Seitenwände bestand aus schwarzem Tuch, in dem sich Löcher befanden, durch die Newman filmen konnte. Trotz wiederholter Versuche versagte Stern; es kam zu keiner Levitation. Er begründete das Mißlingen des Experiments mit mangelnden Übungsmöglichkeiten und mit der ungewohnten Rückfederung der Matratze. Obwohl Levitationen ausgeblieben waren, will Hasted einige unerklärliche Diskrepanzen zwischen der Gewichtsaufzeichnung und zeitsynchronen Teilen des Filmstreifens festgestellt haben. Es waren dies jeweils mehrere Sekunden dauernde Gewichtsverringerungen von über einem Kilogramm, wie sie von Abstützbewegungen an den Kanten der Matratze hätten herrühren können. Der zugehörige Filmabschnitt ließ jedoch eindeutig erkennen, daß Stern während besagter Zeiträume *keine derartigen Manipulationen vorgenommen hatte.* Vielleicht handelte es sich bei die-

sen Gewichtsverringerungen um erste antigravitative Bewirkungen, um Vorstufen zur echten Autolevitation.
Hasted sieht in der Spiegelbox nach wie vor ein hervorragendes psychologisches Instrument zur künstlichen Einleitung von Levitationsphänomenen. Im September 1983 ließ mich Professor Hasted in einem persönlichen Gespräch wissen, daß er derzeit mit zwei englischen Levitationsmedien experimentiere, bei denen er mittels einer eigens hierfür konstruierten Spezialwaage verschiedentlich kurzzeitige (1 bis 2 Sekunden) Gewichtsverringerungen bis zu zwei Kilogramm nachgewiesen habe.
Man kann annehmen, daß sich Wissenschaftler in aller Welt mit diesen Methoden intensiv befassen, um deren Anwendbarkeit zu realisieren, geht es hierbei doch letztlich auch um die Erforschung der Antigravitation.
Der Amerikaner Henry Wallace machte die Beobachtung, daß aus verschiedenen Werkstoffkombinationen gefertigte Objekte immer dann ein »merkwürdiges neues Feld« um sich erzeugen, wenn sie mit hoher Geschwindigkeit rotiert werden. Bestimmte Strukturen sollen sich hierbei antigravitativ verhalten. Wallace meldete 1970 seine Erfindung zum Patent an. Wie das amerikanische Wissenschaftsmagazin *New Scientist* zu berichten wußte, fand diese Erfindung inzwischen auch in Kreisen konservativ eingestellter Naturwissenschaftler große Beachtung.
Der Einsatz psychokinetischer Techniken im Rahmen militärischer oder nachrichtendienstlicher Aktionen wird derzeit noch durch die unausgewogene Reproduzierbarkeit der Phänomene, durch konditionsabhängige Leistungsschwankungen, wechselnde Umgebungsbedingungen und eine Reihe unzureichend kontrollierbarer Störfaktoren erschwert. Um diese Handicaps abzubauen, um psychokinetische Effekte zu stabilisieren und zu verstärken, wird man

sich möglicherweise elektronischer, bioenergetischer, kybernetischer und/oder anderer Mittel bedienen müssen. Hierbei sind kombinierte, d. h. kybernetische Systeme ebenso denkbar wie volltechnisierte PK-Stimulatoren.

Im Jahre 1978 machte der kanadische Universitätsprofessor James Penman Rae vom Algonquin College in Ottawa eine sensationelle Entdeckung: Gedankenimpulse lassen sich mittels Tonbandgeräten aufzeichnen. Sie können später zur psychokinetischen Beeinflussung von Objekten »abgespielt« werden – sozusagen Psychokinese »aus der Konserve«.

Rae experimentierte, um Psychokinese statistisch signifikant nachweisen zu können, mit Würfelapparaturen, die im Prinzip den Versuchsvorrichtungen Rhines (vgl. Kapitel II/2) ähnelten. Würfel sind für quantitative PK-Versuche deshalb so ideal, weil aufgrund ihrer sechs verschiedenen Augenzahlen die Wahrscheinlichkeit, mit der eine Würfelseite nach oben zu liegen kommt, genau berechnet werden kann. Übersteigt nämlich bei einer gegebenen Anzahl von Würfen das Erscheinen einer bestimmten Würfelseite den berechneten Erwartungswert, so ist das Ergebnis »überzufällig«, und man kann dann annehmen, daß der Würfel psychokinetisch beeinflußt wurde.

Bei konventionellen Würfelexperimenten ist die Versuchsperson bemüht, die »Überzufälligkeit« des Erscheinens einer bestimmten Würfelseite durch Konzentrieren auf die gewünschte Augenzahl, also psychokinetisch, zu erreichen. Raes Auffassung nach ist hierbei die Richtung der Abweichung vom Erwartungswert – eigentlich von der Standardabweichung – weniger interessant als die Abweichung an sich. Er wollte mit seinen unter streng kontrollierten Bedingungen durchgeführten Würfelexperimenten zunächst nur die nichtphysikalische Einflußnahme des Menschen auf seine Umgebung nachweisen. Seine Versuche, bei denen gelegentlich bis zu 1000 Würfel gleichzeitig benutzt wurden, verliefen jedoch derart signifikant, daß eine psychokinetische Beeinflussung nicht länger bestritten werden konnte.

Als Raes Studenten im Oktober 1978 ein *nicht-psychokinetisches* Würfelexperiment durchführten – man wollte zu Kontrollzwecken lediglich das reine Zufallsverhalten von zwölf Würfeln, d. h. die Häufigkeiten der auftretenden Augenzahlen festhalten –, zeigte es sich, daß die erzielten Zahlenwerte von der zu erwartenden zufälligen Verteilung abwichen; man hatte »überzufällige« Werte erhalten. Rae, der nach Ausschluß anderer Faktoren diesen Effekt auf ein starkes emotionales Engagement der Versuchsteilnehmer zurückführte – er vermutete, daß die Studenten durch sachbezogene Gespräche den Fall der Würfel beeinflußt haben könnten –, paßte sich in der Folge der neuen Situation an: Jedesmal, wenn er die Würfel warf, »sprach« er wie ein abergläubischer Spieler auf sie ein. Bereits während der ersten Versuche stellten sich Erfolge ein. Um den Intensitätsgrad der vermuteten Diskussionen seiner Studenten zu imitieren, nahm er die an die Würfel gerichteten »Anweisungen« mit einem Tonbandgerät auf und ließ diese Bänder später beim Würfeln wieder abspielen. Versuche mit zwei synchron laufenden Tonbändern (Stimmen-»Verdopplung«) ergaben eine unerwartet hohe Signifikanz. Raes Verblüffung steigerte sich, als er bei Kontrollversuchen mit sogenannten »schweigenden« Bändern ähnliche Ergebnisse erzielte. Es sind dies stimmenfreie Bänder, die dadurch zustande kommen, daß mittels am Kopf befestigter Telefon-Saugadapter, wie man sie beim Aufzeichnen von Telefonaten benutzt, psychokineseauslösende Gedankenimpulse direkt auf Band übertragen werden.

Gegen äußere Einflüsse abgeschirmte Experimente, bei denen man darauf achtete, daß es auch zu keinem telepathischen »Kontakt« zwischen Gedankenaufzeichnung und Versuchsperson kam, ließen echte Beziehungen zwischen gedachter Zahl und Wurfergebnis erkennen.
Bei einem Großversuch benutzte Rae drei miteinander gekoppelte Würfelmaschinen, sogenannte »Randomizer« – mechanische Zufallsgeneratoren –, mit denen sich je zwölf Würfel auswerfen ließen. Die Einflußnahme erfolgte durch zwei Tonbänder. Auf dem einen war der Gedanke an die Zahl 6, auf dem anderen der an die Zahl 4 gespeichert; letztere hatte man übrigens vergeblich zu »löschen« versucht. Bei fünf aufeinanderfolgenden Versuchsreihen wurden insgesamt 10 794 Würfe durchgeführt. Das Ergebnis dieser Serie war hochsignifikant: Die Wahrscheinlichkeit, daß die auftretenden Abweichungen der Zufallserwartung entsprachen, betrug 1 : 5 000 000 (!). Mit anderen Worten: Erst bei 5 Millionen Würfen war nach den Regeln der Statistik ein solches Abweichungsergebnis zu erwarten. Ein bißchen viel Zufall für ein exakt ausgeklügeltes Experiment.
Rae machte darüber hinaus die außerordentlich interessante Entdeckung, daß das Überspielen »schweigender« Bänder den Effekt in keiner Weise vermindert und die psychokinetische »Imprägnierung« durch Entmagnetisieren nicht gelöscht werden kann. Man muß daher annehmen, daß Gedankenmuster Tonbandmaterial nicht elektromagnetisch, sondern auf andere Weise nach einem bislang unbekannten Prinzip beeinflussen. Das psychokinetische »Bespielen« von Bandmaterial scheint, wie so viele andere Psi-Phänomene, auf bioplasmatischem Wege zu erfolgen. Die bewußtseinsgesteuerten, bioplasmatisch ausgeformten Gedankenimpulse sind dem Tonband offenbar höherdimen-

sional »angelagert«. »Das »Löschen« der Bänder dürfte daher, wenn überhaupt, allenfalls mittels Psychokinese möglich sein. Real existierende Science-fiction?

Obwohl von Tonbandkonserven ausgehende PK-Impulse nach dem »Gesetz der großen Zahl« (d. h. rein statistisch) auf materielle Systeme einwirken, könnte es dennoch möglich sein, daß man bei entsprechender »Dauerberieselung« mittels psychokinetisch programmierter Endlosbänder auch auf makroskopischer Ebene meßbare Effekte erzielt. Von erstklassigen Psychokineten mit Informationen über unterschiedliche psychokinetische Bewirkungen »imprägnierte« Bänder könnten, tausendfach reproduziert, nicht nur für Trainingszwecke, sondern eventuell auch für wichtige militärische Aufgaben benutzt werden. So ließen sich mit PK-»Konserven« möglicherweise Magnetbänder von Computern löschen, Filmaufnahmen (Luftbilder) zerstören, durch entsprechende Gefügeveränderungen (über längere Zeit) militärische Objekte destabilisieren, durch bandgesteuerte psychokinetische Objektbewegungen, Biegephänomene und Transmutationen Kursänderungen herbeiführen sowie Lenkwaffen und Raketen vorzeitig zur Explosion bringen.

Weniger destruktiv wären einsatzprogrammierte Manipulationsbänder auch im zivilen Bereich zu gebrauchen, so unter anderem zur Beeinflussung von Spielautomaten und Computern. Bei breitgefächertem Einsatz durch subversive oder kriminelle Elemente ließen sich die Folgen einer solchen Einflußnahme nicht absehen.

Solche medienunabhängige, automatisch funktionierende PK-Auslöser könnten immer dann eingesetzt werden, wenn Agenten und Saboteure unter erschwerten Bedingungen, z. B. tief im gegenerischen Hinterland, operieren müßten. Um mit psychokinetischen Manipulationsbändern bestückte, netzunabhängige Recorder unbemerkt an weit entfernte Feindobjekte heranzutragen, würde man sich womöglich perfektionierter Teleportationstechniken bedienen. Es ist nicht abwegig anzunehmen, daß sich militärische Stellen schon seit mehr als dreißig Jahren mit der Verwirklichung von Teleportationssystemen befassen. Der verstorbene amerikanische Naturwissenschaftler Ivan T. Sanderson war nach einem kontrovers verlaufenen Gespräch mit hohen Pentagonbeamten, bei dem es im Prinzip um Ufo-Phänomene ging, schon 1963 davon überzeugt, daß sich Spezialisten des US-Verteidigungsministeriums heimlich mit der Teleportation – man nannte sie ITF (*instant transference:* augenblickliche Versetzung) – befassen.

IV

Wissenschaft im Umbruch – Ohne Bewußtsein geht nichts

1 »Jein«-Logik – Wie sich Grenzphänomene erklären lassen

Psychotronische Techniken im engeren Sinne – für strategische und andere Zwecke künstlich herbeigeführte psychokinetische Effekte – lassen sich nach quantentheoretischen Erkenntnissen nur unter Einbeziehung des Bewußtseins in physikalische Systeme verstehen. Dieses Konzept beinhaltet unter anderem die Existenz gedanklicher, d. h. durch Denkprozesse geschaffener »virtueller« Objekte auf anderen Seinsebenen – reale Gedankenmuster, die durch geistiges Stimulieren sogar in für uns erkennbare dingliche Formen umgewandelt werden können. Die sich heute schon abzeichnende bewußtsein-integrierende Physik des 21. Jahrhunderts – die Psychotronik – befaßt sich, unter Einbeziehung der Bioplasma- bzw. Biogravitations-Hypothese mit unerklärlichen physikalischen Phänomenen sowie mit Vorgängen, die sich jenseits unserer Raumzeit-Welt abspielen.

Auf der Suche nach den Ursachen dieses Geschehens müssen wir uns von überkommenen, einseitigen Betrachtungsgewohnheiten lossagen, und, indem wir die bekannten Aristotelischen Gesetze der Logik um eine metaphysische Komponente erweitern, zwischen vermeintlich *subjektiven* und *objektiven* Dingen reale Verbindungen herstellen. Durch eine *»omnijektive«*, d. h. bewertungsfreie Betrachtungsweise lassen sich dann nicht nur paranormale Phänomene, sondern möglicherweise auch gewisse Widersprüche im mikrophysikalischen Bereich verstehen.

Eine indirekte Erklärung für diese bietet das sogenannte »Doppelspaltexperiment«. Dieses von Professor Richard Ph. Feynman vom California Institute of Technology, Pasadena, ausführlich diskutierte Experiment, aus dem die Doppelnatur jeglicher Materie erhellt, ist nämlich nach den Regeln der klassischen Physik nicht zu verstehen. Es zeigt einmal mehr die Doppelnatur der Materie: Elektronen verhalten sich einmal wie Wellen, ein anderes Mal wie Teilchen.

Das Doppelspaltexperiment soll hier des besseren Verständnisses der nachfolgenden Kapitel wegen mit einfachen Worten kurz beschrieben werden. Wenn man Licht durch zwei Spalte in einer Auffangwand schickt, pflanzt es sich als elektromagnetische Transversalwelle (d. h. senkrecht zur Fortpflanzungsrichtung) fort. Nach Durchgang durch die zwei Spalte überlagern sich die beiden Wellenanteile, wodurch ein Interferenz- oder Überlagerungsmuster entsteht.

Licht läßt sich andererseits aber auch mit dem Aussenden winziger Lichtteilchen (Photonen) beschreiben. Die Experimentatoren fragten sich, was wohl passieren würde, wenn man den Lichtstrahl so schwach dosiert, daß jeweils nur *ein* Lichtteilchen (Quant) nach dem anderen in Richtung Doppelspalt unterwegs ist. Als Teilchen betrachtet, kann das Licht immer nur durch *einen* Spalt gehen. Mit anderen Worten: Es kann zur gleichen Zeit nur jeweils *eine Öffnung* in der Wand passieren, was die phantastische Vermutung nahelegt, daß jedes Teilchen auch von der Existenz eines zweiten Spalts »weiß«.

Obgleich die mathematische Beschreibung des Versuchsresultats unproblematisch ist, weiß doch niemand zu sagen, *warum* sich die Photonen beim Doppelspaltexperiment so und nicht anders verhalten. Resigniert meinte Feynman denn auch: »Es könnte jemand immer noch fragen, wie das funktioniert, welcher Mechanismus hinter dieser Gesetzmäßigkeit steckt.« Wörtlich: »Niemand hat irgendeinen Mechanismus hinter dem Geschehen gefunden, niemand kann mehr ›erklären‹, als wir es gerade getan haben … Wir haben keine Ahnung von einem grundlegenden Prinzip, aus dem sich diese Resultate ableiten lassen.« Eine Bankrotterklärung der Physik?

Die amerikanischen Physiker Dr. Charles Musès und Thomas E. Bearden glauben, daß das Doppelspaltexperiment deshalb nicht verstanden wird, weil bei der konventionell-physikalischen Betrachtung solcher Vorgänge der Zeitaspekt – wörtlich: die »verschachtelte« Natur der Zeit – unberücksichtigt bleibt, und weil die drei anerkannten Aristotelischen Gesetze der Logik zur Erklärung solcher Paradoxa nicht ausreichen. Die Aristotelische Logik beruht auf einer Synthese aus nur räumlichen Beobachtungen, die man bislang in eine durch die Quantenmechanik geschaffene neue Raumzeit-Realität hineinzuzwängen versuchte. Dies aber ist absolut unzulässig! Da bei Beobachtungen im mikrokosmischen Bereich (Quantenebene) die Zeit lediglich als eine kennzeichnende, nicht hingegen als eine observierbare Größe – etwas Materielles – auftritt, bedeutet dies, daß sie beim Beobachten physikalischer Vorgänge glatt »übersehen« wird.

Während konventionelles Messen und Bestimmen räumlicher Wahrnehmungen entsprechend der Aristotelischen Logik keine Schwierigkeiten verursacht, lassen sich physikalische Paradoxa, wie sie z. B. beim Doppelspaltexperiment auftreten, nur unter Berücksichtigung einer erweiter-

ten Realität verstehen. Die klassische Realitätsvorstellung läßt sich nicht länger aufrecht erhalten.
Durch Einbeziehen der Zeitkomponenten in jeden Wahrnehmungs-/Beobachtungsvorgang kann gezeigt werden, daß die drei Aristotelischen Gesetze selbstwidersprechend und unvollständig sind. Mit dem hier entwickelten *vierten Gesetz der Logik* (Meta-Logik) kann man, zumindest theoretisch, jedes der durch die drei Aristotelischen Logik-Gesetze hervorgerufene Paradoxa, aber auch jedes Paraphänomen erklären.
Das von Thomas E. Bearden formulierte Gesetz der Meta-Logik wird erst nach Darlegung der drei von Aristoteles postulierten, auf räumlichen Gegebenheiten beruhenden Gesetze verständlich:

1. Jedes Objekt (jede Größe) A ist mit sich selbst (A) identisch, d. h. identisch gleich.
2. Ein Objekt (eine Größe) A, ist mit einem Objekt »Nicht-A« (oder $\bar{A}$) *nicht* identisch, d. h. nicht identisch gleich.
3. Ein Objekt hat die Größe (bzw. Eigenschaft) A *oder* es hat sie nicht ($\bar{A}$).

Das vierte oder metalogische Gesetz unterscheidet sich von den drei Aristotelischen Logik-Gesetzen dadurch, daß es nicht nur diese in ihrer Gesamtheit, sondern gleichermaßen auch deren Verneinung miteinschließt. Um physikalische Paradoxa und Paraphänomene klassifizieren bzw. »verstehen« zu können, muß man, nach Bearden, neben den drei klassischen Postulaten auch das vollwertige vierte Gesetz der Logik anerkennen, das die Aristotelischen Gesetze *gleichzeitig* ins Gegenteil verkehrt. Alles was den drei klassischen Logik-Gesetzen widerspricht, wird durch das vierte, das »Gesetz der Paradoxa« erklärt.
Professor Dr. Ernst-Otto Senkowski, bis zu seiner Emeri-

tierung Physik-Dozent an der Fachhochschule Rheinland-Pfalz in Bingen, sieht in Beardens nicht-aristotelischer Philosophie eine metaphysische »Jein-Logik«, eine Betrachtungsweise, die er scherzhaft als »alle Gegensätze sind einander gleich« verstanden wissen will.

Jeder Betrachtungsvorgang ist ein räumlich-temporaler Prozeß, bei dem Zeit »verbraucht« wird. Man könnte auch sagen: Wer ein Objekt betrachtet, »konsumiert« Zeit – möglicherweise in der von dem russischen Astrophysiker und Zeittheoretiker Professor Nikolai Kosyrow postulierten energetischen Form. Was aber einmal aufgezehrt worden ist, läßt sich nicht mehr nachweisen. Die »physikalische« Zeit dürfte somit nur in unserem Gedächtnis existieren.

Aus der hier erörterten Photonen-Interaktion glaubt Th. Bearden ableiten zu können, daß jeder mentale Zustand als »virtuelles Konstrukt« – als ein nichtobservierbares »Gedankenobjekt« – in der Zeitkomponente eines jeden Photons (Lichtteilchen) mitgeführt wird. Die Photonen würden im virtuellen Zustand sämtliche Möglichkeiten (Realitäten), die ihnen aufgeprägt wurden, enthalten. Und diese virtuellen Objekte wären in dimensional getrennt von uns existierenden Seinsbereichen (Parallelwelten) tatsächlich real. Die Zeitdimension, die, nach Bearden, von allen Seinsbereichen (also auch von unserer Welt) geteilt wird, müßte demnach eine ideale Verbindung zwischen unserem Raumzeit-Universum und höherdimensionalen (Bewußtseins-)Welten darstellen. Dadurch, daß dieser *Zeitkanal* alle dimensional unterschiedlichen Universen miteinander verbindet, beeinflußt jede Bewegung/Veränderung in einem Seinsbereich gleichzeitig alle übrigen Realitäten.

Wenn Bewußtsein und virtuelle Zustände ein und dieselbe

Zeitdimension wie wir innehaben, enthält die mit dem Photon verschachtelte Zeitkomponente sämtliche Mechanismen für eine psychisch-physikalische Wechselwirkung sowie für eine direkte Verstärkung virtueller Zustände, d. h. deren Hineinstimulieren in eine observierbare physikalische Realität und umgekehrt.

Eigene Erfahrungen, Gewohnheiten und eine ererbte einseitige »Programmierung« bestärken uns in der Annahme, daß unsere physikalische (materielle) Realität einmalig ist. Andere, für uns weniger verständliche, mehr als drei Dimensionen umfassende Realitäten werden wegen ihrer Nichterfaßbarkeit und Flüchtigkeit in der Regel als nichtexistent – als Träume, Halluzinationen, Produkte schizophrener Zustände usw. – bewertet. Daß aber »Realität« nicht immer und für jeden das gleiche bedeuten muß, daß sie vom jeweiligen Bewußtseinszustand und bestimmten äußeren Umständen abhängt, soll an einem einfachen Gedankenexperiment nachgewiesen werden.

Eine Person hält eine Rose in der Hand. Sie kann diese sehen, fühlen und riechen, sogar schmecken. Eine zweite und jede weitere (normale) Person, die hinzukommt, empfindet die Existenz (physikalische Realität) der Rose in gleicher Weise. Selbst Tiere – Bienen, Käfer, Schmetterlinge usw. – nehmen mit ihrem artspezifischen Bewußtsein die physikalische Anwesenheit der Rose wahr. Als real im herkömmlichen Sinne – als *physikalische Phänomene* – gelten somit Zustände, die von *jeder Art* Bewußtsein erfaßt werden. Sie existieren nachweislich im Bewußtsein eines jeden Lebewesens.

Glaubt eine unter Drogeneinfluß stehende, halluzinierende Person eine (in Wirklichkeit gar nicht vorhandene) Rose zu sehen, so wird nur *ihr* diese ganz real vorkommen; anwesende Dritte werden sie hingegen nicht wahrnehmen. *Men-*

tale Phänomene unterscheiden sich demnach von physikalischen dadurch, daß sie im Bewußtsein von jeweils nur *einer Person* existieren.
Wird besagte Rose *von einem Teil* einer Personengruppe als real, von den übrigen Anwesenden hingegen als nicht-existent bezeichnet, haben wir es mit einem *paranormalen Phänomen* zu tun, dessen Realitätsstatus aufgrund voneinander abweichender Kriterien zwischen physikalischen und mentalen Phänomenen angesiedelt ist. Man könnte daher sagen, daß Para-Phänomene zwar von *mehr als nur einem* Bewußtsein, nicht aber vom Bewußtsein *aller* Personen erfaßt werden.
Dies trifft vor allem für Ufo-Manifestationen und Berichte über paranormale Erscheinungen zu. Dem Autor liegt eine Fülle einschlägiger Erfahrungsberichte vor, die genau dieser Definition entsprechen. Offenbar spielt hierbei die mediale Empfangsbereitschaft Anwesender eine wichtige Rolle. Solche Fälle dürfen keinesfalls mit gewöhnlichen Halluzinationen verwechselt werden.
Die Schulwissenschaft beschäftigt sich ausschließlich mit physikalischen und mentalen Phänomenen. Sie bestreitet die Existenz eines weiteren, dritten oder paranormalen Zustandes, weil sie das vierte Gesetz der Logik, das metaphysische Prinzip, geflissentlich übersieht. Es paßt nicht in die beiden anderen »Schubfächer«.
Ein Brückenschlag zwischen physikalischen und mentalen Zuständen dürfte aber nur unter Einbeziehung der dazwischenliegenden, verbindenden Meta-Realität – dem »missing link« der Naturwissenschaften – möglich sein.
In diesem Zusammenhang kann die erfolgreiche Forschungstätigkeit des PEAR-Teams an der Princeton University, an der Albert Einstein viele Jahre seines Lebens verbracht hat, nicht genug hervorgehoben werden.

2 *Genesis – Die Biofeldtheorie des Thomas Bearden*

»Die gleichen Organisationskräfte,
die die Natur in vielfältigen
Formen hervorgebracht haben,
sind auch für die Gestaltung
unseres Bewußtseins verantwortlich.«

Werner Heisenberg,
Nobelpreis für Physik 1932

Das zuvor erörterte Doppelspaltexperiment macht deutlich, daß an den Schnittstellen zwischen stofflich unterschiedlichen Universen – zwischen unserer Raumzeit-Welt und jeder der zahllosen parallelen Welten – ganz spezielle, d. h. metalogische Gesetze gelten, die uns möglicherweise Einblicke auch in dimensional anders beschaffene Realitäten vermitteln. Wir wollen uns daher als nächstes von diesen Schnittstellen aus in orthogonal (dimensional versetzt) zu unserer Welt verlaufende Universen, den Ursprüngen allen paranormalen Geschehens, vortasten, um das psychotronischen Bewirkungen zugrunde liegende Funktionsprinzip besser erfassen zu können.
Die von den an der Princeton University, New Jersey, dozierenden Physik-Professoren Hugh Everett III und John A. Wheeler im Jahre 1957 vorgestellte *Viele-Welten-Interpretation der Quantenmechanik* (VWI) bestätigt ausdrücklich die Existenz solch orthogonaler Welten – Realitäten bzw. Möglichkeiten –, die hier, wegen ihrer Verbundenheit – mit allem Lebenden, als *Biofelder* (BF) bezeichnet werden sollen. Dieser phantastisch anmutenden Theorie zufolge besitzen Gedanken, Gedankenobjekte, Traum- und Halluzinationsinhalte, Erscheinungen und andere Ausdrucksfor-

men unseres Bewußtseins oder Unbewußten innerhalb ihres spezifischen Wirkungsbereiches (auf den einzelnen Biofeldern) gleichermaßen einen ihrer Stofflichkeit angepaßten Realitätsstatus. Sie sind dort ebenso real und »greifbar« wie materielle Objekte innerhalb unseres eigenen, dreidimensionalen Universums.

Everett und Wheeler, Kapazitäten auf dem Gebiet der theoretischen Physik, vermuten, daß sich das von uns als Realität bezeichnete Sammelsurium alles materiell Existierenden seit Entstehung unseres Universums in ununterbrochener Folge aufspaltet, durch Verzweigen ständig neue »Ableger«, d. h. Realitätsmodifikationen, hervorbringt. Die in der Interpretation der Quantenmechanik enthaltene *Branching Universe Theory* (Theorie des sich ständig verzweigenden Universums) überträgt die ursprünglich für den mikrophysikalischen Bereich konzipierte Quantentheorie auf Weltenebene. Mit jedem »Quantensprung« entstehen innerhalb von Sekundenbruchteilen zahllose neue Realitäten, darunter auch phantastische, für uns unvorstellbare Varianten, die sich allesamt orthogonal zu den vorangegangenen Realitätsmustern ausbreiten. Die Zahl der seit dem Urknall entstandenen neuen, autonomen Realitäten – sie nehmen bei jeder Verzweigung nach den Potenzregeln um ein Vielfaches zu – übersteigt unser Vorstellungsvermögen. Durch die explosionsartige Ausbreitung von Zweiguniversen seit etwa 12 Milliarden Jahren gibt es mittlerweile nahezu unendlich viele Realitäten, d. h. Entwicklungsmöglichkeiten, die ausreichen dürften, um nicht nur sämtliche denkbaren (und undenkbaren) Situationen während der Lebensdauer eines jeden Einzelwesens, sondern auch schicksalhafte Verläufe ganzer Völkergruppen, Planeten und Sonnensysteme »durchzuspielen«. Es mag in diesem Geflecht undurchsichtiger Verzweigungen ein Pseudo-Universum geben, in dem z. B. Napoleon aus dem Rußlandfeldzug 1812/13 als Sieger hervorging, weil Moskau von russischen Saboteuren *nicht* in Brand gesteckt wurde und es demzufolge auch *keine* Versorgungs- und Unterbringungsschwierigkeiten gab, weil Zar Alexander I. es sich anders überlegt hatte, weil seine Berater ihn aus irgendwelchen Gründen davor gewarnt hatten, weil … usw. Der Verzweigungen gibt es unendlich viele.

Hätte Frankreich Rußland damals besiegt und hätte Napoleon in der Folge seine europäische Vormachtstellung auch nach Osten hin weiter ausbauen können, so wäre innerhalb dieser angenommenen Realität die Bedrohung der USA vielleicht von einem französischen Imperium und nicht von der früheren Sowjetunion ausgegangen. Und dies alles, wenn Zar Alexander I. im Jahre 1812 von einigen Offizieren »falsch« (?) beraten worden wäre.

In einer anderen Realität mag Napoleon als sanfter Herrscher, als Friedensfürst existiert haben, ängstlich bemüht, sich der Übergriffe durch feindlich gesonnene Nachbarn zu erwehren. Es sind auch Realitäten denkbar, in denen gewisse Führungspersönlichkeiten erst gar nicht an die Macht gelangten. Namen und Gestalten scheinen nach der VWI austauschbar zu sein. Den Kombinationsmöglichkeiten sind praktisch keine Grenzen gesetzt, und die Verzweigungen nehmen offenbar kein Ende.

Wohin erstrecken sich die ständig neu hinzukommenden Realitäten? Ist das Prinzip des Ausweichens auf immer neue Existenzebenen dem unaufhaltsamen Zustrom weiterer Zustände auf die Dauer gewachsen, oder fallen sämtliche neu entstehenden Realitäten (Verzweigungen) – vor allem die nicht in Anspruch genommenen – nach einem »Recycling«-Prinzip in die Ausgangsrealität zurück? Zerplatzen diese Pseudo-Realitäten ähnlich buntschillernden

Seifenblasen? Wir wissen es nicht und können deshalb nur spekulieren.

Die vorwiegend von Everett konzipierte Viele-Welten-Theorie kennt keine Grundordnung der Realität, wie wir sie aus unseren alltäglichen Erfahrungen abzuleiten gewohnt sind, sondern nur eine unendliche Anzahl »relativer Zustände«. So bizarr uns diese Theorie einerseits vorkommen mag – Everett soll einmal im Scherz geäußert haben, daß er von ihrer Gültigkeit nur montags, mittwochs und freitags überzeugt sei –, so groß ist andererseits ihre Übereinstimmung mit den experimentellen Grundlagen der modernen Physik.

Bearden möchte allerdings die komplizierte VWI um die Möglichkeit des Informationsaustausches zwischen orthogonalen (dimensional voneinander unabhängigen) Universen im virtuellen Zustand erweitert wissen – eine Hypothese, die sich auf die Existenz eines realitätenverbindenden Zeitkanals stützt. Dieser stellt sich in dem hier gezeigten Organisationsschema abgestufter Universen oder Biofelder (BF) als vertikale Linie oder Achse (t) dar (*Bild 31*). Um diese herum organisieren sich im Gegenuhrzeigersinn zahllose Biofelder unterschiedlicher stofflicher/dimensionaler Beschaffenheit, mit deren Funktionen wir uns zu befassen haben.

Die Skala der hier flächig dargestellten Biofelder – man kann diese Anordnung mit einem fächerförmig ausgebreiteten Buch vergleichen – erstreckt sich von unserem 3D-Universum (BF_0) über das elektromagnetische Feld (BF_1) sowie das bioplasmatisch/psychotronische Feld (BF_2) bis hin zum punktförmigen, dimensionslos erscheinenden und somit virtuellen Bewußtseins- oder Gedankenfeld (BF_3). Letzterem schließt sich nach der VWI durch ständiges Verzweigen eine unendliche Anzahl »relativer Zustände«

(BF_n) an. In diesem Modell sind die Photonen dem Biofeld (BF_1), dem Bereich elektromagnetischer Aktivitäten, zugeordnet.

Ein dreidimensionales »materielles« Objekt auf dem Biofeld (BF_1) erscheint einem Beobachter in unserem 3D-Universum (BF_0) als ein zweidimensionales Etwas, als elektromagnetisches Feld. Der gleiche (BF_0)-Beobachter nimmt ein solches Objekt auf dem Biofeld (BF_2) als eine einfache Linie (physikalisch: Kraftvektor) wahr. Bearden glaubt, daß auf diesem Biofeld (»Fluß«-Feld) die elektrisch neutralen Neutrinos angesiedelt sind. Ein auf dem für uns physikalisch nicht anmeßbaren virtuellen Biofeld (BF_3) real existierendes dreidimensionales Gebilde müßte uns dann wie ein im Raum schwebender Punkt vorkommen.

Wie bereits erwähnt, gibt es von diesem Bewußtseins- oder Gedankenfeld unendlich viele dimensional voneinander abweichende »Ableger« (BF_n), die ab (BF_3) insgesamt drei »orthogonale Drehungen« von uns entfernt sind. Einfacher ausgedrückt: Um ein 3D-Objekt vom dritten Biofeld (BF_3) aus in unserem Universum (BF_0) erscheinen (d. h. sich materialisieren) zu lassen, muß es dreimal um eine fiktive Zeitachse dimensional »gedreht« werden – ein von zahlreichen Materialisationsmedien praktizierter mentaler Stimulationsprozeß.

Aus diesem Schema dimensional versetzter Welten (Biofelder) lassen sich alle belebten Systeme, Gedankenformen, Erscheinungen und natürlich auch paraphysikalische Phänomene ableiten. Durch »Sammeln« und Stimulieren der auf ihren spezifischen Biofeldern realen, für uns jedoch virtuellen Objekte – ein Vorgang, mit dem wir uns später noch ausführlich zu befassen haben – können bei Erreichen gewisser Schwellenwerte die zwischen unterschiedlichen Universen bestehenden »Wälle« durchbrochen wer-

den. Dann nehmen diese Objekte für uns sichtbare Formen an und materialisieren sich vor unseren Augen (z. B. Erscheinungen).
In diesem, auf der Viele-Welten-Theorie aufbauenden, von Th. Bearden und mir weiterentwickelten Modell, sind Bewußtseinsaktivitäten physikalisch und physikalische Effekte mit Bewußtsein erklärbar, was einer Verkoppelung von Geistigem mit Materiellem gleichkommt. Diese dimensional voneinander abweichenden Systeme unterscheiden sich dann nur durch »orthogonale Drehungen« voneinander, die Bearden als »Orthorotationen« bezeichnet. Es handelt sich hierbei um die natürliche (nicht-technische) oder künstliche (psychotronische) Stimulation paranormaler Zustände bzw. Phänomene, um das Eindringen des Bewußtseins in höhere, dimensional von uns versetzte (feinstoffliche, geistige) Realitäten zu ermöglichen. Voraussetzungen hierfür sind meditative Versenkung, Ekstase, Träume, sogenannte Astralkörperaustritte (AKE), Nahtod-Zustände, Hypnose, Biofeedback, manche pathologische Zustände usw.
Vielleicht sind wir unserem eigentlichen Wesen nach reine Bewußtseinsentitäten und »konstruieren« unsere sichtbare, materielle Welt ausschließlich mit Hilfe eben dieses Bewußtseins. Wir würden dann unsere Raumzeit-Welt (das Einstein-Universum) durch einen kombinierten Bewußtseins-Willensakt, d. h. im geistigen Kollektiv entstehen lassen.
Das Biofeld-Modell veranschaulicht die eigentlichen Zusammenhänge zwischen sogenannten realen und virtuellen (irrealen) Objekten. Es macht deutlich, daß ein und dasselbe Objekt *zur gleichen Zeit* und in der gleichen Form, wenn auch in einer anderen Stofflichkeit, auf sämtlichen Biofeldern existiert. Somit würde im Viele-Welten-Modell

jedes für uns materielle Objekt auf den anderen Biofeldern als Fläche (elektromagnetische Welle), als Linie (möglicherweise Neutrinos) oder als Punkt, d. h. als Gedanke erscheinen.

Unter dem Viele-Welten-Aspekt stellt sich unsere Realität außerordentlich plastisch und wandelbar dar. Durch mentales »Stimulieren« kann man – aus entfernten Biofeldbereichen nicht nur unbelebte, sondern auch belebte Objekte herbei-»denken«. Das Gegensätze verwischende vierte Gesetz der Logik macht zwischen Lebendigem und Unbelebtem, zwischen Bewußtsein und »toter« Materie keinen Unterschied. Der Mensch selbst wäre dann nichts weiter als eine im 3D-Universum materialisierte, »fleischgewordene« Form eines Gedankens aus einer der zahllosen Bewußtseinsrealitäten, eine materielle Erscheinung mit Bewußtseinsresten, die zeit ihres Lebens verzweifelt nach ihrem eigentlichen Ursprung sucht – und diesen nicht findet.

Wenn sich aber durch mentales Stimulieren auch elektromagnetische Felder löschen bzw. aufbauen lassen, erscheinen Nina Kulaginas psychokinetische Leistungen in einem ganz neuen Licht. Die bei ihren Experimenten in Objekt- und Körpernähe festgestellten elektrostatischen Aufladungen kommen nicht von ungefähr. Die Kulagina könnte auf bioplasmatischem Wege (BF_2) elektromagnetische Felder (BF_1) stimulieren, die ihrerseits elektrostatische Effekte und damit Psychokinese auslösen. Ihre Herzinaktivierungsexperimente ließen sich möglicherweise ähnlich erklären, nur daß hierbei die elektrischen Körperfelder eines lebenden Objektes auf mentalem Wege, d. h. psychokinetisch gelöscht wurden. Auch für die meisten Metallbiegephänomene gäbe es eine plausible Erklärung. Durch Umwandeln (Stimulieren) subatomarer Teilchen in harmlose, nulldimensionale, d. h. virtuelle Gebilde – durch ihr Über-

führen vom BF_0- in den BF_n-Bereich – könnte man im Feingefüge eines Werkstoffs Leerstellen erzeugen, die zum Erweichen und schließlich zum Bruch eines Objekts führen.
Hinter dem hier vorgestellten energetisch-funktionalen Biofeld-Kontakt zwischen lebenden und unbelebten materiellen Systemen, hinter der Einflußnahme des Bewußtseins (und Unbewußten) auf materielle Objekte zur Herbeiführung psychotronischer Bewirkungen verbirgt sich – nach Bearden – das sogenannte *Cyborg-Prinzip*. Es besagt, daß über den zuvor erwähnten Hyperraum (den Zeitkanal) nicht nur alle Lebewesen (deren Bewußtsein) untereinander, sondern diese auch mit allen unbelebten Objekten in unserem Universum und deren virtuellen »Kopien« *auf jedem einzelnen Biofeld* in Verbindung stehen. Somit wäre jedes biologische System ein Cyborg seiner eigenen Bewußtseinswelt.
Der amerikanische Physiker John W. Campbell von der Duke-Universität konnte bei der Entwicklung eines psychotronischen Gerätes das Cyborg-Prinzip experimentell nachweisen. Er entwarf den elektrischen Verstärker für dieses Gerät auf dem Reißbrett und prägte sich dabei im Unbewußten dessen Schaltschema genau ein. Nach »Einbau« der *Konstruktionszeichnung* in die Anlage funktionierte diese auch ohne elektronische Komponenten, ohne die Hardware. Die in Campbells Bewußtsein entstandene virtuelle »Kopie« des Verstärkers hatte durch den Cyborg-Effekt die Schaltlücke problemlos überbrückt. Diese innere Verbundenheit der Dinge, dieses Einsseins mit dem Gesamten, wird von den Naturvölkern besonders stark empfunden. Bei den Mohawk-Indianern heißt es: »Das Ganze ist in jedem Teil enthalten. Du bist nicht nur ein Teil dieses Ganzen, das Ganze ist auch ein Teil von dir.«
Interaktionen zwischen Teil und Ganzem, zwischen ortho-

gonalen Universen, kommen nach Professor Hasted ausschließlich durch einen »trans-räumlichen« Informationsaustausch auf der Ebene des Unbewußten zustande. Wenn nach dem Modell in unendlich vielen parallelen Welten Myriaden von »Nachbildungen« eines jeden von uns existieren – reale Wesen, die allerdings nichts voneinander wissen –, müßte es beim unbewußten Informationsaustausch gelegentlich zu recht merkwürdigen Bewußtseinsüberschneidungen kommen. Würde nämlich eines dieser Ichs unbewußt das Bewußtsein eines der vielen alternativen Ichs übernehmen, so müßte es zwangsläufig dessen Universum für seine eigene Realität halten.

Realitätsverdrängungen äußern sich mitunter recht drastisch. Im Sommer 1981 ereignete sich in Mesa, Arizona, ein Fall, der den dortigen Medizinern und Psychologen zu denken gab. Der siebenundfünfzigjährige Gene Sutherland konnte eines Morgens »nach einem Alptraum« nur noch Russisch sprechen, eine Sprache, die er nie gelernt hatte. Seine Muttersprache schien er völlig verlernt zu haben. Professor Lee Croft von der Arizona State University gab zu, für dieses Phänomen keine Erklärung zu haben. Vielleicht lassen sich Anomalien wie diese und manche mentalen Erkrankungen ebenfalls nach der Realitätsverdrängungshypothese erklären.

Hasted hält es für möglich, daß wir uns in jedem Augenblick unseres Lebens gleichzeitig durch mehrere Realitäten bewegen. Da diese Realitäten nahezu identisch seien, würden sie uns wie ein einziges, kompaktes Universum vorkommen. Gelegentliche »Schaltfehler« wären bei der Vielzahl der auf uns einwirkenden Realitäten nicht auszuschließen.

Die bislang nur andeutungsweise erwähnten eigentlichen Auslöser jeglichen paranormalen Geschehens – Bewußtsein, Bioplasma und Biogravitation – bedürfen aufgrund ihrer inneren Verbundenheit einer zusammenhängenden Darstellung. Das zuvor erörterte, erst in jüngster Zeit entwickelte Biofeld-Modell erfüllt alle Voraussetzungen für eine solche ganzheitliche Betrachtungsweise, indem es sämtliche Feldspezies – Bewußtseins- oder Gedankenfelder, bioplasmatisch-psychotronische und »materielle Felder« – durch den sämtliche Realitäten tangierenden Zeitkanal miteinander verbindet. Der dieser Feldphilosophie zugrunde liegende Gedanke eines natürlichen Organisationsschemas ist nicht neu. Schon in der Vergangenheit befaßten sich Naturwissenschaftler und Philosophen gleichermaßen mit solchen Überlegungen. Sie versuchten immer wieder, die Existenz übergeordneter Organisationsfelder experimentell nachzuweisen. Der deutsche Naturforscher Professor Hans Driesch (1867–1941) dürfte mit seinem »entelechischen Prinzip« dieses jedwede Bioprozesse und Para-Phänomene auslösende Feld-Geschehen als erster erkannt haben. Er machte die Beobachtung, daß das Schicksal einer jeden in einem Embryo enthaltenen Zellgruppe nicht nur von der genetischen Programmierung, sondern auch von deren Stellung im biologischen Gesamtsystem abhängt. Unter »Entelechie« (griech. *entelecheia:* »was das Vollkommene in sich hat«) wollte Driesch einen im Organismus enthaltenen Mechanismus, der dessen Entwicklung und Vollendung bewirkt, ein extrabiologisches Steuerungssystem, verstanden wissen.

Dr. Harold Saxton Burr vom Medizinischen Institut der Yale-Universität, der auf Drieschs Erkenntnissen aufbaute, sieht im entelechialen Prinzip das Wirken elektrodynamischer Felder, die er als Lebensfelder (L-Felder) bezeichnet. Er theoretisiert: »Die Organisationsmuster aller biologischen Systeme bestehen aus komplexen elektrodynamischen Feldern, die zum Teil durch deren atomare physiochemische Komponenten beeinflußt werden. Umgekehrt beeinflussen diese Felder wiederum das Verhalten und die Orientierung besagter Komponenten. Die Felder sind, physikalisch gesehen, elektrischer Natur. Sie lassen aufgrund ihrer Eigenschaften die Komponenten biologischer Systeme zu einem charakteristischen Muster zusammentreten und bilden selbst das Ergebnis jener Komponenten.« Aus dieser Feststellung erhellt deutlich die gegenseitige Abhängigkeit biologischer Prozesse, die Existenz eines sich selbst regulierenden Systems.

Burr glaubt auch erkannt zu haben, daß jeder noch so kleine Teil des L-Feldes das Gesamtschema eines Organs – gewissermaßen seine »Blaupause« – in sich trägt, eine Hypothese, deren Richtigkeit er durch zahlreiche Experimente zu erhärten versuchte.

Der durch seine mutigen Theorien international bekannte englische Biochemiker Dr. Rupert Sheldrake hält Burrs Hypothese allerdings für unzureichend, da, seiner Meinung nach, die untergeordneten elektromagnetischen Felder kaum das eigentliche Verursacherprinzip darstellen können. Er geht mit seiner Hypothese von der »gestaltenden Verursachung« viel weiter als Burr und postuliert sogenannte »morphogenetische Felder«, die er als transräumliche und transtemporale Verbindungsfelder – von Raum und Zeit nicht behinderte Gestaltungsmuster – verstanden wissen will. Danach werden die Felder vergangener Systeme in den nachfolgenden Systemen durch einen Prozeß aktiviert, den er »morphische Resonanz« (Mitschwingen eines schwingungsfähigen Systems) nennt. Ihrer Beschreibung nach lassen sich die morphogenetischen Felder möglicherweise den hier erwähnten bioplasmatisch/psychotronischen Feldern (BF_2) gleichsetzen.

Vertreter der neuen quantenmechanisch orientierten Physik vermuten, daß das zuvor angedeutete holographische Prinzip (David Bohm) nicht nur den Aufbau materieller biologischer Systeme, sondern auch die Organisation der vieldimensionalen Bewußtseinsfelder bestimmt. Sie begründen die systemgestaltenden Organisationsprozesse – den Einfluß des Bewußtseins auf bioplasmatisch-psychotronische und weiter auf physikalische Felder – mit dem Wirken einer speziellen gravitativen Kraft, die sie im Gegensatz zur normalen Gravitation als Biogravitation bezeichnen. Die Biogravitation stellt durch ihre Universalität eine direkte Beziehung zum bioplasmatischen Feld her und macht dieses somit zum Vollzugsorgan des Bewußtseins.
Die im Jahre 1967 von Wissenschaftlern der Kirow-Staatsuniversität in Alma Ata vorgetragene *Bioplasma-Hypothese* beruht im wesentlichen auf V. Grischtschenkos Annahme, daß sich ein »vierter Zustand der Materie« – ein Plasma – sogar in Biosystemen und somit auch im menschlichen Körper manifestieren könne. Das aus Biologen und Physikern bestehende Forschungsteam behauptet, bei diesem mit dem menschlichen Körper korrespondierenden Energiefeld handle es sich um eine geordnete elementare, plasmaähnliche Konstellation von »ionisierten Partikeln«, die sich im Hochfrequenzfeld (Kirlian-Fotografie) indirekt als ein Leuchtphänomen darstellen läßt.
Unter einem Plasma versteht man gewöhnlich ein Gas, bei dem durch vollständiges Ionisieren alle Elektronen von ihren Atomkernen getrennt wurden. Dies geschieht z. B. während thermonuklearer Reaktionen bei Temperaturen zwischen 50 und 300 Millionen Grad C, wenn Gaspartikel so stark beschleunigt werden, daß es zu Kernfusionen kommt.
Da sich biologische Prozesse auf einem sehr viel niedrige-

ren Energieniveau abspielen – die Säugetiere und der Mensch halten mit Hilfe ihres Wärmezentrums im Zwischenhirn ihre Körpertemperatur bei durchschnittlich 35,5–37 Grad –, begegneten die meisten Wissenschaftler der Bioplasma-Hypothese zunächst mit Skepsis.
Ungeachtet kritischer Kommentare setzte Grischtschenkos Team seine Versuche zur Erforschung bioplasmatischer Zustände fort. Dabei kamen den russischen Experimentatoren neue Erkenntnisse auch aus anderen Bereichen der Biofeld-Forschung zugute, und diese Informationen lassen die außerordentlich komplizierten Vorgänge auf dem zweiten Biofeld vage erahnen.
Die Spur zu den Ursprüngen bioplasmatischen Geschehens reicht hinab bis in den Bereich biologischer Moleküle und Zellen. Nach Auffassung russischer Biologen müssen sich z. B. Mitochondrien – winzige Fäden oder Stäbchen im Zellplasma –, um ihre zelluläre Atmungsfunktion erfüllen zu können, einer Reihe von Respirationsreaktionen unterziehen. Bei jeder dieser Reaktionen kommt es zu einem Elektronentransfer, der für die Energieumsetzung des Gesamtorganismus sehr wichtig ist. Der menschliche Körper beherbergt allein 10^{15} (eine Zehn mit 15 Nullstellen!) Mitochondrien, die durch energetische Umwandlungsprozesse in den Zellen für Energiereserven sorgen. Der polnische Biologe S. Monczarski will festgestellt haben, daß das in Mitochondrien gefundene Elektronenplasma eine größere Ionendichte aufweist als die Ionosphäre, die äußerste Hülle der Erdatmosphäre.
Nach Meinung russischer Wissenschaftler können auch Zellmembranen ein ideales Reservoir für Elektronenplasma sein. L. Pirozyam und W. Aristarow verwiesen auf die Halbleitereigenschaften der für biologische Prozesse wichtigen Zellmembranen. Diese ließen durch Ionisationspro-

zesse und die Bildung lokaler geladener Teilchen auf »sanftem Wege« ein »kaltes« Plasma entstehen, das in seiner virtuellen Erscheinungsform (BF_2) evtl. dem hypothetischen Bioplasma entspräche. Den Beweis für die Existenz bioplasmatischer Felder sowie deren Funktion als Auslöser psychokinetischer und anderer Effekte sah Genadij Sergejew vom St. Petersburger Uktomskij-Institut durch die HF-Fotografie erbracht. Sie beruht – vereinfacht ausgedrückt – auf der Umwandlung von nichtelektrischen Eigenschaften des fotografierten Gegenstandes in elektrische, indem man diesen in ein Hochfrequenzfeld bringt, das die Übertragung der vom Objekt ausgehenden elektrischen Ladungen auf Filmmaterial oder Fernsehmonitore erlaubt. Beim Experimentieren mit Psychokineten und medialen Heilern beobachtete Sergejew an deren Extremitäten – vorwiegend an den Fingerkuppen – eine Zunahme der biologischen Lumineszenz (Leuchten), eine Verstärkung des sogenannten Korona-Effektes, der, wie er glaubt, auf eine Konfrontation des elektrischen Feldes mit dem Bioplasmakörper des Mediums hindeutet.

Die Einflußnahme des virtuellen Bewußtseins- oder Gedankenfeldes (BF_3) auf untergeordnete Biofelder (BF_2, BF_1 und BF_0) erfolgt nach Meinung des russischen Wissenschaftlers Dr. Alexander Dubrow vom Institut für Geophysik der Moskauer Akademie der Wissenschaften und des amerikanischen Physikers Haakon Forwald nicht direkt, sondern auf indirektem, biogravitativem Wege. Dubrows Biogravitationstheorie liegen neuere Erkenntnisse der Molekularbiologie und Hochenergiephysik zugrunde. So hat man z. B. auf dem Gebiet der Molekularbiologie festgestellt, daß intrazelluläre Biomoleküle ihre Raumstruktur verändern und vom »flüssigen« unmittelbar in einen geordneten kristallinen Zustand überwechseln können. Dubrow bezeichnet solche Veränderungen als »molekulare Anpassungswechsel«. Die Veränderungen würden – analog zu Vorgängen im Bereich der Hochenergiephysik – die Moleküle derart dicht zusammendrängen, daß dadurch enorme Anziehungs- und Gravitationskräfte entstünden. Dies führe zur Bildung eines konstanten Anpassungsfeldes mit »quasi-gravitativen« Eigenschaften.

Dubrow ist der Meinung, daß dieses Kraftfeld auf subzellulärer Ebene normale Gravitationskräfte »anziehen« und »abstoßen« (verstärken und schwächen) bzw. selbst Gravitationswellen aussenden könne. Er theoretisiert, daß medial veranlagte Personen möglicherweise die Fähigkeit besitzen, ihre subzellulären molekularen Anpassungswechsel so zu synchronisieren, daß Gravitationsfelder ausreichender Stärke entstehen, die dann durch Beeinflussen elektromagnetischer und/oder natürlicher Gravitationskräfte materielle Zielobjekte zu bewegen vermögen.

Genau wie Burr und Dubrow sehen die beiden amerikanischen Physiktheoretiker Dr. Jack Sarfatti und Dr. Fred Alan Wolf in der Gravitation ganz allgemein ein durch das Bewußtsein motiviertes Masterfeld mit teleologischen Eigenschaften, d. h. ein Feld, das Zielgerichtetheit (Zielstrebigkeit) einer jeden Entwicklung in unserem Universum auf sich vereint. Sie vermuten, daß es verschiedene Erscheinungsformen *schwerer Gravitonen* – Elementarteilchen des Gravitationsfeldes – gibt, die für unterschiedliche Organisationsebenen der Materie bestimmend sind. So würde z. B. ein Typ schwerer Gravitonen die für den Aufbau der Atomkerne verantwortlichen Kernkräfte, ein anderer die Organisation der Materie durch Elektronen, ein weiterer die Bildung von Atomen und Molekülen usw. verursachen. Darüber hinaus müßte es nach Sarfatti und Wolf schwere Gravitonen geben, die Materie im Makrobereich (z. B. Ga-

laxien) organisieren. Besonders wichtig aber seien die sogenannten *Biogravitonen,* Bausteine eines zwischen Bewußtsein und Bioplasma vermittelnden *Biogravitationsfeldes,* die die Organisation lebender Systeme veranlassen.
Die erhabene Rolle des Bewußtseins, seine biogravitative Einflußnahme auf physikalisch-materielle Systeme – Sarfatti und Wolf sehen in ihm das eigentliche Biogravitationsfeld –, wird heute selbst von konventionell geschulten Wissenschaftlern kaum noch in Frage gestellt. Der hier mehrfach zitierte Professor Robert G. Jahn von der Princeton University, Princeton, New Jersey, fordert in einem spektakulären Beitrag über Para-Phänomene zur Ankoppelung von Bewußtseinsprozessen an physikalische Systeme die Einführung sogenannter »weicher Koordinaten«. Das, was er als »weiche« oder »Bewußtseins«-Koordinaten bezeichnet, deckt sich auffällig mit Beardens drittem Biofeld, dem Bewußtseins- oder Gedankenfeld (BF_3). Jahn räumt jedoch ein, daß unsere auf »harten« Koordinaten beruhende moderne Physiktheorie die Integration des Bewußtseins noch nicht verkraften könne. Eine Anpassung an Bewußtseinsrealitäten ließe sich möglicherweise dadurch erreichen, daß wir unsere monokulare Physik-Philosophie durch eine allumfassende, ins Mentale erweiterte Feldvorstellung ergänzen oder ersetzen. Das Zurückführen materieller Zustände auf die in unserem Biofeld-Modell dargestellten einzelnen Feldtypen provoziert allerdings die Frage nach deren innerer Verflochtenheit. Sie leitet zwangsläufig zu der bereits angesprochenen holographischen Organisationshypothese (vgl. Kapitel III/8) über, die hier weiter vertieft werden soll.
Hologramme sind gewissermaßen transparente Bilder, die mittels Laserstrahlen erzeugt werden. Das holographische Bild ist nicht zweidimensional wie eine normale Fotogra-

fie, sondern dreidimensional. Projiziert man z. B. das holographische Bild einer Tasse, so kann man die Fotoplatte ein wenig nach einer Seite neigen und dadurch hinter die Tasse schauen. Das Bestechendste am Hologramm ist jedoch die Tatsache, daß, wenn man es halbiert, zwei neue Bilder entstehen, von denen jedes die Abbildung der kompletten Tasse beinhaltet. Beim erneuten Teilen erhält man 4, 8, 16 usw. komplette Bilder von der Tasse, da jeder Teil eines holographischen Bildes (bis zu einer gewissen Mindestgröße der fotografischen Aufnahmeplatte) das Original in seiner Gesamtheit repräsentiert.

Die Eigenschaft der Holographie, selbst in kleinsten Teilen noch das Gesamte (die Gesamtinformation) vollständig zu enthalten, zeigt, daß die Organisation der in einem Hologramm gestapelten Informationen völlig anders als die eines normalen Bildes ist. Ein Hologramm läßt sich nicht in seine einzelnen Komponenten zerlegen. Da jedes noch so winzige Teilchen (Bit) eines holographischen Bildes erst im Verbund mit dem Teilchenkollektiv des Gesamtbildes verständlich wird, muß man ihm gewisse Feldeigenschaften zugestehen.

Vieles spricht dafür, die Hologramm-Feld-Beziehung auf sämtliche Biofelder – materielle und virtuelle gleichermaßen – anzuwenden, zeigt es sich doch, daß auch die »Grundeinheiten« der Materie, die subatomaren Teilchen, ebenfalls nicht isoliert als Einzelbausteine betrachtet werden können. Indem ihr Verhalten wie in einem Hologramm durch das Teilchenkollektiv festgelegt ist, darf man auch hinter ihrer Existenz ein Feldprinzip vermuten.

Der Amerikaner Keith Floyd ist der Ansicht, daß ein holographisches Bewußtseinsmodell gewisse Gehirnfunktionen, so unter anderem das Gedächtnis, die Wahrnehmung und das Imaginieren, durchaus verständlich macht. Inner-

24

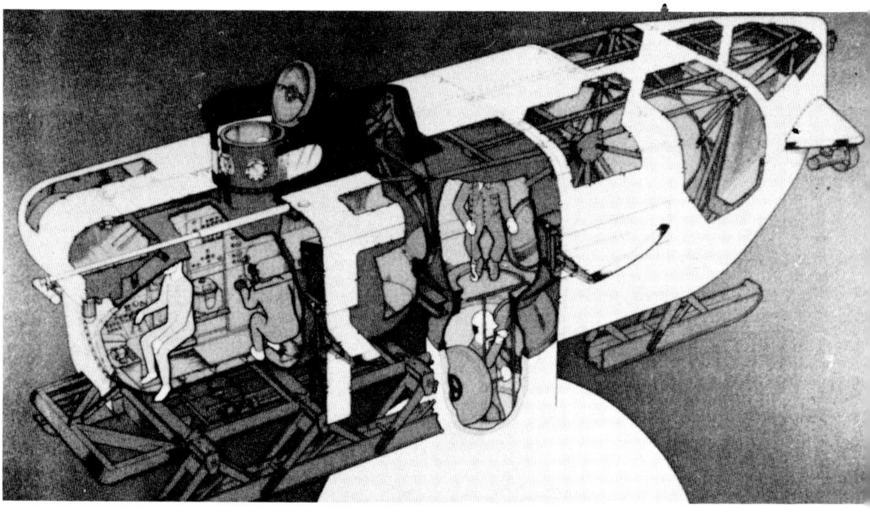

24a

25

GRANT'S TOMB TARGET IN NEW YORK CITY

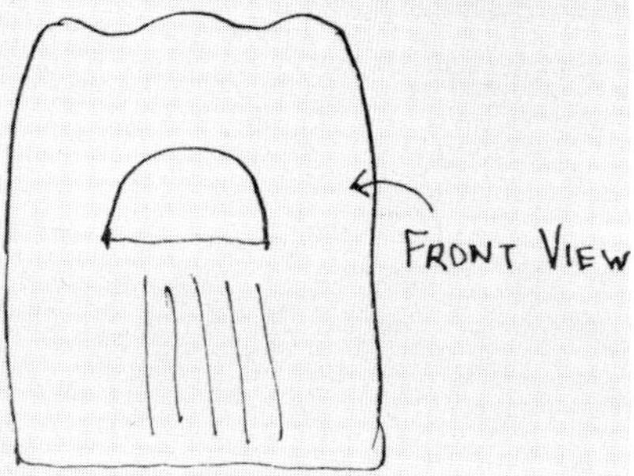

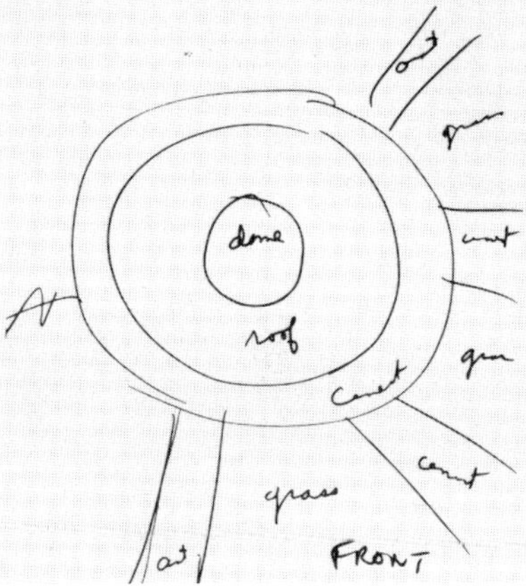

27

29

30

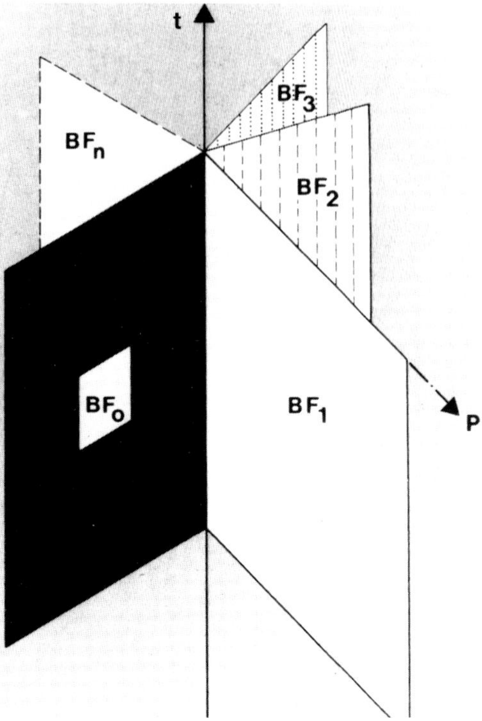

23 »Fernwahrnehmung« frei nach »Cyrano de Bergerac«.

24, 24a, 25 Mit dem amerikanischen Tieftauchboot TAURUS (oben: in Bau, unten: Querschnittsskizze nach der Fertigstellung) wurden 1977 im Auftrag von CIA und US Navy vom SRI Fernwahrnehmungsexperimente durchgeführt, um den Einfluß von Entfernung und Wasserabschirmung auf das Versuchsergebnis festzustellen. Am 16. Juli 1977 wurde von einem Sensitiven in 340 Meter Tauchtiefe das Fernwahrnehmungsziel (25) – ein mächtiger Eichbaum auf einem Hügel im Portola Valley (Kalifornien) – beschrieben: »Ein sehr großes, aufragendes Objekt. Ein sehr, sehr großer Baum und jede Menge freier Raum dahinter. Es scheint, als wäre ein Gefälle, eine Palisade oder eine Klippe dahinter.«

26 Bei einem Fernwahrnehmungsexperiment von (US)Küste-zu-Küste beschrieb und skizzierte einer der Sensitiven das Mausoleum des 18. amerikanischen Präsidenten Ulysses S. Grant (1822-1885) in New York: »Im Freien… große Fläche, schattige Bäume, weißes Gebäude mit Rundungen (oder Gewölben)…«

27 Fernwahrnehmungsexperiment von (US)Küste-zu-Küste am 31. Oktober 1976. Zielobjekt: der Louisiana Superdome. Die Sensitiven beschrieben ein großes, kreisförmiges Gebäude mit einer weißen Kuppel und fertigten eine in groben Umrissen übereinstimmende Skizze an.

28, 29 Experiment zur Untersuchung, ob physiologische Abläufe (die mit psychischen Zuständen einhergehen) paranormal beeinflußt werden können. Dr. William Braud (28) überwacht am Kurvenschreiber die Hautreaktion von Versuchspersonen, die die Parapsychologin Marilyn Schlitz (29) psychokinetisch zu beeinflussen versucht.

30 Der amerikanische Nuklear-Wissenschaftler Thomas E. Bearden war als ranghoher Offizier der US Army vom Verteidigungsministerium unter anderem mit der Erstellung einer geheimen technischen Studie über russische SAM-Raketen beauftragt worden.

31 In dem von Thomas Bearden entwickelten Biofeld-System (BF) sind sowohl materielle als auch immaterielle (Bewußtseins-)Zustände enthalten. Der Übergang von einem Biofeld zum anderen erfolgt durch »Orthorotieren« (nähere Erläuterungen vgl. S. 211 und 212).

halb unseres Gedächtnisses kann ein Bild mit jedem anderen Bild in Beziehung gebracht werden. Jede Erinnerung und jedes Bit Information, das in unserem Bewußtsein gestapelt ist, dürfte in einem »kreativen Muster reiner und perfekter Doppeldeutigkeit« mit jedem anderen Informationsbit querverbunden sein. Floyd argumentiert, daß das »Sieb des Bewußtseins« als eine organische Erscheinungsform einer holographischen Platte angesehen werden muß, die dreidimensionale Wahrnehmungen verarbeitet und Eindrücke mit der gleichen Leichtigkeit rekonstruiert. Da das Bewußtsein selbst das einzige »Werkzeug« zur Wahrnehmung des Bewußtseins ist, haben wir es hier mit einer ausweglosen, schizophrenen Situation zu tun, die keinen Anfang und kein Ende kennt: Wir sind Gefangene unseres eigenen Bewußtseins. Es ist, als ob wir zeit unseres Lebens in einen Spiegel blickten, der in endloser Folge eine Spiegelsituation reflektiert.

Evan Harris Walker, Physiker am NASA Electronics Research Center in Cambridge, Massachusetts, definiert das Bewußtsein als eine »nicht-physikalische, aber dennoch *reale* Größe«. Er meint, daß Bewußtseinsaktivitäten nicht unbedingt auf chemischen oder elektrochemischen Vorgängen, sondern möglicherweise mehr auf »quantenmechanischen Tunnelprozessen« beruhen. Walker will sogar festgestellt haben, daß solche Prozesse auch an den Synapsen – den Kontaktstellen zwischen den Nervenfortsätzen im Gehirn – stattfinden.

Zwischen der quantenmechanischen Konzeption und dem »Schaltungsprinzip« des menschlichen Gehirns gibt es in der Tat gewisse Ähnlichkeiten. Beide beanspruchen ein Organisationsniveau, auf dem das Verhalten getrennter Entitäten – Synapsen bzw. subatomare Teilchen – durch ein Kollektiv gesteuert wird. Beide beinhalten das Übertragen eines Signals sowie den Informationsaustausch. Und in beiden Fällen verhalten sich die bestimmenden Faktoren (Walker: verborgene Entitäten) so, als ob sie miteinander in Verbindung stünden. Es konnten überdies, wie Walker vermutet, bislang tatsächlich keine auf chemischen, elektrochemischen, elektromagnetischen oder verwandten Prozessen beruhenden internen Verbindungen gefunden werden.

Das holographische Organisationsmodell des Bewußtseins und seine quantenmechanische Funktionsweise erklären organische Informationsverarbeitungs- und -stapelungsprozesse besser noch als alle herkömmlichen Hypothesen. Verschiedene neurophysiologische Untersuchungen erhärten die holographisch-quantenmechanische Hypothese. So brachte man z. B. Wahrnehmungs- und Erinnerungsvorgänge bislang mit den Aktivitäten der Zirbeldrüse in Verbindung. Das Entfernen dieses Organs müßte eigentlich eine weitgehende Minderung oder sogar den Vollausfall besagter Funktionen bewirken. An Ratten, denen man die Zirbeldrüse herausoperiert hatte, waren, bis auf den Verlust ihrer »biologischen Uhr«, keine Ausfallserscheinungen zu beobachten. Daraus folgert Keith Floyd, daß das Bewußtsein nicht so sehr ein Organ oder eine Organgruppe, sondern eine Interaktion von Energiefeldern darstellt.

Es ist einleuchtend, daß Informationen nicht »alphabetisch« im Gehirn gespeichert sein können. Bei allen denkbaren Assoziationen wäre sonst das Zurückverfolgen einer Wortbedeutung oder eines Vorganges eine mühsame, zeitraubende Angelegenheit. Da dies aber bei einem gesunden Menschen nicht der Fall ist, müssen wir davon ausgehen, daß sich das Bewußtsein einer holographischen, praktisch zeitfreien »Ablage« bedient.

Der Wissenschaftsautor Pieter van Heerden will herausgefunden haben, daß, wenn das menschliche Gehirn auch nur ein einziges Informationsbit pro Sekunde speichert, dies, auf Lebenszeit umgerechnet, rd. 3×10^{10} (eine Drei mit zehn Nullstellen) binären Nervenimpulsoperationen entspräche. Erstaunlicherweise besitzt das Gehirn jedoch eine wesentlich größere Speicherkapazität pro Sekunde. Auch dieses Phänomen spricht für die holographische Beschaffenheit des Bewußtseins. Vergleichsweise sei erwähnt, daß sich in einem Würfel mit einem Rauminhalt von nur einem Kubikzentimeter mehr als 10 Millionen Informationsbits holographisch speichern lassen, wobei es zu keinen Überschneidungen kommt und jedes Bit seine Identität beibehält.

Das Bewußtseinsfeld kommuniziert und interagiert auf biogravitativem Wege mit allen anderen Organisationsebenen, wie z. B. dem Gravitationsfeld unseres Universums, sogar mit atomaren und nuklearen Feldern, die den Aufbau der Materie bewirken. Die Interaktion virtueller Bereiche mit Feldern in unserem Raumzeit-Kontinuum würde z. B. auch erklären, wie das Bewußtsein eines Menschen das Bewegungsverhalten subatomarer Teilchen zu beeinflussen vermag. Das Hologramm des Bewußtseins müßte demnach ein Biogravitationsfeld, das der Materie dagegen ein normales Gravitationsfeld sein. In einem solchen Modell bilden Bewußtsein und Materie ein geschlossenes lükkenloses Ganzes. Unter diesem Aspekt stellen Geist und Universum einen unermeßlich großen multidimensionalen Projektionsraum des Bewußtseins dar. Die eigentliche Realität hinter all diesem Geschehen wäre dann mit einem »Super-Hologramm« vergleichbar, das Bewußtsein ausschließlich für sich selbst inszeniert.

Das, was Medien in aller Welt auf unterschiedliche Weise an Psi-Phänomenen hervorbringen – Telepathie, Hellsehen, Präkognition, Levitationen, Teleportationen, Apporte, Materialisationen, spirituelle Heilungen, Unverletzlichkeit des Körpers usw. –, die ganze Skala paranormaler und verwandter Phänomene, wäre dann nichts weiter als eine gewollte oder auch ungewollte Einflußnahme biogravitativer Bewußtseinsfelder auf untergeordnete bioplasmatische und physikalische Felder, ein Balanceakt zwischen virtuellen und materiellen Zuständen. Medien produzieren mit ihren paranormalen Bewirkungen gewissermaßen »Grenzzustände« und dies in Übereinstimmung mit dem »vierten Gesetz der Logik« (Metalogik). Sie operieren, wie auf Messers Schneide, zwischen den Realitäten und versetzen uns durch ihre Aktivitäten in eine Welt heute unbegreiflichen Geschehens.

Die von tibetischen Yoga-Adepten im Laufe jahrelanger Visualisations- und Atemübungen erworbene Fähigkeit, ihre Körpertemperatur willentlich zu erhöhen und dadurch selbst bitterer Kälte zu trotzen, verdeutlicht einmal mehr die Einwirkung des steuernden geistigen Prinzips – des Bewußtseins – auf materielle Systeme, hier auf den menschlichen Körper.

Der Adept lernt als erstes, sich am unteren Ende seiner Wirbelsäule eine winzige Flamme vorzustellen. Mit fortschreitender Vertiefung seiner Übungen entfacht er die imaginäre Flamme zu einem Feuer, das sich in höchster Perfektion über seine körperlichen Grenzen hinaus in kosmische Weiten erstreckt. Der praktische Teil seines Trainings sieht vor, daß er sich in Eiswasser getauchte Tücher in mehreren Lagen um den bloßen Leib wickelt und diese während der Nacht, bei größter Kälte im Freien sitzend, durch Mobilisieren des inneren »Feuers«, Tummo genannt, trocknen läßt. Dank dieses psychischen Härtetrainings überstehen die Yogis den eisigen Hochgebirgswinter in

dünnen Baumwollgewändern, ohne gesundheitliche Schäden davonzutragen.
Hinter dem in Tamil (Sri Lanka), im Großen Shinto-Tempel von Kyoto (Japan), auf den Fidschi-Inseln und an vielen Orten Indiens praktizierten, rituellen Feuerlaufen – dem Überqueren einer aus glühenden Kohlen oder anderen Brennmaterialien bestehenden meterlangen Feuerfläche, ohne Verbrennungen zu erleiden –, hinter dem schadlosen Berühren erhitzter Objekte mit den Extremitäten oder mit der Zunge, will man ebenfalls eine Interaktion untergeordneter Biofelder mit dem allmächtigen Bewußtsein erkannt haben.
Die Londoner Society for Psychical Research (S. P. R.; Gesellschaft für paranormale Forschung) ließ bereits im Jahre 1935 von Wissenschaftlern der Universität Oxford – einem Arzt und einem Psychologen – die Feuerfestigkeit zweier indischer Fakire testen. Beim kontrollierten Überqueren eines Glutteppichs, dessen Temperatur an der Oberfläche auf rd. 500 Grad C und im Inneren sogar auf etwa 1400 Grad C geschätzt wurde, erlitten sie nicht die geringsten Verletzungen.
Westliche Wissenschaftler, die sich in Begleitung von Schamanen selbst an solchen, auf den ersten Blick gefährlich erscheinenden Zeremonien beteiligt hatten und unverletzt geblieben waren, wollen beim direkten Kontakt mit der wabernden Glut sogar eine gewisse Kühle verspürt haben.
Dr. Mayne Reid Coe aus Riviera Beach, Florida, der das Phänomen der Feuerfestigkeit an sich selbst erprobte, behauptet, er habe einen auf 1100 Grad C erhitzten Eisenstab kurzzeitig mit der Zunge berührt. Er will ferner flüssiges Blei (Schmelzpunkt: rd. 327 Grad C) auf seine Zunge geträufelt und das dort zu Kügelchen erstarrte Material anschließend wieder ausgespuckt haben. Coe glaubt, daß

die Schweißdrüsen winzige Feuchtigkeitsperlen absondern, die dann auf der Haut als temporäre Hitzebarriere wirken.
Daß diese ohnehin abenteuerlich anmutende Hypothese nicht haltbar ist, erhellt unter anderem aus einem protokollierten Versuch des berühmten schottischen Psychokinese-Mediums Daniel Dunglas Home (1833–1886), der, um das Phänomen der Feuerfestigkeit zu demonstrieren, einem Mr. Hall glühende Kohle auf den Kopf gelegt hatte, ohne ihm auch nur ein Haar zu versengen. Coe hätte noch zu erklären, welche Schutzmechanismen *hier* wirksam werden, da sich zumindest an den Haarspitzen bekanntlich keine Schweißdrüsen befinden. Ähnliches gilt auch für die verhornten Fußsohlen der Fakire, die beim Feuerlaufen wohl kaum einen Tropfen Schweiß abzusondern vermögen. Der den Fußsohlen anhaftende wassergetränkte Sand oder Schlamm – man mindert die Wärmeabstrahlung rings um die Brandfläche durch einen Feuchtegürtel – kann die Unverletzlichkeit der Feuerläufer ebensowenig erklären, da auch die Fußoberseite, die Beine sowie andere Körperteile sehr hohen Temperaturen ausgesetzt sind.
Da es sich bei der Feuerunempfindlichkeit nicht um eines der üblichen zufälligen, nur statistisch erfaßbaren Psi-Phänomene, sondern um einen willentlich herbeigeführten Bewußtseinsakt handelt, läßt sich an ihr die Einwirkung des Bewußtseins auf materielle Systeme gut demonstrieren.
Die sogenannte Brownsche Molekularbewegung – sie beruht auf den unregelmäßigen Stößen der Moleküle des umgebenden Mediums – bestätigt die kinetische Natur der Wärme und bewirkt physiologische Effekte, wie Schmerzempfindung oder gar Verbrennungen. Einfacher ausgedrückt: Mit zunehmender Molekularbewegung erhöht sich die Temperatur eines Objekts. Nach den Erkenntnissen der

bewußtseinsintegrierenden Neuen Physik könnten Schmerzunempfindlichkeit und körperliche Unverletzlichkeit beim Feuerlaufen sowie andere paranormale Pyro-Phänomene dadurch zustande kommen, daß das Bewußtsein der Akteure – ein Biogravitationsfeld – modifizierend auf deren Bioplasmafeld (BF_2) und dieses wiederum dämpfend auf das die Brownsche Molekularbewegung beeinflussende elektromagnetische Feld (BF_1) einwirkt. Die bewußtseinsgesteuerte Verlangsamung der Molekularbewegung würde die Hitzeeinwirkung neutralisieren und vor allem die unteren Extremitäten der Feuerläufer gegen die Glutattacke immunisieren. Ihre Füße, Beine usw. dürften dann die normale Körpertemperatur weitgehend beibehalten.

Tabelle 4 – sie erhebt keinen Anspruch auf Vollständigkeit – veranschaulicht, auf welch unterschiedliche Weise das Bewußtsein materielle Systeme indirekt zu beeinflussen und dadurch Para-Phänomene oder andere physikalisch unerklärliche Effekte hervorzubringen vermag.

Die Aktivitäten des Bewußtseins beschränken sich indes nicht nur auf Eingriffe in bereits bestehende Systeme. Sie erweisen sich auch als »Realitätengestalter«, als geistige Substanz, die Energetisch-Materielles hervorbringt und mit diesem ihrem Produkt ständig interagiert. Dieser Philosophie liegt Professor John A. Wheelers »Wurmloch«-Hypothese zugrunde, derzufolge sogenannte »Wurmlöcher« – ständig auftauchende und wieder verschwindende Öffnungen (virtuelle Blasen) im Quantenschaum des Mikrokosmos – die verschiedenen Universen und auch unterschiedliche Bereiche ein und desselben Universums miteinander verbinden. Wheeler erläutert: »Der Raum der Quanten-Geometrodynamik [eine dynamische raumzeitliche Struktur] läßt sich mit einem Schaumteppich vergleichen, der über eine sich wellenförmig bewegende Landschaft ausgebreitet ist ... Die ständigen mikroskopischen Veränderungen im Schaumteppich – die neu auftauchenden und verschwindenden Blasen – symbolisieren die Quantenfluktuation in der Geometrie.«

Bob Toben, ein amerikanischer Autor, der versucht hat, Sarfattis und Wolfs Bewußtseins-»Physik« anschaulich zu interpretieren, ist der Auffassung, daß es sich bei diesen Blasen um Miniausgaben der bekannten Schwarzen und Weißen Löcher im All handelt. Wörtlich: »Jedes kann entweder positive oder negative Masse haben. Mini-Schwarze-Löcher sind virtuelle Teilchen, während Mini-Weiße-Löcher virtuelle Antiteilchen sind ... Jede Blase enthält eine winzige Singularität [eine Konzentration von Materie von beliebig hoher Dichte und unendlich kleinem Volumen; der Verf.], die verschiedene Punkte im Überraum verbindet.«

Und durch diese ständig neu auftauchenden und dann wieder verschwindenden Wurmlochverbindungen bewegen sich Signale, die eine unmittelbare Kommunikation zwischen unterschiedlichen Universen und Realitäten ermöglichen. Bewußtsein und Universen verschmelzen innerhalb dieses Systems zu einer unauflöslichen Traumrealität: Träume, d. h. vermeintlich Subjektives, und unsere physikalische Welt, vermeintlich Objektives, sind unter einem solchen neuen »multi-jektiven« Aspekt nicht mehr voneinander zu unterscheiden. Carlos Castaneda schildert in seinem vierten Buch *Der Ring der Kraft* einen Zustand der Außerkörperlichkeit, die aufregende Begegnung mit seinem Doppelgänger. Als er von seinem Begleiter, dem Yaqui-Zauberer Don Juan wissen will, ob sein Double echt gewesen sei, meint dieser wissend: »Der Doppelgänger ist das Selbst. Das Selbst träumt den Doppelgänger ... Sobald das Selbst gelernt hat, den Doppelgänger zu träumen, er-

Tabelle 4: Beispiele für das Einwirken des Bewußtseins auf physikalische Systeme

Physikalische Phänomene

- Doppelspaltexperiment (Kapitel IV/2)
- Beeinflussung subatomarer Teilchen über größere Entfernungen (Nebelkammerversuch der Olga Worrall; Kapitel III/6)

Allgemeine ASW- und PK-Phänomene

- Hypnose, Telepathie, Fernwahrnehmung und verwandte Phänomene
- Sämtliche PK-Phänomene (Kapitel III/6–8)
- Wiederbelebung bzw. Unterbrechung von Organfunktionen (z. B. Froschherzexperiment; Kapitel III/6)
- Feuerlaufen und andere Erscheinungen der körperlichen Unverletzlichkeit (Kapitel IV/2)
- Hervorbringen paranormaler Pyro-Effekte (Kapitel III/8 und IV/2)
- Einflußnahme auf Tonbänder, Foto- und Filmmaterial
- Überbrücken von Schaltungen psychotronischer Geräte durch Imaginieren des virtuellen Schaltplanes (Kapitel IV/2)
- Veränderung der ultraschwachen Biolumineszenz durch Gedankenbeeinflussung
- Emotionale Beeinflussung von Pflanzen (sog. Backster-Effekt; Kapitel III/2)

Paramedizinische Phänomene

- Nachweisliches Beseitigen von Krankheitsherden durch unterschiedliche Formen des medialen Heilens
- Geistchirurgische (logurgische) Operationen und sogenannte spirituelle Injektionen. Durchtrennen der Haut des Patienten auf Distanz (besonders gut am paranormalen Zertrennen von gespanntem Heftpflaster erkennbar)
- Auflösen von Gallen- und Nierensteinen, Tumoren, Geschwulsten, Lipomen durch Dematerialisation (oft werden analoge Objekte rematerialisiert)
- Placebo-Effekt (Nicht-Medikamente mobilisieren bewußtseinsgesteuerte Heilmuster) usw.

reicht es diesen unheimlichen Scheideweg, und es kommt der Augenblick, da man erkennt, daß es der Doppelgänger ist, der das Selbst träumt.«
Dieses Ineinanderfließen der Realitäten, dieses sich selbst erschaffende und unterhaltende Prinzip gleicht einem endlosen Traum. Das *Super-Bewußtsein* hinter allem virtuellen und scheinbar materiellen Geschehen träumt uns, wie auch wir träumend-interagierend zu dessen Bestand beitragen. Nichts geht ohne das andere. Wir leben in einer Welt voller Rückkoppelungen. Es klingt wie Blasphemie: Das einzige Reale, das Absolute ist ein Traum – ein Traum in einem Traum, in einem weiteren Traum … ad infinitum.

3 *Mindstuff – Die Realität der Gedankenobjekte*

»Bewußtsein ist die Totalität jenseits
von Raum und Zeit,
die sich ihrem innersten Wesen nach
als das wirkliche ›Ich‹ erweisen könnte.
Wir wissen jetzt, daß alle Raumzeit
aus Bewußtsein besteht,
daß unsere normale Wahrnehmung der Realität
ein Mix aus unendlich vielen Universen verkörpert,
mit denen wir koexistieren.«

Professor Fred Wolf in
Space-Time and Beyond

Der Physiker Professor Robert Jahn war bis zu seiner Emeritierung Dekan und Inhaber eines Lehrstuhls für Aerospace-Technik (Luft- und Raumfahrt) an der *School of Engineering/Applied Science* der Princeton University, Princeton (USA). In einem eigens zur Untersuchung physikalischer Anomalien eingerichteten Labor – er benutzt diese Formulierung, um den etwas suspekten Terminus »Psi-Phänomene« zu vermeiden – forscht er mit seiner Assistentin Brenda Dunne und weiteren Mitarbeitern nach den Ursachen jeglichen paranormalen und paraphysikalischen Geschehens. In langjährigen, von großen amerikanischen Firmen finanzierten Experimenten konnte er die Existenz eines »Psi-Faktors« – von Telepathie, Fernwahrnehmung, Präkognition, Psychokinese usw. – statistisch nachweisen und damit dokumentarisch belegen.

Sein größtes Verdienst aber liegt in der Erkenntnis, daß diese (scheinbar) anomalen Phänomene durch das Einwirken des Bewußtseins auf belebte bzw. physikalische Systeme – unsere materielle Welt – zustandekommen. Psi-Phänomene wären demnach nichts anderes als Bewußtseinsaktivitäten, Ausflüsse von Beobachtungs- und Denkprozessen – »mind stuff« (Bewußtseinsstoff, Gedankenobjekte), wie Amerikaner dieses undefinierbare Etwas mitunter salopp zu bezeichnen pflegen.

Jahn hat seine Theorie über den Einfluß des nichtphysikalischen geistigen Prinzips »Bewußtsein« auf belebte und unbelebte Materie in zahlreichen dort publizierten Monographien dargelegt – Abhandlungen, deren Inhalte anspruchsvolle wissenschaftliche Kriterien erfüllen.

In seinem bedeutendsten Werk *Margins of Reality – The Role of Consciousness in the Physical World* (etwa: Randgebiete der Realität – Die Rolle des Bewußtseins in der physikalischen Welt) beschreibt er den Einfluß von Bewußtseinsprozessen auf physikalische Systeme. Um das nach den Regeln der klassischen Physik nicht definierbare Bewußtsein, das, wie im vorangegangenen Kapitel erläutert, einem höherdimensionalen Biofeld angehört, operabel

zu machen, bedient sich Jahn Analogien aus der physikalischen Terminologie wie z. B. Bewußtseinsatome und -moleküle, Bewußtseinspartikel und -wellen, Bewußtseinskoordinaten (»weiche« Koordinaten) sowie angepaßter Maßeinheiten, die aber mehr qualitativ aufzufassen sind.
Mit diesem richtungsweisenden Buch über eine bewußtseinsintegrierende Neue Physik ist ein erster Schritt zum besseren Verständnis paranormaler und -physikalischer Prozesse getan, eine Entwicklung eingeleitet, die im 21. Jahrhundert voll zum Tragen kommen wird. Und hierfür gibt es untrügliche Anzeichen.
Am 29. April 1980 hielt der gerade ernannte Lucasische Professor für Mathematik, der damals 30jährige Mathematiker und Physiker Stephen William Hawking, im Cockcroft-Hörsaal der ehrwürdigen Universität Cambridge seine Einführungsvorlesung, in der er einer verunsicherten Zuhörerschaft das (so wörtlich) »Ende der theoretischen Physik« schon im nächsten Jahrhundert ankündigte.
Für den ausschließlich mit exotischen astro- und mikrophysikalischen Objekten wie Schwarzen Löchern, Wurmlöchern, Babyuniversen, der Superstringtheorie usw. befaßten Hawking muß die theoretische Physik da enden, wo Professor Jahns »Bewußtseins«-Physik beginnt. Wer nur rein materialistischen Theorien nachhängt, die Zusammenhänge zwischen Geistigem und naturwissenschaftlichen Fakten unberücksichtigt läßt, wird zwangsläufig irgendwo in einer Sackgasse enden.
Dessen eingedenk, sollten wir uns daran erinnern, daß es gerade die Vordenker unter den Physikern und Psychologen waren, die solche Zusammenhänge erkannt und sich hierüber in ihren Schriften freimütig ausgelassen haben:
- *Niels Bohr* (1885–1962) philosophierte über eine mögliche Verwicklung der Quantenmechanik mit lebenden Sy-

stemen und die Anwendbarkeit verschiedener quantenmechanischer Konzepte für biologische Metapher (*Atomtheorie und die Naturbeschreibung,* engl.; Cambridge 1941).

– *Wolfgang Paulis* (1900–1958) Interesse an mystischen und okkulten Dingen hatte zur Folge, daß er den Einfluß archetypischer Begriffe auf die Entwicklung physikalischer Theorien zu untersuchen begann. In *Physik und Philosophie* setzt er sich für eine einheitliche Betrachtungsweise von Quantitäten und Qualitäten, von Physikalischem und Psychischen ein, als sich ergänzende Aspekte der gleichen Realität.

– *Erwin Schrödinger* (1887–1961) wurde durch das Studium östlicher und westlicher Philosophien veranlaßt, ausführlich über mystische und metaphysische Themen zu schreiben. In *My View of the World,* engl.: Cambridge 1964, spekulierte er, daß die Welt aus Bewußtseinselementen bestehen müßte.

– *Pascual Jordan* (1902–1980) sinnierte über die Rolle der modernen Physik für ein besseres Verständnis verschiedener parapsychologischer Phänomene (*Intern. Journal of Parapsychology,* Nr. 4, 1960).

– *Eugen Wigner* (Nobelpreis 1963) betonte ausdrücklich die Notwendigkeit der Miteinbeziehung des Bewußtseins in die theoretische Physik (*Symmetries and Reflections,* Bloomington und London 1967).

– *Carl Friedrich v. Weizsäcker* schlug vor, den Informationsbegriff als fundamentales Prinzip in die Physik einzuführen; er spekulierte über Zusammenhänge zwischen östlicher Metaphysik und westlicher Wissenschaft (*Die Einheit der Natur,* München 1971).

– Kein geringerer als der englische Astrophysiker *Sir James Jeans* (1877–1946) meinte einmal: »Die Relativitätstheorie hat jetzt gezeigt, daß elektrische und magnetische Kräfte überhaupt nicht real. sind. Es handelt sich bei ihnen nur um unsere eigenen Gedankenkonstrukte, die auf unsere vergeblichen Bemühungen zurückzuführen sind, die Bewegungen von Partikeln verstehen zu wollen. Gleiches gilt für Newtons Gravitationskraft, Energie, Momente und andere Begriffe, die eingeführt wurden, um die Aktivitäten der Welt zu verstehen. Alle haben sich als bloße Gedankenkonstrukte erwiesen, die noch nicht einmal den Objektivitätstest bestehen« (*Physics & Philosophy*, Cambridge 1943).

– *C. G. Jung* (1875–1961) beschrieb die psycho-physikalischen Zusammenhänge mit den Worten: »Die mikrophysikalische Welt des Atoms zeigt gewisse Merkmale, deren Ähnlichkeit mit dem Psychischen selbst Physiker beeindruckt haben. Hier scheint es zumindest Hinweise dafür zu geben, daß paranormale Prozesse in ein anderes Medium umgeformt werden können, nämlich in das der Mikrophysik der Materie.«

Durch diese wichtigen Aussagen renommierter Natur- und Geisteswissenschaftler bestärkt – nicht wenige von ihnen wurden mit dem Nobelpreis und anderen Auszeichnungen bedacht –, sieht Professor Jahn seine eigentliche Aufgabe darin, die Besonderheiten des immateriellen Bewußtseins experimentell zu erkunden, um so allmählich zuverlässige Fakten über paranormale und -physikalische Interaktionen – eben jene »Anomalien« – zusammenzutragen.

Es würde entschieden zu weit führen, wollte man hier alle wichtigen Erkenntnisse der Princeton-Forschungsgruppe PEAR (Princeton Engineering Anomalies Research Laboratory) detailliert erläutern. Daher sollen nur einige wichtige Kernaussagen über Bewußtseins-Interaktionen erwähnt werden, die für die weitere Erörterung unseres Themas von Belang sind:

– Bewußtseins-»Photonen« durchtunneln auch sogenannte Faradaysche Käfige – Isolierräume, die keine elektromagnetischen Wellen durchlassen.

– Psi-Aktivitäten im Verbund werden bei PEAR mit dem Prinzip der molekularen Verbindung verglichen (Analogie kann bei allen Formen der spirituellen Heilung, bei Meditation, Hypnose, mystischen Erfahrungen usw. angewendet werden).

– Je kleiner die Abmessungen physikalischer Systeme werden (Partikelphysik, z. B. Quarks), desto mehr erlangt die Bewußtseinskomponente Einfluß auf Materie.

– Selbst bei kontinentalen Entfernungen unterliegen Psi-»Signale« keiner Verschlechterung ihrer Qualität [über den zur »Übertragung« in Anspruch genommenen Hyperraum sind »Sender« und »Empfänger« von Bewußtseinsaktivitäten gewissermaßen deckungsgleich].

– Die »kinetische Energie« des Bewußtseins wird analog der aus der Mechanik bekannten kinetischen Energie als die Fähigkeit der Veränderungen im Bewußtsein selbst oder in dessen Umgebung interpretiert. Daraus folgt: Je höher die »kinetische Energie« des Bewußtseinsprozesses ist, desto leichter lassen sich Umgebungshindernisse überwinden und andere Bewußtseine beeinflussen.

– »Maßsysteme« für Bewußtseinsprozesse sind zwangsläufig subjektiv und mathematisch schwer erfaßbar. Professor Jahn glaubt, daß sie sich wie in der Informationstheorie oder in bestimmten psychologischen Modellen für Wahrnehmungen bzw. Lernprozesse mehr logarithmisch oder exponentiell darstellen. Sie könnten womöglich auf noch komplexeren Mechanismen beruhen, als in der Allgemeinen Relativitätstheorie z. B. die Raumzeit-Verzerrungen. Es könnte sein, daß letztlich Bewertungsmaßstäbe wie bei neurophysiologischen oder neuropsychologischen Prozessen gefunden werden.

– »Bewußtsein« unbelebter Systeme: Die Unterscheidung zwischen belebten und unbelebten Systemen wird aus biologischer und physikalischer Sicht immer diffuser. Zum einen sind biologische Entitäten wie Viren, Koazervate sowie lebensbestimmende DNA- und RNA-Strukturen in einer Grauzone zwischen komplizierten chemischen Komplexen und lebenden Organismen angesiedelt. Andererseits erreichen komplizierte mikroelektronische Schaltungen, wie sie bei künstlicher Intelligenz, neuronalen Netzwerken usw. vorkommen, verschiedene Grade unabhängiger Kompetenz, von Beurteilungs- und Replikationsvermögen. Maßgebend ist stets die Interaktion des Bewußtseins mit seiner Umgebung; die Realität kommt immer durch den Beobachtungsprozeß zustande.

– Jahn widmet der passiven und aktiven Mensch/Maschine-Interaktion breiten Raum. Die Verwundbarkeit moderner (vor allem elektronischer) Instrumente, wie sie bei der Datenverarbeitung, bei Bordcomputern und Raketenkontrollsystemen eingesetzt werden, bergen nicht zu übersehende Gefahren der Beeinflussung durch bloßes Beobachten, die zukünftig stärker zu beachten sind.

Man könnte diese theoretischen Erkenntnisse als bloße Spekulationen, als in der Praxis überhaupt nicht realisierbare Gedankenexperimente abtun, wenn es nicht jene zahllosen unverständlichen Phänomene »jenseits« aller physikalischen Regeln und Gesetzmäßigkeiten gäbe – unbequeme Vorkommnisse, die all dem zu widersprechen scheinen, was bisher als richtig und verbindlich galt. Kommt noch hinzu, daß man heute mit verfeinerten Untersuchungsmethoden und autonom arbeitenden Meßinstrumenten die Realität von Gedankenobjekten – Produkte

unseres Bewußtseins, die vorschnell als Halluzinationen oder als pathologische Erscheinungen abgetan werden – sogar bild- und tondokumentarisch festhalten kann.
Professor Hasted bezeichnet diese realen Manifestationen des Bewußtseins, um sie von »anfaßbaren«, materiellen Objekten zu unterscheiden, als »quasi-physikalische« Phänomene, deren Existenz er unter anderem durch viele, als echt ermittelte Gedanken- bzw. Psychofotos der PK-Medien Ted Serios, Masuaki Kiyota, Willie G. usw. hinreichend bestätigt sieht. Mit vielen von ihnen hat er selbst monate- und jahrelang experimentiert.
In Rußland befaßt man sich schon seit mehr als zwanzig Jahren mit ähnlichen Experimenten. Dort bemühte sich eine Gruppe profilierter Wissenschaftler unter der Leitung von Dr. G. Krokalew um den Nachweis, daß Halluzinationen keine »Illusionen« – Dinge, die nur in unserer Einbildung existieren –, sondern »Ausstrahlungen« der menschlichen Psyche sind. Krokalew arbeitete vorwiegend mit halluzinierenden Psychopathen, deren mentale Vorstellungen er auf Filmmaterial festzuhalten versuchte. Seine Techniken waren weitaus perfekter als die des amerikanischen Psychiaters Dr. Jule Eisenbud, der in den sechziger Jahren mit dem bekannten PK-Medium Ted Serios experimentierte. Der Versuchsperson wird zum Schutz vor Lichteinfall eine Taucherbrille aufgesetzt, die über einen Faltenbalg mit dem Objektiv einer motorbetriebenen Kamera in Verbindung steht. Dadurch kann kein Licht in das Innere der Versuchseinrichtung eindringen, was zur Folge hat, daß nur die »von den Augen« abgestrahlten Halluzinationsmuster fotografiert werden. Damit keine der Halluzinationen verlorengeht, arbeitet man mit Aufnahmegeschwindigkeiten zwischen 8 und 16 Bildern pro Sekunde.
Nach anfänglichen Mißerfolgen gelangen dem russischen

Team zahlreiche interessante Aufnahmen. Als man die Psychofotos den Versuchspersonen vorlegte, bestätigten diese die Identität der Bilder mit den zuvor in ihrem Bewußtsein entwickelten Motiven. Die der russischen Forschungsgruppe angehörenden Wissenschaftler R. Awramenko, D. Balubowa, V. Nikolajewa und W. Puschkin vermuten, daß Halluzinationen einem nichteuklidischen Raum – sie bezeichnen ihn als »Hypersphäre« (Hyperraum) – entstammen und daß die hier auftretenden Vorstellungen mit unserer Welt (in diesem Fall mit dem Filmmaterial) quasi-holographisch verbunden sind.

Diese Hypothese stimmt auffällig mit der ebenfalls holographisch interpretierten Everett-Wheelerschen Theorie überein, auf die sich sämtliche psychotronischen Bewirkungen zurückführen lassen. Echte Materialisationen aus höheren Bewußtseinsfeldern, das De- und Rematerialisieren von Objekten, Apporte, Teleportationen usw. – also das Verbringen von einem Biofeld auf ein anderes durch mentales oder künstliches, technisch bewirktes Stimulieren (Orthorotieren) –, sind psychotronische Manipulationen, die womöglich nicht so sehr auf der Anwendung starker Energien, sondern auf einer Synchronisation entlang dem allen Universen gemeinsamen Zeitkanal beruhen.

Während Hasted im Bewußtsein-Gehirn-Verbund eine Art »Mischpult« der Realitäten sieht, eine Stelle, wo mentale und physikalische Effekte einander überlagern und solche Synchronisationen stattfinden könnten, wollen Bearden und andere Psychotronik-Forscher im elektromagnetischen Spektrum bestimmte Frequenzen entdeckt haben – sogenannte »magische Fenster« –, die das Orthorotieren begünstigen. Diese »Schnittstellen« will man meßtechnisch ermittelt haben. Als psychoaktive Frequenzbereiche gelten:

Frequenz (etwa)	*Wellen-/Strahlungsart*
10^{15}–10^{16} Hertz	Ultraviolett-Spektrum (UV; Biophotonen)
10^{11}–10^{14} Hertz	Infrarot-Spektrum (IR)
10^{9}–10^{11} Hertz	Mikrowellen (Radar; Satellitenfunk)
1,1–1,3 Megahertz	Rundfunkfrequenzen (Mittelwellen)
150–160 Kilohertz	Rundfunkfrequenzen (Langwellen)
38–40 Kilohertz	wie zuvor
10–30 Kilohertz	VLF: sehr niedrige Frequenzen
1–100 Hertz	ELF: Niedrigstfrequenzstrahlung (besonders die Frequenzen 6.26, 6.67, 7.83, 8.0 und 9.0 Hertz)

Das Orthorotieren nimmt auf einem der höheren Biofelder seinen Ausgang. Dort befindliche Energiemuster, die ein Gedankenobjekt bilden, werden mental so lange gesammelt und verdichtet, bis es zum Überschreiten der dimensionalen Schwelle zwischen diesem und dem nächst niedrigeren Biofeld kommt. Genauer gesagt: Das Gedankenobjekt materialisiert sich auf einem um eine Orthorotation (Dimension) tiefer angesiedelten Biofeld usw. Dieser nach seiner Einleitung automatisch ablaufende Orthorotations-Prozeß endet, so Bearden, unter günstigen Voraussetzungen mit dem Materialisieren des Gedankenobjekts in unserem dreidimensionalen Anschauungsraum (BF_0): er erscheint als physikalische Realität.
Der angesehene australische Physiologe Sir John C. Eccles (Nobelpreis 1963) vermutet in Anbetracht des komplizierten »Schaltungsprinzips« der Nervenzellen im Gehirn, daß sich die Umwandlung von Nervenimpulsen in Bewußtseinsobjekte und umgekehrt – das Materialisieren solcher immateriellen Objekte in unserer Welt – schon nicht mehr

im materiellen Gehirn, sondern in einer anderen Welt (gemeint ist ein nicht-raumzeitlicher Bereich) abspielt. Wechselbeziehungen zwischen dem materiellen Universum und der Bewußtseinswelt will er durch bestimmte Gehirnpartien, sogenannten »Liaison-Zonen«, hergestellt wissen. Diese sollen einen Informationsfluß vom Gehirn zum Bewußtsein (bei Wahrnehmungen) und vom Bewußtsein zum Gehirn (bei Aktionen) ermöglichen. In diesem Modell stellt das Gehirn lediglich eine organische »Antenne« zu nichtmateriellen Bewußtseinsfeldern dar.

Thomas Bearden glaubt aufgrund der von G. V. Goddard und dessen Mitarbeiter 1969 an Gehirnen von Säugetieren durchgeführten Reizexperimente erkannt zu haben, daß Stimulationsprozesse im limbischen System, dem Saum zwischen Stamm- und Großhirn – Sitz unserer Gefühle und Emotionen –, ausgelöst werden. Indem man dem Gehirn bzw. dem zentralen Nervensystem fortgesetzt elektrische Signale niedriger Intensität zuführt, kommt es dort zu Resonanzerscheinungen, die allmählich an Stärke zunehmen, bis schließlich der gesamte Organismus hiervon erfaßt und zum Mitschwingen angeregt wird. Mentale Stimulationsvorgänge bedürfen zu ihrer Einleitung und Aufrechterhaltung zeitsynchroner virtueller und daher physikalisch nicht meßbarer Bioenergien (vgl. Bild 31: BF_2), die sowohl in belebter als auch in unbelebter Materie überall reichlich vertreten sind.

Als natürliche Sammel- und Umwandlungsstellen für Bioenergien (nicht als ihr »Sitz«) gelten:

– Die den menschlichen Körper überziehenden Akupunktur-Meridiane und alle auf ihnen liegenden Akupunkturpunkte;

– das gesamte Nervensystem (vor allem die Enden und Verbindungsstellen der Nervenfasern);

- das Zellgewebe (Membranen, faserige Innenstruktur);
- die Körperextremitäten (z. B. Fingerspitzen);
- das endokrine Drüsensystem: Hypophyse (Hirnanhang), Bauchspeicheldrüse, Schild- und Zirbeldrüsen, Eierstöcke usw.;
- der Hypothalamus - eine Region des Zwischenhirns, die als Sitz verschiedener vegetativer Zentren angesehen wird u. a. m.

Die an den Nervenenden und Zellen erzeugten elektrischen Impulse wandeln beim Stimulieren virtuelle Bioenergie in meßbare elektromagnetische Felder (BF_1) um. Diese überlagern sich mit den normalen elektrischen Aktivitäten der Zellen, Fasern und Membranen und bilden mit ihnen einen energetischen Verbund.

Durch mentale oder künstlich eingeleitete Stimulationsprozesse werden am Zellgewebe konzentrierte Bioenergien sowohl in elektrischen Strom als auch in Photonen umgewandelt. Hierbei entstehen aus virtuellen Photonen der Bewußtseinsfelder sichtbare Bio- oder UV-Photonen - ein Vorgang, der, wie wir noch erfahren werden, für verschiedene Anwendungen in der Psychotronik von größter Wichtigkeit ist.

Da das Stimulieren selbst geringer elektromagnetischer Energien einen hohen bewußtseinsenergetischen Aufwand erfordert, sind die Einflüsse des Bewußtseins auf Objekte in unserer physikalischen Welt für gewöhnlich minimal. Normalerweise werden beim mentalen Stimulieren im Gehirn und/oder im Nervensystem nur wenige Elektronen bewegt. Meditative Techniken und spezielle körperliche Übungen, wie sie z. B. beim Yoga praktiziert werden, sollen den Einfluß des Bewußtseins auf materielle Systeme verstärken und Psi-Phänomene auslösen bzw. stabilisieren helfen. In der fünften Stufe der Yogatechnik wird z. B. mit

Abstraktionen, mit nichtstofflichen Dingen gearbeitet, wobei man Sinneswahrnehmungen von ihrem physikalischen Ursprung im sensorischen Empfangssystem abzukoppeln versucht.

Der Yogi verfährt mit solchen Wahrnehmungen in seinem Bewußtsein ganz so, als ob diese in der physikalischen Welt ihren Ursprung hätten. Er vermag z. B. aufgrund von Erinnerungen in seinem Bewußtsein das Bild eines Baumes – dessen dynamische Entwicklung in allen noch so unbedeutend erscheinenden Einzelheiten – entstehen zu lassen. Diese Abstraktionen dürfen weder Illusionen (Selbsttäuschung) noch vermeintlichen Halluzinationen gleichgesetzt werden. Der Adept ist in jeder Phase der Abstraktion fest davon überzeugt, daß er die Gestaltungskräfte der Natur nachvollziehen und ihre Dynamik beobachten kann. Er identifiziert sich voll und ganz mit dem visualisierten Objekt.

Um die Fähigkcit der totalen Kontrolle über das eigene Bewußtsein zu erwerben, durchläuft der Yogi vier wesentliche Bewußtseinszustände:

- Den wachen Zustand des Bewußtseins;
- den Zustand des Bewußtseins im Schlaf beim Träumen;
- den Zustand des Bewußtseins im traumlosen Schlaf;
- den kataleptischen Bewußtseinszustand, eine Art Glieder- und Muskelstarre, die aber nicht mit hypnotisch ausgelösten, kataleptischen Zuständen verwechselt werden darf.

Während all dieser Bewußtseinsphasen verliert der Yogi niemals die Kontrolle über sein Eigenbewußtsein. Er verfügt selbst dann noch darüber, wenn er, wie es vielleicht nach außen hin den Anschein hat, tief schläft. Dies gilt auch für den kataleptischen Bewußtseinszustand, in dem sich Yogis sogar lebendig begraben lassen. Das komplizierte vierstufige Yoga-Exerzitium zur Einleitung höherer Bewußtseinszustände gipfelt bei völliger Ausgeglichenheit im Samadhi. Samadhi-Bewußtsein entspricht etwa dem Bewußtsein von Raum und Zeit; es stellt die vollkommene Selbstverwirklichung dar.

Visualisationsübungen, wie sie z. B. von Adepten des Vajrayana-Buddhismus praktiziert werden, und andere Yogatechniken bilden die natürliche Grundlage für kontrollierbare Interventionen des Bewußtseins auf höheren Biofeldern, für das Hineinstimulieren von Gedankenobjekten in unsere materielle Realität.

Die Yogadisziplinen erfordern ein Höchstmaß an Willenskraft, Selbstbeherrschung und Durchhaltevermögen. Trotz größter Anstrengungen und langjährigem Training erreichen aber nur wenige Adepten den erstrebten Samadhi-Zustand. Hinzu kommt, daß die Qualität der durch mentales Stimulieren produzierten paranormalen Effekte mitunter erheblichen Schwankungen unterliegt, so daß diese sich nur bedingt für strategische Zwecke nutzen lassen. Wenn es jedoch mit unorthodoxen technischen Mitteln gelingen sollte, die den Hyperraum ausfüllenden virtuellen Energien anzuzapfen und zeitlich zu synchronisieren, ließen sich Psi-Effekte auf direktem Wege steuern, verstärken und stabilisieren, d. h. gewollt reproduzieren.

V

Psychotronische Manipulationen – Zwischen Fiktion und Wirklichkeit

1 *Die Psycho-Waffe – Elektronik contra Bewußtsein*

Die gezielte, zuverlässige Einflußnahme auf das psychische und physische Verhalten des Menschen, die pauschale Beeinflussung größerer Menschenansammlungen gehört zu den wichtigsten Zielen der strategisch genutzten Psychotronik.

Mediengesteuerte psychologische Attacken – geschickt gestaltete Propagandasendungen im Rundfunk und Fernsehen –, die ideologische Unterwanderung auf literarischer und kultureller Ebene zur Schaffung von Feindbildern sowie das Wirken versteckt agierender Diversionsagenten zur Vorbereitung militärischer Aktionen, reichen erwiesenermaßen nicht aus, um den Überlebens- und Widerstandswillen eines potentiellen Gegners zu brechen und ihn von Gegenmaßnahmen abzuhalten. Beispiele hierfür erleben wir in jüngster Zeit zur Genüge.

Plumpe Propagandatricks und allzu forsch inszenierte Infiltrationsversuche können sich, wie die Erfahrung lehrt, leicht ins Gegenteil verkehren. Obwohl Politakteure trotz schwindenden Erfolges auch heute noch konventionelle, mitunter von primitiven Drohgebärden begleitete Beeinflussungstaktiken anwenden, arbeiten ihre Geheimdienst-Psychologen schon an wesentlich subtileren Methoden. Diese beruhen im wesentlichen auf tiefenpsychologischen

Techniken, wie sie schon seit langem von der kommerziellen Werbung und Verkaufsförderung mit unterschiedlichem Erfolg praktiziert werden.
Es fehlt auch nicht an Versuchen, diese verfeinerten psychologischen Arbeitsmethoden auf mechanischem und/ oder chemischem Wege zu stabilisieren bzw. weiter zu verstärken. So hat man z. B. festgestellt, daß getaktete Lichtblitze, die von sogenannten Flickerlichtgeräten (vgl. II/4) abgestrahlt werden, synchrone Hirnwellen erzeugen. Versuchspersonen, die bei geschlossenen oder offenen Augen Lichtblitzen von nur etwa einer zwanzigmillionstel Sekunde Einzeldauer ausgesetzt waren, zeigten eindeutig quasi-epileptisches Verhalten mit Bewußtseinsverlust und tickartigen Zuckungen. Der englische Naturwissenschaftler Grey Walter konnte durch Hunderte von Einzelversuchen nachweisen, daß Flimmerfrequenzen Hirnwellen zum Mitschwingen anregen und hierdurch bedingt Bewußtsein und Physis nachteilig beeinflussen.
Russische Forscher befaßten sich bereits seit Jahrzehnten mit den gesundheitlichen Auswirkungen des Flickerlichteffekts und dessen Nutzung für spezielle militärische Aufgaben. Hierüber und über eigene Untersuchungen diskutierten Wissenschaftler bereits während eines im Jahre 1957 in den USA abgehaltenen Symposiums. Aus einer Zusammenfassung wesentlicher Fakten dieser Diskussion läßt sich ableiten, welche Bedeutung dem Flickerlichteffekt bei der kontrollierten Beeinflussung des menschlichen Verhaltens zukommt:
- Flickerlicht kann die normalen Funktionen des menschlichen Nervensystems ganz erheblich beeinträchtigen.
- Diese Störungen können sich als Schläfrigkeit, Bewußtlosigkeit, hypnotische Zustände und andere Formen der Bewußtseinsbeeinflussung, aber auch als Unruhe, Erre-

gungszustände, Flattern der Augenlider, Migräne, Angst usw. äußern. Sie treten zudem als Illusionen – z. B. Farbempfindungen, Bewegungsmuster oder sonstige »Gebilde« – in Erscheinung. Dies kann zur Behinderung der optischen Wahrnehmung von Objekten führen, die sich im Gesichtsfeld des hiervon Betroffenen befinden.

– Flickerlichteffekte, die das Bewußtsein stören, treten bei Frequenzen auf, die mit dem Alpha-Rhythmus des EEG (bei 10 Hz) verwandt sind. Unruhe oder Reizzustände sind bei aperiodischen oder rhythmischen Lichtblitzen im Frequenzbereich von 3 bis 5 Hz beobachtet worden.

– Das Aktivieren von EEGs durch den Flickerlichteffekt ist ein bekanntes Phänomen; dennoch zeigen nicht alle Testpersonen die erwarteten Reaktionen.

– Die Leichtigkeit, mit der sich das Aktivieren bewerkstelligen läßt, steht nicht mit dem emotionalen Verhalten bzw. mit dem Schlaf-Wach-Zyklus der Betroffenen in Wechselbeziehung. Die durch das Flimmern ausgelösten Illusionen könnten jedoch als Basis für eine zuverlässige Methode zur Messung von Angstzuständen dienen.

– Flickerlichtreaktionen werden nicht von der Netzhaut, sondern allem Anschein nach von Prozessen im zentralen Nervensystem ausgelöst.

– Die Reaktionen sind nicht nur von der Lichthelligkeit, sondern auch von anderen Faktoren – z. B. von optimalen Hell-Dunkel-Intervallen, Hintergrundkontrasten, Streulicht – abhängig.

– Streßsituationen, wie sie unter anderem durch Kampfhandlungen entstehen, könnten sich als Testmöglichkeiten erweisen, um mehr über die praktische Bedeutung des Flikkerlichteffektes für militärische Anwendungen zu erfahren.

Vieles spricht dafür, daß die Russen während des kalten Krieges hochwirksame Flicker- und Blitzlichtgeräte auch im militärischem Bereich erprobten. C. Dodge berichtet über ungewöhnliche Blitzlichtaktivitäten, die seinerzeit von russischen Kriegsschiffen und Langstreckenflugzeugen der Typen »Bear«, »Badger« und »Bison« ausgingen. Sie wurden des öfteren im Zusammenhang mit Aufklärungsoperationen der amerikanischen Luftwaffe bzw. Seestreitkräfte beobachtet und führten, je nach Farbe und Intensität, zur Desorientierung oder sogar zur vorübergehenden Erblindung des hiervon betroffenen Militärpersonals. So will der Pilot eines amerikanischen Abfangjägers vom Typ F-102 Ende 1968 bei einem Nachtflug von einem gleißenden Lichtstrahl geblendet worden sein, der in Verbindung mit rötlichen Lichtimpulsen (1,5 Blitze pro Sekunde) von einer russischen Maschine der »Bear«-Klasse ausgesandt wurde.

Zu ähnlichen Zwischenfällen, bei denen sich die Russen handbetätigter Flickerlichtgeräte bedienten, soll es in den siebziger Jahren über dem Mittelmeer gekommen sein. Als Schutzmaßnahme gegen Flickerlichteffekte empfahlen amerikanische Abwehrexperten das Tragen von mit Spezialfiltern ausgestatteten Schutzbrillen.

Verhaltensveränderungen lassen sich auch mittels chemischer Lockstoffe (Pheromone) herbeiführen, wie sie schon seit langem vorwiegend zum Bekämpfen schädlicher Insekten benutzt werden. Die Möglichkeit ihrer Verwendung im militärischen Bereich, wo sie als *mind bender* (Bewußtseinsbeuger) durch Einflußnahme auf das psychische und physische Verhalten der Truppe zur Schwächung der Kampfkraft beitragen sollen, erhellt aus einer Veröffentlichung von M. G. J. Beets anläßlich eines im September 1969 in London abgehaltenen Symposiums über die Geruchs- und Geschmackssinne von Wirbeltieren. Beets geht in seinem Beitrag auf die Entwicklung neuer geruchserzeugender

Substanzen ein, die man als Ersatz für die in der Natur vorkommenden, äußerst komplexen, stark duftenden Steroiden ohne größeren Aufwand synthetisch erzeugen kann. Mediziner und Pharmakologen wissen, daß die Ausscheidungen der endokrinen Drüsen den Stoffwechsel nachhaltig beeinflussen, was eine Veränderung der Körperfunktionen zur Folge haben kann. Wenn sich Pheromone über die endokrinen Drüsen oder das Gehirn in den Blutstrom einschleusen ließen, könnte man bei den hiervon »Infizierten« Reaktionen wie Müdigkeit, Hunger- und Durstgefühle bzw. Wachsamkeit und Aktivität hervorrufen, ohne daß diese sich ihrer »Marionetten«-Situation bewußt werden. Der Verfasser der vormals geheimen DIA-Dokumentation *ST-CS-01-169-72* hält es für möglich, daß sich Beets' synthetische Pheromone nach Lösung einiger anwendungstechnischer Probleme als eine gefährliche Waffe erweisen. Sie lassen sich möglicherweise auch zum Anlocken lästiger oder gefährlicher Insekten an bestimmte Stellen – z. B. Militärlager – bzw. zur Steigerung des aggressiven Verhaltens von Tieren benutzen. So haben z. B. russische Forscher in Erfahrung gebracht, daß sich bestimmte Lysin- und Alanin-Lösungen (Aminosäuren, in Eiweißkörpern enthalten) zum Anlocken von Aedes-Moskitos eignen.

Die hier erwähnten Flickerlicht- und Pheromon-Taktiken zur Beeinflussung menschlichen/tierischen Verhaltens haben wegen ihres begrenzten Aktionsradius für den Anwender den Nachteil, in unmittelbarer Nähe des Gegners operieren zu müssen. Größere stationäre oder mobile Kampfeinheiten sowie die für den Nachschub tätigen zivilen Kontingente bedürften zu ihrer vorübergehenden Desaktivierung moderner, breiträumig wirkender Infiltrationstechniken.

Elektromagnetische/gravitative Felder, vor allem die mit

psychotronischen Signalen modulierten Frequenzen (»magische Fenster«) könnten sich zur Beeinflussung eines potentiellen Gegners noch am ehesten eignen. Zwischen normalen Gravitationswellen und Lebewesen besteht bekanntlich eine permanente, meist positive Wechselwirkung. Gezielt angewandte starke Gravitationsstrahlung – so man eine solche erzeugen kann – müßte sich jedoch zerstörerisch auf das Bewußtsein hochorganisierter Lebewesen auswirken, indem sie dieses verwirrt oder gar völlig zerrüttet.
Die Zerstörung unseres materiellen Leibes in einem atomaren Inferno wäre nichts im Vergleich zur gravitativ verursachten partiellen oder totalen Vernichtung unseres Bewußtseins, einem Tod im doppelten Sinne.
Von den in ihren psychischen und physischen Auswirkungen gefährlichen elektromagnetischen Wellen könnte sich die gepulste Mikrowellenstrahlung (300 MHz bis 300 GHz) zur Manipulation von Menschen als besonders wirksam erweisen. Aus Geheimdienststudien geht hervor, daß Russen und Amerikaner zumindest in der Vergangenheit mit Hochdruck an solchen Projekten arbeiteten. Es erscheint durchaus denkbar, daß sich bei geeigneten Leistungen, Frequenzen und Pulsverhältnissen neuronale Schaltvorgänge im Gehirn nachhaltig beeinflussen lassen.
Aber auch extrem niedrige Frequenzen – die VLF- und ELF-Bereiche – eignen sich aufgrund ihrer psychoaktiven Wirkung zur Beeinflussung des menschlichen Bewußtseins. Wie wir bereits wissen, erkannte der russische Wissenschaftler Dr. I. Kogan in mit »Gedanken« (Bewußtseinsmustern) modulierten ELF-Trägerwellen (1–100 Hz) die Ursache der Übertragung telepathischer und anderer Psi-Signale. Daß die Amerikaner ähnlichen Überlegungen nachhingen und durch modifizierte ELF-Emissionen ausgelöste Persönlichkeitsveränderungen für möglich hielten,

erhellt aus Versuchen, die sie vor Jahren in Verbindung mit dem Unterwasser-Kommunikationsprojekt *Sanguine* (»Heißes Blut«) der US-Marine – es wurde später in Projekt SEAFARER (siehe unter »Begriffserläuterungen«) umbenannt – durchführten.

Obwohl diese zusätzlichen Psi-Experimente damals von amtlichen Stellen bestritten wurden, konnte J. L. Wilhelm, Korrespondent der *Washington Post*, in Erfahrung bringen, daß das Navy Electronics Laboratory Center in San Diego, Kalifornien, unter der Leitung eines erfahrenen Bionik-Experten dennoch an einschlägigen Tests beteiligt war.

Das Kommunikationsprojekt Sanguine/SEAFARER wurde im Jahre 1968 erstmals offiziell erwähnt. Damals beabsichtigte die US-Marine in Nord-Wisconsin eine große, jederzeit einsatzbereite Sendeanlage zu errichten, die eine direkte Funkverbindung zwischen dem Präsidenten und den in aller Welt operierenden US-Atom-Unterseebooten ermöglicht. Auf einer Fläche von nahezu 10 000 Quadratkilometern sollte in ein bis zwei Meter Tiefe eine gigantische Radioantenne vergraben werden, die im ELF-Bereich etwa 30 Millionen Watt abstrahlt.

Aufgrund heftiger Reaktionen der dortigen Umweltschutzorganisationen trug sich die Navy mit der Absicht, die geplante Anlage nach Texas zu verlegen. Als sie auch gegen den erbitterten Widerstand der Texaner nichts auszurichten vermochte, versuchte sie schließlich in Michigan Fuß zu fassen. Verschiedene Bürgerinitiativen brachten auch dieses Vorhaben zu Fall, woraufhin die Marinebehörde 1971 am Cham-See im nördlichen Wisconsin wenigstens eine kleine ELF-Anlage errichten konnte, mit der man Grundlagenforschung betreiben wollte.

Die je zur Hälfte in Ost-West- und Nord-Süd-Richtung verlaufende 50 Kilometer lange Testantenne ist in nichtleiten-

de Felsformationen des Laurentinischen (Kanadischen) Schildes eingebettet. Mit ihr konnte man bei einer Sendeleistung von weniger als einem Watt an unter dem Treibeis des Nordmeeres getauchte U-Boote Nachrichten übermitteln. Eine Geheimhaltung dieses Projekts war wegen der hiermit verbundenen umfangreichen Erdarbeiten nicht möglich.
Nachdem es sich herausgestellt hatte, daß normale Spannungsleiter – elektrische Weidezäune (Wobbler), Telefon- und Überlandleitungen usw. – in parallel verlaufenden ELF-Antennen hohe Spannungen induzieren, die eine elektrische Verseuchung der hiervon betroffenen Gebiete zur Folge haben, protestierten die dortigen Umweltschützer erneut gegen dieses Versuchsprogramm. Die Behauptung einiger Wissenschaftler, daß sich der elektrische Smog nachhaltig auf den biologischen Rhythmus auswirke, war zutreffend. Damals durchgeführte Untersuchungen ließen erkennen, daß der Orientierungssinn von Wildgänsen und -enten sowie von jungen Möwen bei häufigem Überfliegen aktivierter ELF-Antennen zeitweilig aussetzt. Von Hunden weiß man, daß sich ihr Blutdruck unter Einwirkung von ELF-Smog deutlich erhöht. Bei Insekten kann es hierbei sogar zu genetischen Mutationen kommen.
Als man schließlich bei Marinetechnikern, die längere Zeit den geringen ELF-Strahlungsdosen der Testanlage ausgesetzt waren, einen abnormal hohen Anteil an dem für Schlaganfälle und Koronarprobleme typischen Serum Triglycerid festgestellt hatte, wurde das Projekt SEAFARER eingestellt.
Robert C. Beck beschrieb in *Newsletter* 4/1978 der Association for Humanistic Psychology die Wirkung künstlich erzeugter ELF-Felder ausführlich: »ELF-Felder von 6,67 bzw. 6,26 Hz und tiefer vermögen Verwirrung, Angst, De-

pressionen, Spannungen, Übelkeit, längere Reaktionszeiten, Desynchronisationserscheinungen im EEG und andere vegetative Störungen auszulösen. Umgekehrt bewirken Schwingungen von 7,83, 8,0 und 9,0 Hz den Abbau von Ängsten und Spannungen; sie erzeugen gewissermaßen meditationsähnliche Zustände.« Beck billigt demzufolge den ELF-Frequenzen Trägerfunktion für ASW, Radiästhesie, psychotronische Effekte und verwandte paranormale Phänomene zu.

Westliche Kommunikationsexperten beobachteten Ende der siebziger Jahre mit wachsender Besorgnis eine verstärkte Sendetätigkeit der Russen im ELF-Frequenzbereich von 5 bis 15 Hz, dem psychoaktiven, neuronale Kerneffekte auslösenden Teil des elektromagnetischen Spektrums. Diese niederfrequenten ELF-Wellen sind hochfrequenten Trägerwellen im Bereich von 5 bis 30 MHz (Kurzwellen) aufmoduliert, die mit einer Sendeleistung von mehr als 40 Megawatt abgestrahlt werden. Wenn man zum Übertragen psychotronisch modulierter ELF-Wellenmuster unterschiedliche Trägerfrequenzen im Megahertz-Bereich benutzt, lassen sich durch eine Art Bündelungseffekt (zeitliches Synchronisieren) solche psychisch aktiven Signale abstrahlen. Bearden bezeichnete diese komplexen Frequenzen, offenbar wegen ihrer psychisch zermürbenden Wirkung, als »Specht«-Signale. Sie sollen etwa fünfundzwanzig- bis dreißigmal so stark wie das mit 7,0 bis 7,5 Hz schwingende irdische Magnetfeld sein.

Die Gehirnwellen des Menschen, von Säugetieren überhaupt, werden durch die Schwingungen des Erdmagnetfelds z. B. bei 7,5 Hz sanft zum Mitschwingen angeregt. Starke Specht-Signale, die niedrigere bzw. höhere ELF-Frequenzen (z. B. 10 Hz) übertragen, können dagegen die im menschlichen Gehirn normalerweise wirksam werdenden

schwachen Magnetfeld-Rhythmen partiell ausblocken oder überlagern. Anders ausgedrückt: Die Gehirnwellen der von starken ELF-Emissionen überschütteten Personen gleichen sich der künstlich induzierten Specht-Frequenz an; sie werden von dieser teilweise übernommen.
Durch einfaches Zumischen der gewünschten Modulationsmuster ließen sich Informationssignale direkt in den Bewußtseins-Gehirn-Verbund pumpen und dadurch in breiten Kreisen der Bevölkerung die zuvor erwähnten Reaktionen hervorrufen.
Im Gegensatz zu den in der Rundfunk-Sendetechnik angewandten Amplituden- und Frequenzmodulationsverfahren wird beim Zumischen psychotronischer Muster jedes einzelne Photon der elektromagnetischen Trägerwelle entsprechend moduliert. Dadurch führt jedes Photon – es besteht bekanntlich aus dem Produkt »Energie x Zeit« – in seiner Zeitkomponente die gesamte psychotronische Information mit.
Psychotronische Signale lassen sich übrigens nicht nur mittels spezieller ELF-Antennen verbreiten, sondern auch in jedem Signalträger – z. B. Fernsehen, Radio, Telefon, Satellitenfunk, Stromleitungen – entweder direkt oder über deren Energiezufuhr einspeisen.
Von Fernsehstationen oder TV-Satelliten abgestrahlte psychotronisch modulierte Bildsignale werden im Empfänger in Photonen (sichtbare Lichtteilchen) umgewandelt. Die in der Zeitkomponente dieser Photonen mitgeführten psychotronischen Signale erreichen schließlich das Auge des Zuschauers und werden an dessen Netzhaut-Zwischenschicht von ihrem elektromagnetischen Träger getrennt. Auf diese Weise gelangen schwache psychotronische Impulse unbemerkt in das zentrale Nervensystem, wo sie, in Abhängigkeit von der körperlichen Konstitution, nach ei-

niger Zeit unterschiedliche psychisch-physische Reaktionen auslösen. Wenn die ELF-Infiltration unauffällig, d. h. über längere Zeiträume, stattfindet, ist die Gefahr ihrer Entdeckung äußerst gering.

Durch mit psychotronischen Informationen modulierte Trägerfrequenzen könne man nicht nur große Teile der Bevölkerung eines Landes »konditionieren«, sondern, nach Meinung amerikanischer Wissenschaftler, auch elektronisch betriebene militärische Anlagen stillegen, was durch »Abwürgen« der Elektronenaktivität geschähe.

Eine genaue Auswertung der in den USA aufgefangenen ELF-Emissionen ergab, daß in der früheren Sowjetunion mit psychotronisch modulierten elektromagnetischen Trägerfrequenzen experimentiert wurde. Bereits vor 1978 entdeckte R. Beck in dem von ihm beobachteten ELF-Bereich »merkwürdige Wellenzüge« (Muster), die offenbar künstlichen Ursprungs waren. Seine Vermutung, es handle sich hierbei um Emissionen sowjetischer Großraumstationen, wurde wenig später von Funküberwachungsstellen der dänischen Abwehr bestätigt. Diese gaben die Leistung der Sender mit 40 Megawatt sowie deren Standorte mit Riga und Gomel an. Man vermutete zunächst, daß die Sowjets eine Art Überhorizont-Radar erprobten, was sich jedoch schon bald als Irrtum herausstellen sollte.

In den an der amerikanischen Westküste im Bundesstaat Oregon gelegenen Städten Eugene, Portland und Bend, aber auch im kanadischen Timmins und Kirkland Lake, Ontario, sollen die starken ELF-Signale damals nervtötende Brummeffekte hervorgerufen haben. Auffallend viele Ohren- und Halserkrankungen, Kopfschmerzen, Schlaflosigkeit, Hautrötungen sowie emotionale Probleme wurden gemeldet.

Dr. Andrew Michrowski von der kanadischen Planetary

Association for Clean Energy glaubte, den Grund erkannt zu haben: »Sie [die ELF-Attacke] dient eindeutig militärischen Zwecken und verfolgt das Ziel, die Bevölkerung in ihrer Denkfähigkeit und Verteidigungsbereitschaft zu beeinträchtigen.«

Das mit Funküberwachungsaufgaben betraute kanadische Transportministerium – es ermittelte in dieser Angelegenheit zunächst gegen Unbekannt – erkannte als Ursache der Störungen Oberwellen einer Grundfrequenz von 6,67 Hz. Diese Frequenz aber liegt genau in dem von Beck spezifizierten Bereich negativer ELF-Auswirkungen. Es wurde seinerzeit gemunkelt, die kanadische Regierung habe bei den Sowjets gegen die ELF-Dauerberieselung protestiert.

Nach Beck gibt es vorerst keine Möglichkeit des zuverlässigen Schutzes vor gezielten ELF-Emissionen. Abschirmungen aus mehrlagigem Stahlblech bzw. hochnickelhaltigen Magnesiumlegierungen (Mu-Metall) erwiesen sich als völlig nutzlos. Vielleicht gelingt es in Fällen einer akuten ELF-Einwirkung, die Bevölkerung durch Desensibilisierungsmaßnahmen, Psychopharmaka oder auch durch portable, die eintreffenden Signale abblockende elektromagnetische Oszillatoren zu schützen.

2 *Wellen jenseits von Raum und Zeit*

Der aus Similjan (Kroatien) stammende, 1884 in die USA emigrierte Physiker und Elektroingenieur Nikola Tesla – zeitlebens ein Exzentriker, dessen verwegene technische Konzeptionen und Extravaganzen ihm den Ruf eines Allround-Genies eingebracht hatten – hinterließ der Nachwelt eine Fülle interessanter Erfindungen, die bis heute noch nicht alle ausgewertet wurden. Tesla entdeckte nicht nur das in der Elektrotechnik genutzte Drehstromprinzip, sondern auch einen Transformator zum Erzeugen sehr hoher Wechselstromspannungen (Tesla-Ströme) sowie einen in Dreiphasenschaltung betriebenen Induktionsmotor.

Im Jahre 1893 lieferte er mit seinem Wechselstromsystem die gesamte Elektroenergie für die Beleuchtung der Weltausstellung von Chicago. Er demonstrierte dort selbst die Ungefährlichkeit von hochfrequentem Wechselstrom, indem er, ohne Schaden zu erleiden, eine Spannung von einer Million Volt an seiner Körperoberfläche fließen ließ. Bereits zwei Jahre später wandelte man mit einer von ihm entwickelten Wechselstromanlage die gewaltigen Wasserkräfte der Niagarafälle in elektrische Energie um.

Nichts schien Teslas Schaffenskraft bremsen, seine Freude am Experimentieren und Erfinden hindern zu können. Zwischen 1897 und 1905 arbeitete er an Verfahren zur drahtlosen Übertragung von Energie. Ihm gelang es schließlich, von Colorado Springs, Colorado, aus 200 Glühlampen, die in einer Entfernung von 42 Kilometern installiert waren, drahtlos mit Strom zu versorgen, indem er als Phasenleiter die Erde benutzte.

Auf der Elektro-Jahresschau 1898 in New Yorks Madison Square Garden führte Tesla die erste Funk-Fernsteuerung von Schiffsmodellen vor. Noch im gleichen Jahr befaßte er sich mit der Konstruktion funkgesteuerter Torpedos, einer Erfindung, die ihm sogar patentiert worden war.

Schon um die Jahrhundertwende beschrieb Tesla die Möglichkeit des Ortens weit entfernter Schiffe mittels elektromagnetischer Wellen – das Radarprinzip –, die heute unter anderem bei Raketen und Satelliten angewandte Fernlenkung von Flugobjekten sowie den Einsatz sogenannter »Todesstrahlen« – Laser- und Partikelstrahlenwaffen, wie sie derzeit von den Großmächten mit Hochdruck entwikkelt werden.

Indem Tesla den Begriff der nicht-hertzschen, nicht-elektromagnetischen Skalarwellen, einen den Faktor Zeit berücksichtigenden, vierdimensionalen Wellentyp – einführte, erweiterte er Maxwells Elektromagnetische Feldtheorie um eine scheinbar »nicht-physikalische«, psychotronische Komponente. Hiermit schuf er die Voraussetzung für das Erkennen einer erweitert-physikalischen, allumfassenden Realität, für einen bislang nie dagewesenen Paradigmenwechsel, der sich jetzt in völlig neuartigen Technologien auszuwirken beginnt. Bedauerlicherweise wurde ihm diese, seine bedeutendste Entdeckung, deren Konsequenzen heute noch nicht abzusehen sind, zum Verhängnis. Kapitalgeber, die Tesla zuvor bei der Finanzierung fortschrittlicher elektrotechnischer Großprojekte unterstützt und dabei gut verdient hatten, vermochten den genialen Gedankengängen Teslas nicht zu folgen. Sie verweigerten ihm plötzlich die finanzielle Gefolgschaft und lavierten ihn durch mancherlei Intrigen rücksichtslos ins wirtschaftliche und gesellschaftliche »Aus«.

Befassen wir uns etwas ausführlicher mit diesen merkwürdigen, für die theoretische Erörterung psychotronischer Techniken allerdings außerordentlich wichtigen nicht-hertzschen Wellen, die zwar mit magnetischen, elektromagnetischen und gravitativen Feldern interagieren, selbst jedoch auf einem höheren Biofeld angesiedelt sind.

Normale elektromagnetische (Hertzsche) Wellen sind, mathematisch gesehen, *Vektorwellen.* Unter Vektoren versteht man Größen, die durch Richtung (Pfeil), Angriffspunkt und einen bestimmten Zahlenwert festliegen. Bei Vektorfeldern (z. B. elektromagnetischen Feldern) werden die Feldgrößen durch solche Vektoren bestimmt. Im Gegensatz hierzu stellen die von Tesla entdeckten, nicht-elektromagnetischen Skalarwellen einen Wellentyp dar, dessen spezielle Eigenschaften keine konventionell-physikalische Interpretation zulassen. Bei Skalaren handelt es sich um mathematische Größen, die allein durch Zahlenwerte festgelegt sind. Skalarfelder werden durch besagte skalare Größen beschrieben. Da sie die Zeitkomponente enthalten, erfüllen sie eine Brückenfunktion zwischen rein-physikalischen und höherdimensionalen Bewußtseinsfeldern. Die Skalarwellen bilden, anders als elektromagnetische Wellen, keine Wellenfronten. Sie können noch am ehesten mit pulsierenden Segmenten verglichen werden, die entlang einer Geraden unser physikalisches Universum in nahezu Nullzeit »durchqueren«.

Nach Auffassung amerikanischer Wissenschaftler lassen sich mittels Skalarwellen Raum und Zeit unabhängig voneinander, aber auch im Verbund beeinflussen. Diese nicht-elektromagnetischen Wellen können sich bei linearem Zeitfluß räumlich bzw. ausschließlich zeitlich, aber auch kombiniert räumlich-zeitlich bewegen. Skalarwellen zeigen bei räumlich-zeitlichen Bewegungen im Raum ein höchst sonderbares Verhalten. Sie oszillieren zwischen den Extremen »räumlicher Stillstand bei kontrahierender Zeit« und »glatter räumlicher Bewegung bei ruhig-gleichmäßig fließender Zeit«. Einfacher ausgedrückt: Die Wellen verharren wie eine Säule an einer Stelle, ziehen sich mit einemmal für einen Augenblick zusammen, nehmen dann allmählich räumliche Geschwindigkeit an, wobei sie sich sanft durch den Raum bewegen, und bremsen wieder ab, um sich erneut zu einer »ruhenden Säule« zu stauen. Wellen dieses Typs werden in der Funktechnik als stehende, stationäre Wellen (Stehwellen) bezeichnet.

Skalarwellen verletzen bzw. erweitern mit ihrem extremen

Verhalten die uns bekannten Naturgesetze auf mannigfache Weise. Sie können sich langsamer oder, da die Lichtgeschwindigkeit (etwa 300 000 Kilometer/Sekunde) für sie keine Grenze darstellt, auch schneller als Licht, d. h. mit Überlichtgeschwindigkeit fortbewegen. Anders als bei normalen elektromagnetischen Wellen, nimmt ihre Energie mit dem Quadrat ihrer Entfernung vom Sender nicht ab. Diese Eigenschaften qualifizieren sie möglicherweise als ideale Informationsträger für die Nullzeit-Kommunikation zwischen hochtechnisierten galaktischen Zivilisationen.

Bearden erkennt in den Tesla-Skalarwellen reine Zeitschwingungen. Als solche würden sie unter bestimmten Voraussetzungen die »Fließgeschwindigkeit« der Zeit, den »Zeitfluß« und das ihn enthaltende Gravitationsfeld beeinflussen. In unmittelbarer Nähe starker Skalarfelder müßte es zu meßbaren Zeitverwerfungen – Zeitdilatationen oder -kontraktionen – kommen, Erscheinungen, die nicht einmal subjektiver Natur zu sein brauchen. Solche Zeitphänomene werden nicht selten auch bei Ufo-Nahkontakten beobachtet, was auf die Anwesenheit von Skalarfeldern schließen läßt. Da die Zeitkomponente allen Biofeldern gemeinsam ist, darf angenommen werden, daß Skalarwellen auch Bewußtseinsfelder beeinflussen können. Dimensionsübergreifend überbrücken die Skalarwellen selbst Raumzeit-Kurzschlüsse. Sie durchdringen, indem sie in der Erde oder in der Ionosphäre Stehwellen bilden, große Erd- bzw. Wassermassen quasi in Nullzeit.

Eine normale transversale, quer zur Fortpflanzungsrichtung schwingende elektromagnetische Welle (Vektorwelle) besteht gemäß E. T. Whittaker aus zwei gekoppelten longitudinalen, d. h. in Fortpflanzungsrichtung schwingenden Skalarwellen. Treten letztere wieder zusammen, entsteht erneut eine normale elektromagnetische Welle. Durch Entkoppeln von Vektorwellen – ihre Zerlegung in jeweils zwei Skalarwellen – und Koppeln dieser beiden Komponenten am Zielort lassen sich selbst über große Entfernungen elektromagnetische Wellen verstärken oder abschwächen, erzeugen oder vernichten, was, nach Beardens Ansicht, mit Hilfe eines speziellen *Interferometers* geschehen könnte. Normalerweise versteht man darunter ein optisches Gerät, das der Längenmessung bzw. dem Vergleich der Lichtgeschwindigkeit in verschiedenen Substanzen dient. Ein *psychotronisches Interferometer* ist hingegen ein Instrument, mit dem sich eine normale elektromagnetische Welle in zwei Skalarwellen unterschiedlicher Laufgeschwindigkeiten zerlegen läßt, die, nachdem sie sich in verschiedene Richtungen fortbewegt und Übertragungseffekte gezeigt haben, erneut zu einer elektromagnetischen Welle zusammentreten.

Bei entsprechender Leistungsdichte soll sich nach dem Skalarwellenprinzip ein hohes energetisches Vernichtungspotential selbst über große Entfernungen übertragen lassen. So könnte man mittels psychotronischer Interferometer, die von freier Energie des Hyperraumes gespeist werden, im erdnahen Luftraum lenkbare *Feuerbälle* »stationieren«, eine energetische Fernlenkwaffe, mit der sich gleichzeitig Hunderte von Flugzeugen, Interkontinentalraketen und sonstige Geschosse, aber auch Ziele auf der Erde sowie Schiffe und Unterwasserfahrzeuge vernichten bzw., bei abgeschwächter Leistung, durch einen elektromagnetischen Puls (EMP) außer Gefecht setzen lassen. Der ehemalige Nachrichtenoffizier, Taktiker und Spezialist für Luftabwehrsysteme Thomas Bearden weiß zu berichten, daß derartige Feuerball-Waffen auf Skalarwellenbasis heute schon erprobt und einsatzbereit sind. In den Jahren 1979 und 1980 registrierten die VELA-Spionage-Satelliten der amerikanischen Abwehr entlang der Südwestküste Afrikas zahlreiche mysteriöse Lichtblitze. Einer dieser Blitze lag ausschließlich im Infrarotbereich des elektromagnetischen Spektrums. Infrarot-Emissionen sind jedoch für nukleare (Test-)Explosionen, Superblitze, Meteoritenschauer und Meteore untypisch. Merkwürdigerweise wurden von Wissenschaftlern des Ionospheric Observatory in Arecibo, Puerto Rico, zum Zeitpunkt des IR-Lichtblitzes gravitative Störungen gemessen, die man mit Skalarwellenaktivitäten in Verbindung brachte, da sich die Gravitationswellen in Richtung der wahrgenommenen Blitze bewegten.

3 *Heilung und Tod aus der Ferne*

»Der Mann, der entdeckt, daß ein Feind mit einem Knochen auf ihn zeigt, bietet ein Bild des Jammers. Er steht entsetzt da, starrt seinen Feind an und hebt die Hände, um das Medium abzuwehren, das seiner Meinung nach in seinen Körper einströmt. Seine Wangen werden bleich, seine Augen werden glasig, und sein Gesicht verzerrt sich zu einer schrecklichen Grimasse ... Er versucht zu schreien, aber für gewöhnlich bleibt ihm der Schrei im Hals stecken. Er hat Schaum vor dem Mund, sein Körper beginnt zu zittern, und seine Muskeln zucken unkontrolliert. Er schwankt nach hinten und stürzt zu Boden und scheint kurze Zeit später ohnmächtig zu sein. Bald darauf windet er sich wie im Todeskampf, er bedeckt sein Gesicht mit den Händen und beginnt zu stöhnen. Danach wird er ganz ruhig und kriecht in seine Hütte. Von diesem Zeitpunkt an kränkelt er, weigert er sich zu essen, enthält er sich aller Stammesaktivitäten. Kommt nicht Hilfe in Form eines Gegenzaubers von einem Nangarri oder Medizinmann, so stirbt er innerhalb kurzer Zeit. Kommt der Medizinmann rechtzeitig, wird er möglicherweise gerettet.«

Über magische Handlungen wie diese – ein Tötungsversuch auf Distanz ohne materielle Waffen – berichtet der amerikanische Anthropologe Dr. Walter B. Cannon (*Voodoo Death*), der unter anderem die Voodoo-Techniken primitiver Stämme der australischen Ureinwohner untersuchte. Es gibt aber auch Fälle, in denen selbst aufgeklärte Personen, die an die Wirkung schwarzmagischer Verwünschungen und das »Übertragen« destruktiver Wünsche nicht glauben, »Opfer« ritueller Praktiken werden. Tritt ein solches Ereignis ein, kann man schwerlich von psychosomatischen Wirkfaktoren sprechen.

Szenenwechsel. Ein anderer Ort, eine andere Situation. Die achtundzwanzigjährige brasilianische Psychologin Marcia F. findet im Mai 1973 bei einem Spaziergang am Strand von Santos eine etwa 15 Zentimeter hohe, aus Gips gefertigte Statuette, in der ihre Tante, die sie begleitet, eine Nachbildung der von Umbanda-Anhängern verehrten Meeresgöttin Iemanjâ erkennt. Obwohl Sand und Wellen die Figur beschädigt und den größten Teil ihrer Farbe abgetragen haben, beschließt Marcia den originellen Fund mit nach Hause zu nehmen. Die Warnungen ihrer Tante, daß es sich um eine schwarzmagische Kultfigur handeln könne, die ihr Unglück bringen werde, schlägt die im katholischen Glauben erzogene junge Frau in den Wind. Wieder zu Hause, stellt sie die zierliche Statuette auf den Kaminsims.

Während der darauffolgenden Monate scheint Marcia vom Unglück verfolgt zu sein. Sie wird mit einer Reihe unangenehmer, in einigen Fällen beinahe tödlich verlaufender Ereignisse konfrontiert, deren Häufung nachdenklich stimmen muß: Nach dem Genuß eines Stückchens Schokolade stellen sich plötzlich Vergiftungserscheinungen bei ihr ein. Ein recht ungewöhnlicher Fall von Lebensmittelvergiftung. In der Folge verliert sie zusehends an Gewicht. Ihre Haut bekommt einen grünlich-gelben Schimmer. Sie wähnt sich am Ende ihrer Kräfte. Allmählich läßt ihr Gedächtnis nach, und sie kann sich nur noch mühsam auf ihre Arbeit und ihre Umgebung konzentrieren. Als sie dann noch Blut zu spucken beginnt, sucht sie eine Klinik auf, um sich röntgen zu lassen. Der Arzt erkennt auf dem rechten Lungenflügel verdächtige Schatten. Ein Mantoux-Test verschafft Gewißheit: Marcia leidet an Tbc. Fünf Wochen später stellt sich bei einer weiteren Untersuchung heraus, daß Marcias Tbc auf unerklärliche Weise ausgeheilt ist – ein Prozeß, der für gewöhnlich mehr als ein Jahr in Anspruch nimmt. Ein Wunder, ein Akt spontaner Heilung?

Kaum daß sie genesen ist, scheinen unbekannte Kräfte sie mit physischer Gewalt vernichten zu wollen. Ihr Dampfkochtopf explodiert ohne erkennbare Ursache, und sie erleidet im Gesicht, am Hals und an beiden Armen Verbrennungen zweiten Grades. Kurz darauf explodiert ihr Ölofen; nur mit knapper Not entkommt sie dem Flammentod. Aber auch jetzt sieht Marcia immer noch keinen Zusammenhang zwischen ihrer Unfallserie und der unscheinbaren Figur. Wie konnte ein toter Gegenstand Schicksal spielen, bei dem, der ihn fand und mitnahm, eine Kette unangenehmer Ereignisse auslösen? Marcia wollte dies alles nicht wahrhaben. Und dennoch …

Erst als sie von einer inneren Stimme fortgesetzt zum Selbstmord gedrängt wurde, als sie nachts die bedrohliche Nähe einer nichtmateriellen Wesenheit zu spüren glaubte, gab sie ihren Widerstand gegen irrationale Erklärungen für das von ihr Erlebte auf. In ihrer Verzweiflung vertraute sie sich schließlich einem Umbanda-Medium an und erfuhr, daß ein Fluch auf ihr laste, weil sie einen der Meeresgöttin Iemanjâ zugedachten Gegenstand unberechtigt an sich genommen habe. Der ihr anhaftende Fluch könne dadurch aufgehoben werden, daß sie die schwarzmagisch »imprägnierte« Figur unverzüglich zum Fundort zurückbringe und sie dort wieder vergrabe.

Marcia erkannte mit einem Mal, daß ihre durch diverse Krankheiten und Unfälle in Mitleidenschaft gezogenen Körperpartien mit den Stellen identisch waren, die auf der Iemanjâ-Figur noch restliche Farbflecken aufwiesen. Zufall oder sympathetische Entsprechung?

Nachdem Marcia den Rat des Mediums befolgt und die Figur an den Strand von Santos zurückgebracht hatte, endete ihre Pechsträhne, normalisierte sich ihr Leben.

Diese von spiritualistischen Gruppen und Sekten in Brasilien, in bestimmten Gegenden Mittelamerikas und Schwarzafrikas sowie auf Haiti und den Philippinen heute meist heimlich praktizierte Form des Figurenzaubers richtet sich zunächst gegen *jeden*, der ein Kultobjekt wissentlich oder unwissentlich an sich nimmt. Die schwarzmagische Handlung – das Imprägnieren des einer Gottheit gewidmeten Objekts mit negativen bioplasmatisch/psychotronischen Informationsmustern – wäre demnach eine Defensivmaßnahme, mit der man unter anderem eine Zweckentfremdung des Kultgegenstandes, seine Entweihung verhindern will. Die Bestrafung des Frevlers – sein persönliches Unglück – soll andere davon abhalten, sich ebenfalls an schwarzmagischen Objekten zu vergreifen.

Mit einer anderen, weitaus häufiger praktizierten Form des Figurenzaubers versuchen Schwarzmagier und verantwortungslose Schamanen bestimmten Personen gezielt und ganz bewußt zu schaden, ihnen auch über große Entfernungen hinweg Krankheit und Tod zu »schicken«. Zu die-

sem Zweck entwenden sie zunächst einen ihrem Opfer gehörenden persönlichen Gegenstand, der von dessen Ausdünstungen oder Absonderungen durchtränkt sein muß. Ist ein solcher nicht zu beschaffen, konzentriert sich der Akteur auf die zu beeinflussende Person, um mit der von ihr gewonnenen Vorstellung – einem imaginären Bild – irgendein verfügbares kleines Objekt zu imprägnieren. Der mit der bioplasmatisch/psychotronischen Komponente des Betroffenen aufgeladene Gegenstand wird dann in flüssiges Wachs eingeknetet, aus dem man schließlich eine kleine Figur formt, die schwarzmagischen Handlungen dient.
Dadurch, daß im Verlaufe eines Abstraktions- oder Entsprechungsaktes die Symbolfigur an bestimmten Punkten (z. B. Herz- oder Gehirnregion) mit Nadeln oder dergleichen durchstochen wird, soll der physische Leib der Zielperson an den entsprechenden Stellen verletzt, ein potentieller Gegner kampfunfähig gemacht oder gar getötet werden.
William Seabrook (1886–1945), ein amerikanischer Journalist und Forschungsreisender, der viele Jahre bei dem westafrikanischen Stamm der Malinke weilte, berichtet von einem belgischen Jäger, der seine Träger so lange terrorisiert hatte, bis die Eingeborenen zur Selbstjustiz schritten und einen in schwarzmagischen Praktiken geschulten Schamanen mit seiner sympathetischen Tötung beauftragten. Dieser benutzte als Entsprechungsobjekt die Leiche eines Mannes, die ihm seine Gehilfen in einem nahe gelegenen Dorf beschafft hatten. Seabrook erinnert sich: »Sie zogen ihr [der Leiche] ein Hemd des Belgiers an, kämmten einige seiner Haare in die ihren ein, klebten Schnipsel von seinen Fingernägeln an ihre Finger und tauften schließlich die Leiche auf den Namen des Belgiers. Dann saßen sie singend und trommelnd um dieses Objekt ihres »Sympa-

thiezaubers« herum und konzentrierten ihren bösen Haß auf den Meilen entfernten Weißen. Einige seiner Angestellten, die Sympathie heuchelten, sorgten dafür, daß der Belgier erfuhr, was gegen ihn im Gange war, daß er so lange auf dem laufenden gehalten wurde, bis er starb.«

Die Tradition des sympathetischen oder Entsprechungszaubers hat in ländlichen Gegenden Europas – vorwiegend in England und Italien – auch heute noch ihre Anhänger. Freilich haben die aus Lehm modellierten Symbolfiguren, die aus Haarteilen und Kleidungsfetzen der zu strafenden Person bestehenden, makaber aussehenden Puppen in unseren Breiten nicht die geringste kultische Bedeutung. Unwissende könnten sie leicht für rustikale Maskottchen, selbstgeschneiderte Hampelmänner oder ähnlichen Firlefanz halten. In ihrer Deplaciertheit wirken sie eher belustigend als furchteinflößend.

Der heute noch in einigen Gegenden der Welt angewandte Bildzauber beruht auf einem ähnlichen Prinzip wie der Todeszauber mittels Figuren und Puppen. Ihm liegt die Annahme zugrunde, daß beim Fotografieren Negativmaterial und Abzüge vom bioplasmatisch/psychotronischen Feld des Fotografierten quasi-holographisch imprägniert und somit für sympathetische Manipulationen sensibilisiert werden. Diese Hypothese ist die Grundlage aller psychotronischer Übertragungstechniken, von der hier in der Folge die Rede sein soll.

Es gibt genügend Beweise für die Wirksamkeit des psychotronischen Übertragungsprinzips, das sich prinzipiell aus der Sympathiemagie – dem Entsprechungszauber – herleiten läßt. Dr. Atkinson-Scarter berichtet über einen Mann, der bei einem Kampf seine Nase eingebüßt hatte. Ein herbeigerufener Chirurg versuchte ihm zu helfen, was aber Schwierigkeiten bereitete, da der Verstümmelte sich weigerte, aus dem eigenen Arm das notwendige Ersatzstück herausschneiden zu lassen. Infolgedessen mußte ein anderer gesucht werden, der aus seinem Arm gegen eine angemessene Entschädigung das erforderliche Ersatzmaterial lieferte. Nach einem Jahr erkaltete plötzlich die mit Erfolg angesetzte Nase und faulte einige Tage später ab. Als man der Angelegenheit nachging, zeigte es sich, daß die Nase in dem Augenblick zu erkalten begonnen hatte, als der Spender des Ersatzstückes gestorben war.

Nur wenige wissen, daß das sympathetisch-psychotronische Übertragungsprinzip für paranormale Heilprozesse - Geistheilung und Geistchirurgie - ebenso gilt wie für schwarzmagische Aktivitäten. Die zahllosen, selbst von Fachärzten bezeugten paranormalen Heilungen lassen erkennen, daß es auch hier einen übergeordneten Wirkfaktor gibt, der von metaphysischen Gesetzen bestimmt wird.

Den Vertretern der Geistheilerszene wird häufig vorgehalten, daß ihre Erfolge ausschließlich auf der Einbildung ihrer Patienten, also auf Autosuggestion beruhen - eine leichtfertig generalisierte Behauptung, die sich mühelos widerlegen läßt.

Daß zumindest bei einer beachtlichen Anzahl dieser unorthodoxen Heilungen Autosuggestion mit absoluter Sicherheit auszuschließen ist, zeigen spirituelle (paranormale) Tierheilungen sowie Fernheilungen ohne Wissen des Patienten.

Der Zürcher Mediziner Dr. Hans Naegeli-Osjord - seine wissenschaftlichen Untersuchungen auf dem Gebiet der spirituellen Heilung verschafften ihm weltweit Anerkennung - berichtet über einen Fall spontaner Tierheilung, der sich vor Jahren in Brasilien zugetragen haben soll: »Die Ärztin [eine Deutsche] wurde zu einer Geburt gerufen. Unterwegs stürzte ihr Pferd und verletzte sich so sehr, daß die

33a

33b

34

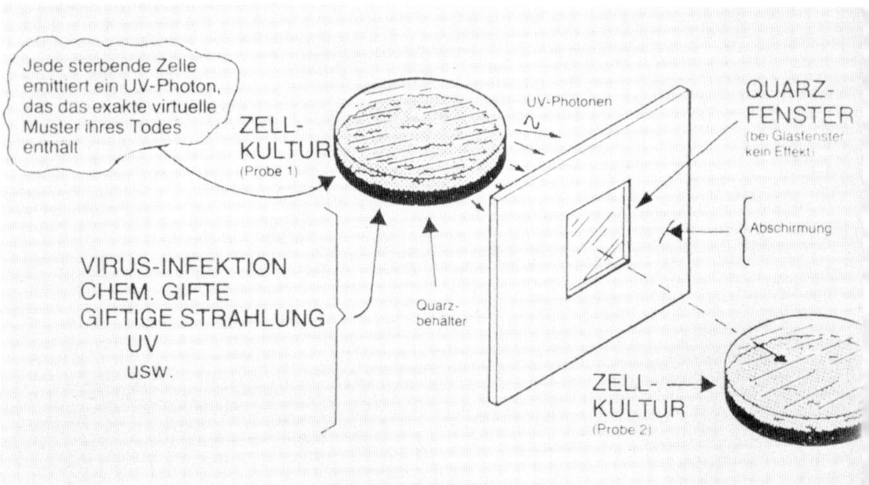
Jede sterbende Zelle emittiert ein UV-Photon, das das exakte virtuelle Muster ihres Todes enthält
ZELL-KULTUR
(Probe 1)
UV-Photonen
QUARZ-FENSTER
(bei Glasfenster kein Effekt)
Abschirmung
VIRUS-INFEKTION
CHEM. GIFTE
GIFTIGE STRAHLUNG
UV
usw.
Quarz-behälter
ZELL-KULTUR
(Probe 2)

35

36

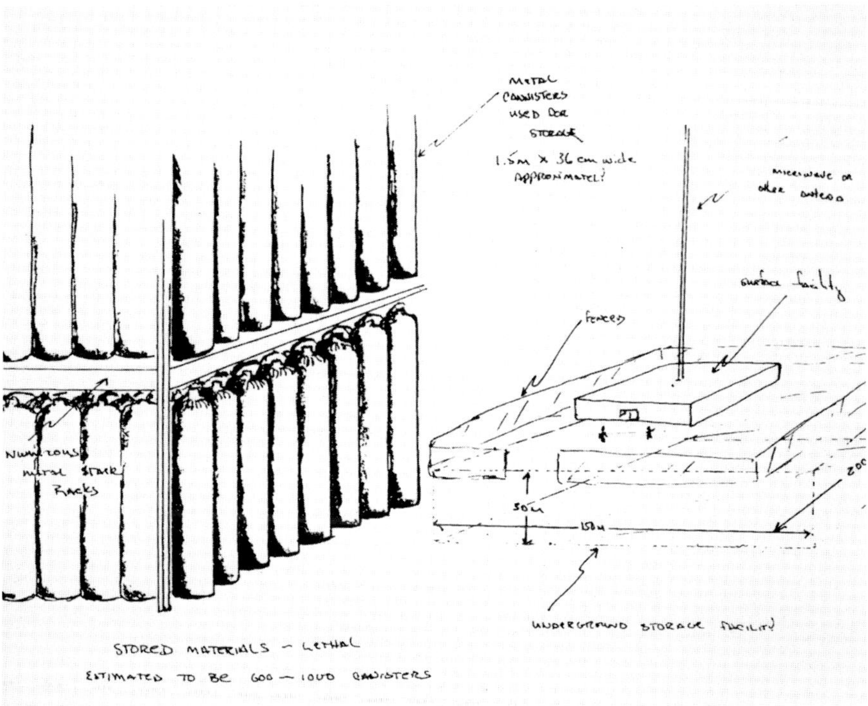

METAL CANNISTERS USED FOR STORAGE
1.5M x 36 cm wide APPROXIMATELY
surface facility
FENCED
NUMEROUS METAL STACK RACKS
50M
150M
UNDERGROUND STORAGE FACILITY
STORED MATERIALS – LETHAL
ESTIMATED TO BE 600 – 1000 CANNISTERS

40

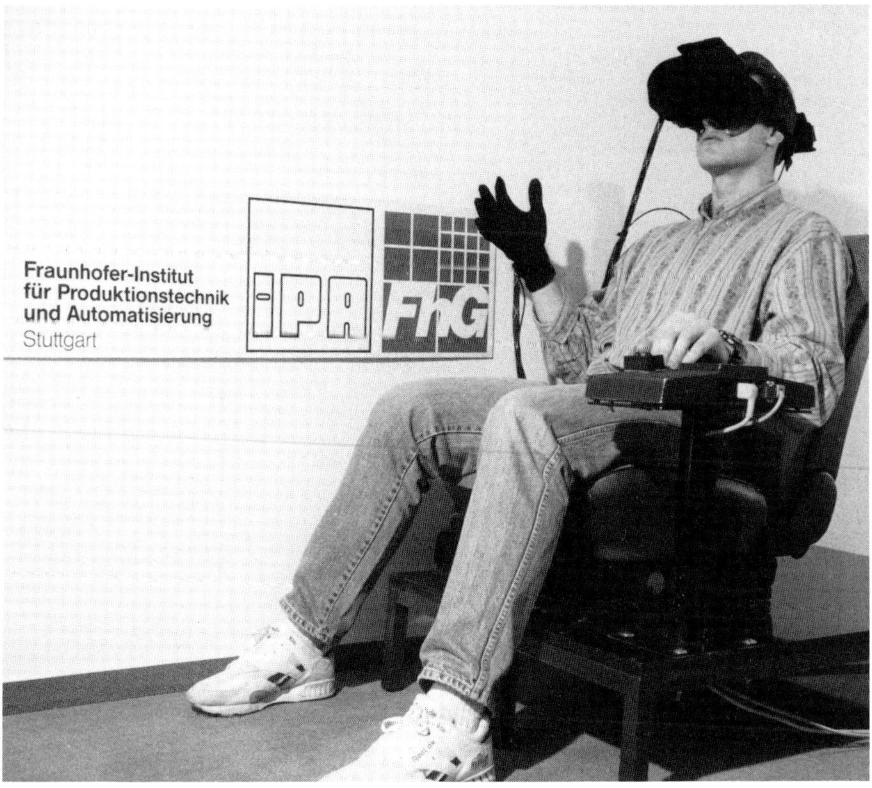

Fraunhofer-Institut
für Produktionstechnik
und Automatisierung
Stuttgart
IPA
FhG

41

42a

42

32 Professor Alexander G. Gurwitsch (1874-1954) entdeckte im Jahre 1923 im Verlaufe seines legendären »Zwiebel«-Experiments (Zellteilungsversuch) die sogenannte mitogenetische Strahlung. Sie besagt, daß alle Lebensprozesse durch Lichtsignale gesteuert werden.

33a, 33b Radionik-Geräte gehören ihrem Ursprung nach zur Gruppe der bioelektrischen Diagnose- und Therapie-Apparaturen. Moderne Modelle sollen auch bei der großflächigen Bekämpfung von Schädlingen auf Feldern und für militärische Zwecke benutzt worden sein.

34, 34a Dr. V. P. Kasnachejew führt in seinem Forschungslabor in Nowosibirsk Zellkommunikationsexperimente großen Stils durch: Zwei Glaskolben (34a) mit Zellkulturen, in die man Trenngläser aus Quarz einsetzt, werden zusammengeflanscht. Wird eine der Kulturen mit Viren infiziert, treten kurze Zeit später an der Nachbarkultur die gleichen Krankheitssymptome auf.

35 Übertragung virtueller Krankheitsmuster nach dem mitogenetischen Prinzip mittels Bio-Photonen (nach Th. Bearden).

36 Die US-Botschaft in Moskau wurde nach Angaben der amerikanischen Abwehr jahrelang mit Mikrowellen »bombardiert«. Während Mikrowellen allein schon krebserregend wirken, behauptet Th. Bearden, daß die Russen diese auf psychotronischem Wege zusätzlich mit virtuellen Krankheitsmustern »moduliert« hätten, die dann in den Körpern der Bestrahlten echte Krankheiten auslösten.

37, 38 Die früheren US-Botschafter in der Sowjetunion Walter Stoessel (37) und Charles Bohlen (38) starben ebenso an Krebs wie Botschafter Llewellin E. Thompson.

39 Der ehemalige amerikanische Geheimdienstmajor Ed Dames gründete 1989 PSI TECH, ein kleines, effizient arbeitendes Fernwahrnehmungsteam, das auf Kontraktbasis Interessenten aus Industrie, Kommerz und Wissenschaft über aktuelle und zukünftige Entwicklungen berät.

40 PSI TECH will im Auftrag der UN (Major Karen Jansen) 1991 durch Fernwahrnehmung im Irak ein Lager mit Ausgangsprodukten für biologische Waffen aufgespürt und hierüber eine Skizze angefertigt haben.

41 Cyberspace-Techniken ermöglichen interaktives Eintauchen in eine virtuelle Realität und vermitteln so das Gefühl eines Mensch/Maschine-Verbunds.

42 Montauk Point auf Long Island (USA), wo auf dem Gelände der früheren Montauk Air Force Base von einer aus Zivilisten und Militärs bestehenden Gruppe unter anderem Bewußtseinsbeeinflussungs-Experimente durchgeführt worden sein sollen. Hierbei spielte eine eigens für diese Zwecke modifizierte Radarantenne eine wichtige Rolle. Es soll auch Zusammenhänge zum umstrittenen »Philadelphia-Experiment« gegeben haben.

42a Die berüchtigte »Sage«-Radaranlage.

getrennten Beinknochen durch die Haut hindurchtraten. Schon wollte die Reiterin dem Tier den Gnadenschuß geben, als sie von einer plötzlich aufgetauchten Indianerin daran gehindert wurde. Da die Ärztin in guter Mission des Weges gekommen sei (Hellsehen!) – so sprach die Frau –, wolle sie helfen. Unter Zaubersprüchen umwickelte sie die gebrochene Stelle mit einer Lianenart, gab dem Pferd einen Klaps und befahl ihm aufzustehen. Es erhob sich sofort und trug die Ärztin sicher zur bevorstehenden Entbindung. Nach Entfernen der Liane erwies sich das Bein als narbenlos, und die Knochenenden waren wieder zusammengewachsen. Einzig die Haare, die sich unter der Liane befunden hatten, blieben gebleicht.«

Professor M. Danzelt, der sich intensiv mit dem magischen Brauchtum der Naturvölker befaßte, erkannte in deren rituell-sympathetischen Handlungen eine Realitätsauffassung, die wir deshalb ablehnen, weil wir sie aufgrund unserer einseitig abgerichteten materialistischen »Programmierung« geistig nicht nachzuvollziehen vermögen. Auf unser beschränktes Realitätsbewußtsein anspielend, meinte er: »Wenn wir z. B. die magischen Handlungen, die Zaubereien des primitiven Menschen als sinnvolle Äußerungen ansprechen, so ist damit eine wichtige Folgerung verbunden. Wir vermögen die magischen Handlungen unserem Leben nicht sinnvoll einzugliedern, in unserem Leben wäre mit diesen kein Sinn zu verbinden ... Wenn wir also die magischen Handlungen als Vorzüge bezeichnen, muß die ›Wirklichkeit‹, mit der sie in Einklang stehen, eine ›andere‹ sein. Das heißt: dem Bewußtsein des Primitiven bietet sich die Wirklichkeit in einer anderen Form dar als den Vertretern unserer Zivilisation.«

Das aus der neuen, transzendierenden Physik abgeleitete vierte Gesetz der Logik (vgl. Kapitel IV/1) – die Möglichkeit der doppeldeutigen Interpretation physikalischer Gesetze – läßt das realitätsoffene Naturverständnis der vermeintlich »Primitiven« gar nicht so unvernünftig erscheinen. Schon in grauer Vorzeit machte der Mensch die Erfahrung, daß das Bewußtsein – Gedanken und Gedankenformen – als eine funktionale Einrichtung nicht nur die Bewußtseinsinhalte anderer, sondern auch unbelebte, materielle Dinge zu beeinflussen vermag.

Bei rituellen Beschwörungen zeigte es sich, daß eine gezielte Einflußnahme auf Fremdsysteme – das psychische Einstimmen auf die Schwingungen des anderen – nur durch stabile, kristallklare Vorstellungsmuster vom Zielobjekt erreichbar ist, die man, wie z. B. beim Jagdzauber, durch ständige Konzentrationsübungen zu erlangen suchte. Im Laufe der Jahrtausende entdeckte man bestimmte Hilfsmittel zum Stabilisieren des Bewußtseins – spiegelnde Wasseroberflächen, glänzende Steine und Kristalle –, entwickelte man Pendel und Wünschelruten usw., unkomplizierte psychotronische Instrumente, deren man sich heute vornehmlich zum Orten von Wasser- bzw. Erzadern, zum Aufspüren von Öllagerstätten sowie zum Diagnostizieren von Krankheiten bedient.

Um die Jahrhundertwende wurden von dem aus Deutschland stammenden Arzt Dr. Albert Abrams (1863–1924) – er war Professor für Pathologie an der medizinischen Fakultät der Stanford University, Kalifornien – erstmals Überlegungen angestellt, sympathetische Handlungen zu technisieren, sie in Anlehnung an das Rundfunk-Sende- und Empfangsprinzip auch auf Distanz übertragbar zu machen.

Abrams' Oszilloklasten (Abrams-Box), Reflexophon, Energeiaometer und Biometer – psychotronische Geräte, die vor allem diagnostisch-therapeutische Aufgaben erfüllten –

inspirierten andere Erfinder, ähnlich unorthodoxe Apparaturen zu entwickeln. Sie wurden später unter dem Sammelbegriff *Radionik*- bzw. *Psionik*-Geräte bekannt.

Die Radionik – ein Spezialgebiet der Radiästhesie – befaßt sich mit dem Herbeiführen energetischer Gleichgewichtszustände in den von der Natur vorgegebenen Organisationsmustern. Bei den von Abrams und seinen Nachfolgern entwickelten psychotronischen Therapiegeräten geschieht dies durch eine Art Abgleichvorrichtung. Sie emittieren Korrektursignale, die kranke organische Substanz entweder nachhaltig modifizieren oder völlig zerstören sollen. Ihr Funktionsmechanismus ähnelt dem eines Rundfunkempfängers. Auch hier wird bei der Stationswahl der Empfängerschwingkreis auf die Frequenz des zu empfangenden Senders abgestimmt. Bei der therapeutischen Behandlung von Krankheiten mittels Radionik-Geräten verfährt man im Prinzip ebenso: Die entarteten Moleküle und Zellen kranker Organe werden mit den bioplasmatisch/psychotronischen Frequenzmustern in Resonanz gebracht, um den Heilungsprozeß einzuleiten.

Radionik-Geräte können, wenn Blut- oder Gewebeproben des Patienten vorliegen, auch in dessen Abwesenheit zur Erstellung genauer Diagnosen herangezogen werden. Nach dem sympathetischen Prinzip verfügen Patient und Probe über die gleiche virtuelle (nicht-elektrische) Schwingungsfrequenz, d. h. sie stehen über noch so große Entfernungen ständig miteinander in direkter Verbindung. Über den Hyperraum sind beide miteinander »kurzgeschlossen«.

Nach diesem bereits mehrfach erwähnten Cyborg-Prinzip will Abrams mit seinem Reflexophon bei Verwendung von nur *einem* Tropfen Blut einwandfreie Diagnosen gestellt haben. Besonders spektakulär erscheint sein Telediagnose-Experiment vom 12. Oktober 1915, an dem Professor J. T.

Fisher von der University of Southern California, Los Angeles, teilnahm. Von San Francisco aus untersuchte Abrams über Telefonkabel Blut- und Gewebeproben eines in Obhut von Fisher befindlichen Patienten; die Entfernung betrug etwa 750 Kilometer (!).
Für das medizinische Establishment der damaligen Zeit stellte seine experimentell gestützte Resonanztheorie eine unerhörte Herausforderung dar, der man mit Mißtrauen und Ablehnung begegnete. Erst in den fünfziger Jahren fanden sich zahlreiche an der Radionik interessierte Wissenschaftler und Ingenieure, die Abrams' Pionierarbeit fortsetzten und sie um einige spektakuläre, auf dem neuesten Stand der technischen Entwicklung beruhende Aspekte erweiterten. Es waren dies vor allem der Amerikaner Dr. Thomas Galen Hieronymus, der für seinen »Detektor zum Registrieren und Messen von Strahlen verschiedenster Metalle« das US-Patent Nr. 2482773 erhielt, die Elektro-Ingenieure Curtis P. Upton, William J. Knuth und der Chemiker Howard Armstrong, Ex-General Henry Gross, die Wissenschaftlerinnen Ruth Drown und Frances Farrelly sowie das englische Ehepaar George und Marjorie De la Warr.
Dem inzwischen verstorbenen Physiker John W. Campbell – er befaßte sich als Herausgeber des US-Magazins *Analog* selbst mit der Erprobung und Weiterentwicklung psychotronischer Geräte – ist es zu verdanken, daß die nach dem Zweiten Weltkrieg neu erstandene Radionik, von Scharlatanen und Geschäftemachern gesäubert, einer breiten Öffentlichkeit vorgestellt wurde. Er experimentierte unter anderem mit dem von Hieronymus entwickelten Detektor (der Hieronymus-Maschine), einem Gerät, das nach Auffassung seines Erfinders »eloptische« Energie – gebildet aus »*El*ektronenfluß« und »*optische* Wellen« – zu erzeugen vermag.

Hieronymus war fest davon überzeugt, eine völlig neue Energieform, eine Art Zwitterenergie, entdeckt zu haben, die einerseits Maxwells Theorie des elektromagnetischen Feldes, andererseits aber auch den Gesetzen der Optik gehorchte.

Die einzelnen Bauelemente des Hieronymus-Detektors sind in einem lichtgeschützten Behälter untergebracht, an dessen Stirnseite innen, direkt hinter einem winzigen Spalt ein Glasprisma – als optische Komponente – angeordnet ist. Ihm schließt sich ein kleiner, schwenkbar montierter Kupferstab, eine Art Abstimmvorrichtung (Tuner), an, der durch sämtliche Brechungswinkel des Prismas bewegt werden kann. Dieser Tuner steht elektrisch mit dem Eingangsteil eines dreistufigen, gegen Lichteinfall zusätzlich geschützten Hochfrequenzverstärkers in Verbindung. Der Ausgangsteil des Verstärkers endet außerhalb des Behälters in einer flachen Spule, die zwischen zwei aus Kunststoff bestehenden Platten angeordnet ist.

Die in das Prisma einfallenden Wellen werden, je nach Frequenz, unter entsprechenden Brechungswinkeln weitergeleitet. Sie treten unmittelbar hinter dem Prisma als sogenannte »Einzustands-Entitäten« (Wellen oder Teilchen) sowie als »Zweizustands-Entitäten« (Masse-Zeit-Verbund) in Erscheinung. Bei letzteren handelt es sich, vereinfacht ausgedrückt, um dreidimensionale Bündel zweidimensionaler Wellen, gewissermaßen um Wellenpakete oder Wavikels (gebildet aus engl. *wav*e, Welle, und Part*ikel*), deren schizophren anmutender Zwitterzustand sich nur nach dem zuvor erörterten metalogischen Gesetz (Vgl. Kapitel IV/1) verstehen läßt.

Wenn nun der Kupferstab auf den Brechungswinkel der einfallenden Entitäten eingestellt ist, wird er gleichzeitig sowohl von Einzustands- als auch von Zweizustands-Entitäten, eben jenen Wavikels, getroffen. Während die Einzustands-Entitäten vom Tuner neutralisiert werden (Kupfer leitet sie ab), passieren die Wavikels diesen ungehindert. Sie werden im Hochfrequenz-Teil der Anlage, genau wie normale Elektronen, verstärkt und erzeugen in der nachgeschalteten Spule nicht-elektrische (eloptische) Energiefelder. Diese sind wegen ihrer höherdimensionalen Beschaffenheit mit elektrischen Meßinstrumenten nicht meßbar. Sensitiv veranlagte Personen können sie jedoch mit ihren Sinnesorganen wahrnehmen. Beim Berühren der Kunststoff-Platten am Ausgangsteil des Geräts sollen sich unterschiedliche Empfindungen einstellen. Die einen wollen ein Prickeln oder Vibrieren, die anderen etwas »Fettiges« oder »Sirupartiges« gefühlt haben. Bearden sieht übrigens durch die mit der Hieronymus-Maschine erzielten Effekte seine aus dem Doppelspaltexperiment abgeleitete Hypothese von der Existenz sogenannter Doppelzustandsentitäten vollauf bestätigt.

Upton und Knuth befaßten sich als erste mit der Kommerzialisierung der Radionik-Geräte in der Landwirtschaft. Sie versuchten zunächst mit einer weiterentwickelten Version der Hieronymus-Maschine die etwa 12 000 Hektar großen Baumwollfelder der Cortaro Management Company bei Tucson, Arizona, von Schädlingen zu säubern. Luftbildaufnahmen der befallenen Felder dienten als Grundlage für die »Fernbestrahlung« des Zielobjekts. Sie placierten sie zusammen mit einer für Baumwollschädlinge giftigen Substanz auf der Kollektorplatte ihres Radionik-Gerätes. Nachdem sie dessen Tuner auf die Resonanzfrequenz der Luftbildaufnahme und damit indirekt auch auf die der Felder in ihrer Gesamtheit eingestellt hatten, ließen sie die mit dem psychotronischen Muster des Giftes modulierte, nichtelektrische Energie über eine Spezialantenne auf die Schädlinge einwirken. Die Bemühungen der beiden Ingenieure zahlten sich aus: Die Gesellschaft selbst ließ verlauten, daß ihre Erträge um etwa 25 Prozent über denen des statistisch ermittelten Landesdurchschnitts lagen. Daraufhin wurden Upton und Knuth von neunzig Farmern im Cumberland-Tal, Pennsylvania, vertraglich mit der Säuberung ihrer Felder beauftragt.

Ihr Kollege Armstrong experimentierte indessen mit einem ähnlichen Radionik-Gerät an der amerikanischen Ostküste, indem er dort vorwiegend Maisfelder »säuberte«. Einer seiner Versuche erscheint besonders spektakulär, weil er die Wirksamkeit psychotronischer Übertragungstechniken verdeutlicht, die sich, den jeweiligen Gegebenheiten angepaßt, möglicherweise auch für unorthodoxe militärische Operationen heranziehen lassen. Peter Tompkins und Christopher Bird schildern dieses unter Kontrollbedingungen durchgeführte Experiment in ihrem aufsehenerregenden Buch *Das geheime Leben der Pflanzen:*

»Nachdem Armstrong eine Luftaufnahme eines Maisfeldes gemacht hatte, das bereits von Schädlingen befallen war, schnitt er eine Ecke der Aufnahme ab. Den Rest legte er auf die ›Kollektorplatte‹ eines der Uptonschen Radionikgeräte und fügte eine kleine Portion eines Insektizids hinzu, das aus der Wurzel eines verholzten asiatischen Rebengewächses gewonnen wird.

Nach mehreren fünf- bis zehnminütigen Behandlungen, bei denen die Wählscheiben auf bestimmte Zahlen der Skala eingestellt waren, wurde eine sorgfältige ›Schädlingszählung‹ durchgeführt. Sie ergab, daß 80 bis 90 Prozent der Käfer aus den Maispflanzen des behandelten Fototeils entweder gestorben oder verschwunden waren. Die unbehandelten Pflanzen der abgeschnittenen Ecke zeigten weiterhin einen hundertprozentigen Befall.«

B. A. Rockwell, der als Forschungsleiter der Pennsylvania Farm Bureau Cooperative Association in Harrisburg Zeuge dieses Experiments geworden war, wußte damals begeistert zu berichten: »Schädliche Insekten aus einer Entfernung von achtundvierzig Kilometer zu bekämpfen, und das ohne Gefahr für Mensch, Pflanze oder Tier, ist vielleicht eine Errungenschaft, wie sie in der wissenschaftlichen Bekämpfung von Pflanzenschädlingen bisher einmalig sein mag. Jemandem wie mir, mit einer neunzehnjährigen Erfahrung auf diesem Forschungsgebiet, erschien dieses Kunststück unwirklich, unmöglich, phantastisch und verrückt. Und dennoch: sorgfältige Zählungen an den behandelten und unbehandelten Maispflanzen, die ich selbst durchführte, ergaben eindeutig einen Vernichtungsquotienten von zehn zu eins zugunsten der behandelten Pflanzen.«

Der Engländer George De la Warr (1904–1969) und seine Ehefrau Marjorie befaßten sich in mühsamer Kleinarbeit mehr als dreißig Jahre mit der Verbesserung der von Abrams und Hieronymus entwickelten Geräte, mit der Stabilisierung des Radionik-Effekts. Es gelang ihnen, mittels eigens hierfür gezüchteter Bakterienkulturen Abrams' grobe Gerätejustierungen – Markierungen der Schwingungsfrequenzen auf der Einstellskala – genauer zu eichen und weiter zu verfeinern. Sie wollen auf diese Weise insgesamt 4000 unterschiedliche Einstellpunkte ermittelt haben.

Die von dem Franzosen Antoine Prioré entwickelte und bislang ausschließlich für die Übermittlung biologischer Informationsmuster sowie für therapeutische Zwecke – vorwiegend für die Krebsbekämpfung – benutzte Anlage (die sogenannte Prioré-Maschine) ist ihrem Aufbau nach wesentlich komplizierter und aufwendiger als alle anderen hier vorgestellten Radionik-Geräte. Im Jahre 1964 konnte Prioré mit einem Prototyp seiner Maschine im Verlauf einer aufsehenerregenden Versuchsreihe unter Laborbedingungen die vollständige Heilung von 24 krebsinfizierten Ratten nachweisen. Der Erfinder behauptet, daß sein Gerät (über mehrere Kanäle verteilt) sowohl Modifikationen höherer Frequenzen als auch ein starkes elektromagnetisches Feld (1240 Gauß) abstrahlen würde. Er ermittelte während seiner dreijährigen Entwicklungstätigkeit, die 1977 von der Délégation Générale à la Recherche Scientifique et Technique mit rund drei Millionen Dollar bezuschußt wurde, all die genauen Frequenzen, Modulationsmischungen und -träger, die zur Erzielung der gewünschten Effekte notwendig sind.

Wesentlicher Bestandteil seiner zweiten, verbesserten Anlage ist eine Vakuumröhre, die in ihrem Inneren ein aus Quecksilber und Neon bestehendes Plasma enthält. In diesem Plasma wird einer 17-MHz-Welle eine Frequenz von 9,4 GHz aufmoduliert.

Die Tatsache, daß neben der Frequenz von 9,4 GHz noch 17 weitere Strahlungen unbekannter Art freigesetzt werden, deren Frequenzen unerwähnt bleiben, läßt möglicherweise darauf schließen, daß es sich bei der Prioré-Maschine nicht so sehr um ein gewöhnliches elektrisches Bestrahlungsgerät, sondern um eine ausgereifte psychotronische Anlage handelt, die in immaterielle Bereiche – in Bewußtseinsfelder – hineinzuwirken vermag. Das Geheimnis der Maschine scheint darin zu liegen, daß sich mit ihr im Hyperraum lagernde virtuelle Muster stimulieren und für Heilungs- und andere Prozesse aktivieren lassen. Hierbei wirken die gesunden virtuellen Entsprechungen korrigierend auf die erkrankten, entarteten Zellen ein.

Es konnte natürlich nicht ausbleiben, daß während der Zeit des kalten Krieges auch über den destruktiven Einsatz psychotronischer Anlagen nachgedacht wurde.

4 *Das Moskau-Signal*

»Es erscheint durchaus denkbar,
daß das, was für beobachtete Gegenstände gilt,
auch für das wahrnehmende Bewußtsein zutrifft.
Genau wie es Wellenbilder für Licht und Elektrizität gibt,
könnte es auch für unser Bewußtsein
ein entsprechendes Bild geben.«

SIR JAMES JEANS, Astrophysiker (1877–1946)

Während der letzten Jahrzehnte wurde in Ost und West ernsthaft über die Möglichkeit der Fernübertragung von Krankheiten auf menschliche und tierische Lebensformen mittels sogenannter Biophotonen nachgedacht. In der ehemaligen Sowjetunion scheint man gerade auf diesem Gebiet der psychotronischen Forschung Fortschritte erzielt zu haben.

Wenn Körperzellen sterben, wenn sie auf natürliche Weise oder aufgrund künstlich herbeigeführter Effekte zerstört werden, verbreiten die durch diesen Prozeß freigesetzten UV- oder Bio-Photonen die »Todesbotschaft« mit Lichtgeschwindigkeit. Sie »infizieren« mit ihrer destruktiven Information benachbarte gesunde Zellen, die dann auch erkranken und bei ihrem Tod durch Abstrahlen ebenso »programmierter« Bio-Photonen das tödliche Krankheitsmuster gleich einer Kettenreaktion weiterverbreiten. Es handelt sich hierbei gewissermaßen um eine Revision des Zellteilungsprozesses, der »Geburt« von Zellen, die ebenfalls durch Bio-Photonen übertragen wird.

Die Entdeckung der Bio-Photonen-Emission geht auf den russischen Zellpathologen Alexander Gurwitsch zurück, der im Jahre 1923 den Einfluß von sich rasch teilenden Zellen auf solche, bei denen zunächst keine Zellteilung (Mitose) zu erkennen war, untersuchte. Mit anderen Worten: Er suchte nach zellteilungsauslösenden Impulsen. Der von Gurwitsch benutzte Versuchsaufbau war denkbar einfach: Immer wenn er die Spitze einer Zwiebelwurzel mit beschleunigter Zellkernteilung (Sender) auf die Wurzel einer anderen Zwiebel, an der keine Teilung stattfand (Empfänger), richtete – ohne sie zu berühren –, registrierte er schon nach wenigen Stunden der Einwirkung auch bei dieser eine rasch fortschreitende Mitose. An der dem »Sender« zugewandten Seite ermittelte Gurwitsch 25 Prozent mehr Zellen als an anderen Stellen der »Empfänger«-Wurzel. Die mitotisch aktive Wurzel mußte demnach eine Art Energie ausstrahlen, die er effektbezogen *mitogenetische Strahlung* nannte.

Später experimentierte er mit Hefekulturen, deren Gärungsrate nach Einwirken der mitogenetischen Strahlung um etwa 30 Prozent zunahm, was auf eine ganz erhebliche Beschleunigung der Zellkernteilung hindeutet. Mit seinen bescheidenen technischen Hilfsmitteln stellte er fest, daß auch das menschliche Muskelgewebe, die Hornhaut des Auges sowie Blut und Nerven mitogenetische Strahlung auszusenden vermögen.

Interessiert verfolgte die Fachwelt im In- und Ausland Gurwitschs Experimente. Bis Mitte der dreißiger Jahre waren – vorwiegend in Rußland und in Deutschland – mehr als 500 Abhandlungen über dieses spektakuläre, allerdings wenig faßbare Phänomen veröffentlicht worden. Obwohl Wissenschaftler wie Rodionow und Frank (1934) sowie Siebert und Seyfert (1936) mittels Gasentladungszählern bei der Zellkernteilung ebenfalls Ultraviolett-Emissionen festgestellt hatten, geriet Gurwitschs Entdeckung allmählich in Mißkredit, weil niemand seine Experimente nachvollziehen konnte. Erst viele Jahre später ermittelte man die Ursache des Mißlingens der Experimente. Die schwache Strahlung war von den für die Meßversuche benutzten Geräten absorbiert worden, weil diese Fenster und Linsen aus Glas enthielten, das bekanntlich Ultraviolett- und Infrarot-Strahlung zurückhält. Als man dann anstelle von Glas Quarzmaterial benutzte – es ist für UV- und IR-Strahlen durchlässig –, wurde das mitotische Übertragungsprinzip voll wirksam.

Alles deutete darauf hin, daß Botschaften, die eine beschleunigte Zellkernteilung beinhalten, von Biophotonen übermittelt werden. Zur Bestätigung dieser Hypothese war es notwendig, deren vermehrte Anwesenheit bei mitotischen Prozessen nachzuweisen, was zunächst jedoch große Schwierigkeiten verursachte, da mitogenetische Strahlen äußerst schwach sind und dicht an der natürlichen »Hintergrundstrahlung« (kosmische Strahlung) liegen. Um diesen »Dunkelstrom« zu unterdrücken und zumindest 10^5 Photonen/cm^2 nachweisen zu können, mußten empfindliche Photonendetektoren – sogenannte Photomultiplier oder Photonenvervielfacher – unter Verwendung von flüssigem Stickstoff oder Wasserstoff auf sehr niedrige Temperaturen gebracht werden. Diese Kühltechnik war aber erst Mitte der sechziger Jahre so weit entwickelt, daß man mit ihr die Existenz der mitogenetischen Strahlung zuverlässig und reproduzierbar nachweisen konnte.

Wie sich herausstellte, kommen für die mitotische Informationsübermittlung nur sehr schwache UV-Strahlen in Frage; eine allzu starke Strahlungsdosis bremst den Effekt. Die Zellkernteilungsreaktion erlischt jedoch auch dann, wenn das Volumen der Zellkultur eine »kritische« Masse unterschreitet. Gerade diese Eigenarten des biologischen Informationsprozesses lassen es verständlich erscheinen, warum sich dieses Phänomen lange Zeit der wissenschaftlichen Erforschung entzogen hat.

Der Naturwissenschaftler Dr. Bernhard Ruth, früherer Mitarbeiter von Prof. Dr. Fritz-Albert Popp am Radiologiezentrum der Universität Marburg, stellte unabhängig von anderen Experimentatoren fest, daß biologisches Gewebe UV-Strahlung - er bezeichnet sie als »ultraschwache Photonen-Emission« - sehr intensiv zu absorbieren vermag. Er behauptet, den mitogenetischen Effekt auch jenseits des oberflächlichen Eindringbereiches von Bio-Photonen, in einer größeren Tiefe entdeckt zu haben. Dieses Phänomen will Ruth durch das Wirken einer Sekundärstrahlung ausgelöst wissen, deren Existenz er in der Tatsache begründet sieht, daß der mitogenetische Effekt die Distanz der direkten Einwirkung von zwei bis drei Millimeter überschreitet. Indem die Zellen selbst als Relaisstationen dienen, wird der mitogenetische Effekt auch im Inneren der Organismen übertragen.

Die mitogenetische Strahlung, die ultraschwache Photonen-Emission, ist nach Ansicht russischer Forscher auf gewisse Besonderheiten lichtemittierender Moleküle zurückzuführen, auf die Präsenz schwach gebundener Elektronen und Gruppen freier Radikale - ein- oder mehrwertige Atomgruppen im Molekül einer chemischen Verbindung, die als Ganzes reagiert. Auf einschlägigen Erkenntnissen wollen Grischtschenko und seine Mitarbeiter denn auch ihre Bioplasma-Hypothese aufgebaut haben.

V. Dednew und Alexander Spirkin erkennen in der UV Strahlung (neben anderen elektromagnetischen Frequenzen und der Biogravitation) eine der wichtigsten Kompo nenten des biologischen Feldes. Daß es sich hierbei um eine der von Bearden als »magische Fenster« bezeichneten Übergangsstellen zu höherdimensionalen Bereichen handelt, zeigen Beispiele aus der Heilerszene. Russische Wissenschaftler unternahmen den Versuch, die UV-Strahlung

an den Händen der bekannten Geistheiler Alexej und Viktor Kriworotow (Vater und Sohn) bei unterschiedlichen Temperaturen und Stimmungslagen meßtechnisch zu erfassen. Dabei machten sie die erstaunliche Feststellung, daß deren UV-Aktivitäten, verglichen mit der normalen UV-Abstrahlung, um den Faktor 1000 zunahm, sobald sich die Heiler auf einen Patienten konzentrierten. Bei der Geistheilung – einem rein psychischen Prozeß – wird demnach, direkt oder indirekt, UV-Strahlung, d. h. elektromagnetische Energie freigesetzt. Läßt sich der Zusammenhang zwischen Bewußtseinsvorgängen und energetisch-materiellen Bewirkungen, die dimensionsüberbrückende Funktion des »magischen« UV-Fensters, treffender charakterisieren als an diesem wissenschaftlich verifizierten Beispiel?
Höchstwahrscheinlich werden in der Naturheilkunde und Homöopathie gemäß dem Grundsatz »Ähnliches wird durch Ähnliches geheilt« ebenfalls mitogenetische Übertragungsmechanismen wirksam. Im Gegensatz zu allopathischen Arzneien, die die Krankheit auf chemisch-physikalischem Wege, d. h. aggressiv-breitflächig bekämpfen und dadurch möglicherweise auch gesunde Organe in Mitleidenschaft ziehen, wirken homöopathische und Naturheilmittel durch Aussenden virtueller, den jeweiligen Krankheiten angepaßter Heilungsmuster behutsam-korrigierend auf den Krankheitsherd ein. Die Übermittlung von Heilinformationen, das Umfunktionieren erkrankter, entarteter Zellen, nimmt begreiflicherweise mehr Zeit in Anspruch als die unmittelbare Zerstörung des diagnostizierten Krankheitsherdes. Der Vorteil der Übermittlung natürlicher Heilinformationen liegt darin, daß diese die dem Körper auf einem höheren Biofeld angelagerte virtuelle Krankheitsursache unmittelbar und damit auf Dauer beseitigen.
Russische und amerikanische Wissenschaftler haben wäh-

rend der letzten Jahre im Verlauf großangelegter Versuchsreihen unabhängig voneinander festgestellt, daß die mitogenetische Strahlung nicht nur mitotische Prozesse – die Geburt von Zellen – auszulösen, sondern auch Krankheiten und Todesmuster zu übertragen vermag.

Wenn Zellen sterben, wenn sie auf natürliche Weise oder aufgrund künstlich herbeigeführter Effekte zerstört werden, verbreiten die durch diesen Prozeß freigesetzten UV- oder Biophotonen die Todesbotschaft mit Lichtgeschwindigkeit. Sie »infizieren« mit ihrer destruktiven Information benachbarte gesunde Zellen, die ebenfalls erkranken und bei ihrem Tod durch Abstrahlen psychotronisch »programmierter« UV-Photonen das tödliche Krankheitsmuster gleich einer Kettenreaktion weiterverbreiten.

Dr. Viktor Injuschin, vormals an der Universität von Kasachstan tätig, beschrieb in diesem Zusammenhang einige interessante Experimente, von denen er glaubt, daß sie über den Funktionsmechanismus der Biokommunikation Aufschluß geben könnten. Mitarbeiter des Instituts für Klinische und Experimentelle Medizin in Nowosibirsk zerlegten gesundes Gewebe eines Hühnerembryos in zwei Teile. Sie placierten es in mit je einem Quarzfenster ausgestattete Metallbehälter. Diese wurden im geschlossenen Zustand so aufgestellt, daß sich ihre Fenster gegenüberlagen. Nachdem man eine der Proben mit einem tödlichen Virus geimpft hatte, erloschen deren Zellaktivitäten, starb das Gewebe ab. Bald danach ging die im zweiten Behälter aufbewahrte nichtgeimpfte Gewebeprobe am gleichen Symptom zugrunde. Dieser »Spiegeleffekt« (mitogenetische Übertragung) blieb immer dann aus, wenn anstelle von aus Quarz gefertigten Fenstern solche aus Glas benutzt wurden. Aus diesem Geschehen glaubt man ableiten zu können, daß biologische Todessignale genau wie die Mitose durch Bio-

Photonen übertragen werden. Ein dem Behälter mit der infizierten Probe vorgeschalteter hochempfindlicher Photonenmultiplier verschaffte Gewißheit. Der mit diesem Gerät aufgezeichnete Photonenstrom – er schwoll an, verharrte, schwoll erneut an usw. – zeigte das gleiche Reaktionsmuster wie die von Viren befallene Gewebeprobe. Aufgrund dieser Erkenntnis vergleicht Injuschin das Funktionsschema der mitogenetischen Übertragung von Krankheiten – den Psi-Kill – mit einer Art telepathischer Kommunikation: »Die mitogenetische Strahlung übermittelt offenbar spezifische Informationen. Hieraus läßt sich folgern, daß der von einer erkrankten Gewebekultur emittierte Informationsträger eine benachbarte gesunde Kultur zu zerstören vermag; es wäre dies ein Fall von telepathischer Beeinflussung auf zellulärer Ebene. Man kann sich Emissionen vorstellen, die für das Bioplasmafeld des gesamten Organismus relevante Informationen mitführen.«

Vlail Kasnachajew, der sich seit Ende der sechziger Jahre am zuvor erwähnten medizinischen Institut in Nowosibirsk mit der Untersuchung negativer Auswirkungen der mitogenetischen Strahlung befaßte, experimentierte auch mit in Quarzküvetten gehaltenen Zellkulturen. UV-Photonen ausgesetzt, verhielten sie sich ähnlich wie Gewebeproben von Hühnerembryos. Sobald Kasnachajew die Zellkulturen durch giftige Chemikalien, Viren oder Bakterien bzw. unter Strahlen- oder Kälteeinwirkung getötet hatte, emittierten diese Bio-Photonen, die die Todesbotschaft durch ein UV-durchlässiges Quarzfenster in die intakte Zellkultur schleusten, wo sie innerhalb einer Zeitspanne von zwei bis vier Stunden für deren Vernichtung sorgten.

Kasnachajew will mit seiner Forschungsgruppe im Laufe der Jahre mehrere tausend solcher Übertragungsexperimente durchgeführt und dadurch den Mechanismus des

Psi-Kill transparenter gemacht haben. Die Funktion der UV-Strahlung und auch anderer »magischer« Übertragungsfenster als Träger psychotronischer Signale erkennend, benutzt er Kulturgefäße und Fenster aus UV-durchlässigem Quarzmaterial, experimentiert er vorwiegend im Dunkeln, um die virtuellen Informationsmuster nicht durch Lichteinfall (Photonen) zu gefährden. Dadurch ist sichergestellt, daß die tödlichen Signale nicht in harmlose Elektronen umgewandelt, sondern als Zweizustandsentitäten (Masse-Zeit oder Wavikels), d. h. im virtuellen Zustand über den Hyperraum weitergeleitet und erst am Zielort aktiviert werden.

Wem dies alles zu weit hergeholt, mehr wie Science-fiction erscheint, sei gesagt, daß mehrere Psychiater in den USA die telepathische Übertragbarkeit von Krankheitssymptomen zwischen Blutsverwandten einwandfrei ermitteln konnten. Einer von ihnen, der Neurologe und Psychiater Dr. Berthold Schwarz, hat bei mehr als 500 Eltern und Kindern die telepathische Übertragung von Schmerzen und Krankheiten nachgewiesen. Schwarz stellte fest, daß Gedanken von Eltern und Kindern beim jeweiligen Gegenpart auch körperliche Reaktionen verursachen können. Als Beweis hierfür zitierte er folgenden Fall: »Ein Mann erwacht am Morgen mit starken Zahnschmerzen, ruft den Zahnarzt an und vereinbart einen Termin. Am Nachmittag meldet sich am Telefon bei ihm seine Mutter und sagt, daß sie sich am gleichen Tag zum erstenmal seit Jahren einen Zahn ziehen lassen müsse. Als der Sohn beim Zahnarzt eintrifft, sind seine Schmerzen verschwunden. Sie kommen auch nicht wieder. Der schmerzende Zahn war der gleiche, den seine Mutter gezogen bekam.« Wer hier von »Zufall« spricht, strapaziert diese Art von Begründung in geradezu unerträglicher Weise.

Bearden sieht in der psychotronischen Übertragung tödlich wirkender Krankheiten auf andere Organismen einen Orthorotationsvorgang. Der Transfer käme dadurch zustande, daß das auf einem höheren Biofeld heimlich in den menschlichen Bewußtseins-Organismus-Verbund eingeschleuste virtuelle Krankheitsmuster vom Empfänger selbst in den eigenen physischen Körper hineinstimuliert wird, wo es über energetische und chemische Fehlsteuerungsprozesse Molekülgruppen und Zellstrukturen gesunder Organismen destruktiv beeinflußt. Hierbei geschieht nach Bearden im Detail folgendes: Bakterien (oder andere Mikroorganismen) erzeugen bei ihrem Zerfall Toxine (organische Giftstoffe), deren spezifische chemische Zusammensetzung weitgehend von elektromagnetischen Faktoren (Feldern) bestimmt wird. Diesen elektromagnetischen Strukturen sind wiederum psychotronische Wirkmuster »aufgeprägt« (aufmoduliert), die, wie wir wissen, von den Bio-Photonen in ihren Zeitkomponenten mitgeführt werden. Die »artfremden« psychotronischen Muster werden, wenn sie erst einmal das elektrische Feld des menschlichen Körpers erreicht und entsprechend ihrer Programmierung beeinflußt haben, auf diese Zellen übertragen. Im Zellinneren erfolgt das Orthorotieren, das Umwandeln der bislang virtuellen in elektrische Signale, die aufgrund ihrer fremdartigen Codierung, je nach Intensität, das Erkranken oder Absterben der Zellen bewirken. Stark vereinfachend könnte man sagen, daß Krankheiten nach dem psychotronischen Prinzip nicht direkt, sondern deren Symptome informatorisch übertragen werden.

Um zu vermeiden, daß Bio-Photonen von Lichtstrahlen beeinflußt werden, wodurch die oszillierende Zeitkomponente der Zweizustandsentität und das in ihr enthaltene virtuelle Krankheitsmuster verlorengehen, kann man, nach

Bearden, letztere auch elektromagnetischen Trägerwellen aufmodulieren, wobei vorausgesetzt wird, daß es krankheitsübertragende Modulationsfrequenzen gibt. Diese würden die virtuelle Information mit Lichtgeschwindigkeit an das absorbierende Zielobjekt heranführen, wo sie verteilt, reflektiert und durch Orthorotieren schließlich in observierbare physikalisch/biologische Wirkmechanismen umgewandelt wird. Als Träger kämen, wie (in Kapitel V/1) bereits dargelegt, Funksignale (Rundfunk, Fernsehen, Radar), Telefon- und Stromzuleitungskabel usw. in Frage. Mittels psychotronisch modulierter elektromagnetischer Wellen würden sich somit Personen nicht nur psychisch-emotional, sondern auch physisch beeinflussen lassen, wobei aufgrund der lichtschnellen Übertragung die Entfernung »Sender – Empfänger« keine Rolle spielt. Es wäre auch denkbar, daß man virtuelle Muster von Krankheitserregern (z. B. Bakterien), die in den elektrischen Strukturen der von ihnen erzeugten Toxine enthalten sind, mittels eines elektromagnetischen Recorders auf Band »aufzeichnet«, um sie für bestimmte Anwendungsfälle zu »konservieren«. Die beim Abspielen des Bandes freigesetzten psychotronisch modulierten elektromagnetischen Signale könnten den hochfrequenten Trägerwellen eines tragbaren Minisenders aufmoduliert und über eine unsichtbar am Körper eines Agenten befestigte Antenne auf die zu infizierenden Zielobjekte abgestrahlt werden. Das von den Betroffenen aufgenommene virtuelle Muster müßte sich, wie bereits dargelegt, durch Eigenstimulation (Orthorotieren) in deren Körper zu echten Bakterien materialisieren lassen.
Nach einem 1976 in Philadelphia stattgefundenen Treffen der *American Legion*, einer extrem konservativen Organisation ehemaliger amerikanischer Kriegsveteranen, stellte sich bei 180 Personen eine schwere Erkrankung der At-

mungsorgane ein, hinter der man eine bakterielle Infektion vermutete. Das Erscheinungsbild dieser »Legionärskrankheit« (*Legionella pneumophila*) war fast immer das gleiche: Dem Vorstadium mit Übelkeit und Fieber folgte eine schwere Lungenentzündung. Der erstmals in Philadelphia beobachteten Krankheit fielen insgesamt 29 Personen zum Opfer. Wirksame Abwehrstoffe standen damals nicht zur Verfügung; die Ärzte waren ratlos.

Gerüchte tauchten auf, die Massenerkrankung sei von Gegnern der Legion – über deren Herkunft wurden keine Angaben gemacht – künstlich, d. h. mittels eines psychotronischen Minisenders verursacht worden, um die Wirksamkeit der Übertragung virtueller Krankheitsmuster in praxi zu testen.

Später sagten einige Veteranen vor einem Unterausschuß des amerikanischen Kongresses unter Eid aus, sie hätten einen Mann beobachtet, der sich, mit allerlei technischen Geräten versehen, mehrere Stunden unter den Tagungsteilnehmern aufgehalten habe. Man sprach von einem als Buch getarnten Kassettenrecorder, den er in der Hand gehalten habe, von einem tabaksbeutelförmigen Objekt in einer seiner Westentaschen – vermutlich der Sender, mit dem das psychotronische Signal abgestrahlt wurde – und einer merkwürdigen Krawattennadel, die eine Antenne gewesen sein könnte. Was die betreffende Person nachträglich besonders verdächtig erscheinen ließ, waren gewisse unverständliche Äußerungen – »es sei bereits zu spät, sie alle wären des Todes« –, Bemerkungen, die keiner der Anwesenden ernst nahm. Der Vorfall wurde nie aufgeklärt, die Sicherheitsbehörden wollten sich hierzu nicht äußern.

Bei der gerichteten Übertragung psychotronischer Signale auf Sichtweite dürfte den ebenfalls als psychoaktiv erkannten Mikrowellen eine bedeutende Rolle zufallen. Nach Erkenntnissen amerikanischer Geheimdienste sollen sowjetische Wissenschaftler schon Anfang der sechziger Jahre mit entsprechend modulierten Mikrowellen experimentiert haben.

Als CIA-Beamte 1962 die elektronischen Sicherheitseinrichtungen der US-Botschaft in Moskau routinemäßig überprüften, stellten sie erstmals fest, daß verschiedene Arbeitsräume ständig unter Mikrowellenbeschuß lagen. Dieser kam offenbar von Sendern, die in zwei gegenüberliegenden Gebäuden installiert waren. Die Angelegenheit wurde zunächst nicht sonderlich ernst genommen und auch von seiten der amerikanischen Regierung wahrscheinlich aus diplomatischen Gründen heruntergespielt. Erst als die Sowjets nach einer längeren Unterbrechung Anfang Februar 1976 ihre Bestrahlungsaktivitäten wiederaufnahmen – inzwischen war eines der Gebäude, von denen aus die Bestrahlungen erfolgt sein sollen, abgebrannt –, wurde man hellhörig, fragte man sich nach den Motiven der Mikrowellenattacken. Für den elektronischen Beschuß der amerikanischen Botschaft gab es nach Meinung der Sicherheitsbeamten drei Erklärungen:

- Die Sowjets unternahmen den Versuch, mittels raffinierter Mikrowellentechniken Gespräche, die im Botschaftsgebäude geführt wurden, drahtlos abzuhören;
- sie versuchten, mit Mikrowellen-Störimpulsen die Amerikaner am Abhören ihrer eigenen Funksprüche zu hindern;
- sie beabsichtigten, dem Botschaftspersonal psychische und/oder physische Schäden zuzufügen.

Da die CIA mehr über Ursache und Wirkung der vermutlich schon länger andauernden Mikrowellenbestrahlung des Moskauer Botschaftsgebäudes in Erfahrung bringen wollte, beauftragte sie in den sechziger Jahren Wissenschaftler des Walter-Reed-Forschungsinstituts der US Army

in Washington mit der Simulation des »Moskauer Signals«. Im Rahmen eines seinerzeit streng geheimen, drei Jahre dauernden Projekts – Codebezeichnung »Pandora« – wurden vorwiegend Rhesusaffen mit Mikrowellen bestrahlt; die Leistungsdichte soll zwischen einem und vier Milliwatt pro Quadratzentimeter betragen haben. Nach dreiwöchiger Bestrahlung stellte man fest, daß das Nerven- und Immunsystem der Versuchstiere geschädigt war. Es wurde auch über Chromosomenentartungen berichtet.
Trotz dieser niederschmetternden Untersuchungsergebnisse ließ die amerikanische Regierung das Botschaftspersonal über die Gefährlichkeit der Mikrowellenemissionen auch weiterhin im unklaren. Blutuntersuchungen, denen sich das Personal gelegentlich zu unterziehen hatte, wurden mit vorbeugenden Maßnahmen gegen eine mögliche Verseuchung des Moskauer Trinkwassers durch Schadstoffe begründet. Bei den Tests stellte sich heraus, daß etwa ein Drittel des Personals nahezu 50 Prozent mehr weiße Blutkörperchen als normal besaß, was unter anderem für schwere Infektionen und Leukämie symptomatisch ist. Auch lag die Krebsrate wesentlich höher als beim amerikanischen Durchschnittsbürger. Zbigniew Brzezinski – einer der einflußreichsten Berater des früheren amerikanischen Präsidenten Jimmy Carter – soll einmal gegenüber einem japanischen Korrespondenten geäußert haben, daß die Krebshäufigkeit unter den Angehörigen der Moskauer US-Botschaft prozentual die höchste der Welt sei.
Am 16. Februar 1976 wußte der *Boston Globe* zu berichten, daß der amerikanische Botschafter in der UdSSR, Walter J. Stoessel, an einer an Leukämie erinnernde Blutkrankheit leide, die möglicherweise auf Strahleneinwirkung zurückzuführen sei. Drei von Stoessels Vorgängern sollen in den sechziger und frühen siebziger Jahren wegen der Strahlen-

belästigung im sowjetischen Außenministerium vorstellig geworden sein, ohne daß sich daraufhin die Situation gebessert habe. Zwei dieser Diplomaten, die Botschafter Charles Eustis Bohlen (1953–1957) und Llewellyn E. Thompson jr. (1957–1962 sowie 1967–1969) starben später bezeichnenderweise an Krebs.

Einem früheren Verwaltungsbeamten der Moskauer US-Botschaft, dessen Ehefrau dort ebenfalls an Krebs gestorben war, wurden vom amerikanischen Staat rund 10 000 Dollar Schadensersatz zugesprochen. Seiner Klage war aber nur wegen der »unzureichenden medizinischen Betreuung« stattgegeben worden.

George W. Watson jr. aus Tustin, Kalifornien, der in der US-Botschaft beim Sicherheitsdienst beschäftigt war, forderte von der amerikanischen Regierung sogar eine Schadenssumme von 1,75 Millionen Dollar, weil sein in Moskau geborener Sohn an Gehirnwassersucht litt. Das völlig zurückgebliebene, blind geborene Kind ist in einem Pflegeheim untergebracht, wo es ständig beaufsichtigt werden muß. Aus dem US State Department war damals zu erfahren, daß Schadensersatzforderungen in Höhe von insgesamt 200 Millionen US-Dollar gestellt wurden.

Eine Gruppe besorgter, durch einschlägige Presseverlautbarungen aufgeschreckter Botschaftsangehöriger bat den damaligen US-Außenminister Henry Kissinger, prüfen zu lassen, warum es bei den dort beschäftigten Frauen unverhältnismäßig viele Fehlgeburten gegeben habe. Man wollte auch wissen, ob es zuträfe, daß Mikrowellen Erbschäden verursachten. Daraufhin bequemte sich das State Department zu der verblüffend lapidaren Feststellung, die Moskauer Botschaft sei einer der »ungesundesten« Außenposten der Vereinigten Staaten.

Da alle noch so eindringlichen Proteste von sowjetischer

Seite überhört wurden, griffen die Amerikaner schließlich zur Selbsthilfe. Sämtliche Doppelfenster des Botschaftsgebäudes erhielten außen Aluminiumgitter, die Mikrowellenstrahlen ablenken sollten – eine Maßnahme, die Außenminister Kissinger veranlaßt hatte und die sich tatsächlich als nützlich erwies. Etwa zwei Jahre später, im Mai 1978, stellten die Sowjets ihre Mikrowellenattacken gegen die US-Botschaft ein. Das »Moskauer Signal« verstummte, noch bevor sich das offizielle Amerika über die wahren Motive der elektronischen Belästigung im klaren war.

Thomas E. Bearden will in den merkwürdigen Mikrowellen-Experimenten der Sowjets mehr als bloße Abhör- oder Funkstöraktivitäten erkannt haben. Er ist der Auffassung, daß die sowjetische Abwehr mit diesem Langzeit-Test lediglich feststellen wollte, ob die Amerikaner über einschlägige psychotronische Techniken informiert waren, ob sie selbst über solche phantastischen Waffen bzw. über wirksame Abwehrsysteme verfügen. Mit der US-Botschaft in Moskau als Zielobjekt habe man sicher sein können, die Aufmerksamkeit der US-Geheimdienste CIA, NSA und DIA zu erregen. Den Mikrowellenimpulsen seien – so Bearden – virtuelle Muster von Infektions- und Blutkrankheiten (Leukämie), Krebs, Augenerkrankungen, Herzunregelmäßigkeiten usw. aufmoduliert gewesen, die von einem Teil des Botschaftspersonals bzw. dessen Angehörigen aufgefangen und unbewußt in einen physikalisch wirksamen Zustand hineinstimuliert worden wären. Die amerikanische Regierung habe wie erhofft reagiert: Sie wertete die sowjetischen Experimente *ausschließlich als Mikrowellenbeschuß* (für Abhörzwecke, Störung des Funkverkehrs) und ließ dadurch erkennen, daß man über psychotronische Übertragungstechniken offenbar nicht informiert war!

Botschafter Stoessel selbst soll seinerzeit versichert haben, daß die Intensität der Strahlung weit unter der schon niedrigen Sicherheitsgrenze liege, die Bestandteil der strengen sowjetischen Arbeitsschutzbestimmungen sei. Nach P. Brodeur betrug die Leistungsdichte des »Moskauer Signals« nur etwa 0,004 Milliwatt pro Quadratzentimeter – ein Tausendstel dessen, was von dem im Walter-Reed-Institut zur Simulation aufgestellten Generator maximal erzeugt worden war. Selbst bei einer weit höheren Leistungsdichte hätte eine Mikrowellenbestrahlung die hier beschriebene gesundheitszerstörende bis tödliche Wirkung nicht haben dürfen, zumal die Erkrankten wohl kaum ständig deren Einfluß ausgesetzt waren. Da sich psychotronische Krankheitsmuster auch mit Mikrowellen geringer Leistungsdichte übertragen lassen, könnte sich Beardens Hypothese als zutreffend erweisen.

5 »Zombie«-Macher – Enthüllungen eines KGB-Generals

»Glasnost« hat es zuwege gebracht, daß sich russische Wissenschaftler, KGB-Offiziere und Journalisten – soweit sie in den letzten Jahrzehnten mit der Entwicklung von psychotronischen Angriffs- und Abwehrsystemen befaßt bzw. über eine solche informiert waren – jetzt recht freimütig über die dortige Forschung auslassen. Zugegeben: Mancher der in russischen und ukrainischen Zeitschriften veröffentlichten Artikel über potentielle Psi-Waffen mag übertrieben sein oder auf falschen Informationen beruhen. Dennoch kommt man nicht länger umhin, die zum Teil sensationellen Aussagen hochkarätiger Wissenschaftler und Staatsschützer sorgfältig zu studieren, sie zu analysieren und zwischen möglicher Realität und Fiktion abzuwägen. Dabei scheinen Überraschungen vorprogrammiert zu sein.

In der ukrainischen Zeitschrift *Ugolog Ukraini* erschien Anfang 1991 (Nr. 3) ein ungewöhnlicher Artikel mit dem Titel »Noch einmal über Psi-Waffen«. Der Verfasser war kein geringerer als A. V. Kalinets-Bryukhanow, Präsident der Wissenschaftlichen Forschungsvereinigung zum Studium Psychophysikalischer Naturprobleme. Der Autor stellte in dem Artikel ausdrücklich fest, daß in Rußland Psi-Waffen, über die in der Vergangenheit nur gerüchtweise verlautete, tatsächlich existieren.

Im April 1983 war er an einem geheimen Projekt des »Sowjetischen Staatskomitees für Wissenschaft und Technik« beteiligt, das unter anderem von einem Forschungslabor des sowjetischen Militär-Industrie-Komplexes subventioniert wurde. Dies geschah kurz bevor Professor Boris Iwanowitsch Askakow vom »Moskauer Institut für Volkswirtschaft« Teile der dortigen Geheimforschung offenlegte, erstmals von sogenannten *»Spinor-Torsions«*- oder *»mikroleptonischen«* Waffen sprach [Lepton: Elementarteilchen, dessen Masse geringer als die eines Mesons ist; vgl. Tachyonen].

Kalinets-Bryukhanow, Wissenschaftler am »V. P. Filatow-Institut für Augenkrankheiten und Gewebetherapie«, war damals mit der ebenfalls geheimen Erforschung der Wirkung elektromagnetischer Impulsfelder betraut. Er untersuchte verschiedene Effekte der Krafteinwirkung auf Zellstrukturen und subzelluläre Formationen. Zeitgleich beschäftigte man sich an der »I. I. Mechnikow Sowjet-Staatsuniversität« in Odessa mit noch geheimeren Projekten: der Entwicklung elektronischer Geräte zur direkten Fernbeeinflussung biologischer Systeme, wobei man durch Mikrowellenbestrahlung die biophysikalischen Parameter lebender Organismen zu verändern versuchte. Aufgrund einer Übereinkunft zwischen beiden Instituten arbeitete der hier zitierte Wissenschaftler an der Schnittstelle eines gemeinsamen Forschungsprojektes, das der Entwicklung eines künftigen, schlagkräftigen Waffensystems für die gesamten Streitkräfte dienen sollte. Geforscht wurde seinerzeit insgeheim in einem Keller unterhalb des alten Botanischen Gartens der Staatsuniversität, Sitz des Bioelektronischen Wissenschaftlichen Forschungsdepartements (innerhalb der physikalischen Abteilung). Den Mitarbeitern des Projekts stand modernste Ausrüstung zur Verfügung wie Spektralphotometer, elektronische Mikroskope, kernmagnetische Resonanzgeräte, ein komplettes Chemielabor sowie Versuchstiere.

Wenn man hochenergetische, besonders destruktive Felder auf Tiergehirne einwirken ließ, entwickelten die Versuchstiere eine Art Hellsichtigkeit. Sie konnten durch Wände (wörtlich: »undurchsichtige Barrieren«) hindurch Dinge erkennen. Das Phänomen hielt allerdings nur kurze Zeit an. Die Wissenschaftler stellten daraufhin die Auflösung des Gehirngewebes fest, die schließlich den Tod der Tiere zur Folge hatte. Bei ähnlichen Experimenten mit zum Tode verurteilten Personen erzielte man vergleichbare Ergebnisse.

Anhand der experimentell gewonnenen Daten lokalisierte das Forschungsteam sogenannte *phrenologische Zonen*, Stellen im Gehirn, die für die Motivierung verschiedener Aktivitäten des Versuchsobjekts verantwortlich sein sollen.

Die Experimente halfen den Wissenschaftlern, »Betriebsbedingungen« für die wirksamsten elektromagnetischen Pulsfelder zu finden, um Gehirngewebe zu reproduzieren, das die gewünschten Persönlichkeitscharakteristika aufwies. Mit anderen Worten: Man war in der Lage, in der Qualität

der menschlichen Psyche künstlich ungewöhnliche Veränderungen herbeizuführen.
In diesem Zusammenhang wurde von Wehrpflichtigen der Sowjetarmee berichtet, die einem Einsatz in Afghanistan ablehnend gegenüberstanden und die nach der hier beschriebenen »Konditionierung« in Odessa – einer Art psychotronischer Gehirnwäsche – plötzlich das erwünschte »Pflichtgefühl« entwickelten. Sie sollen hauptsächlich in Spezialeinheiten (»Spetznaz«-Verbände) zusammengefaßt und als solche in Afghanistan für »Himmelfahrtkommandos« eingesetzt worden sein.
Mit der Entwicklung »nichttraditioneller Technologien« (offizielle Bezeichnung für Psychotronik) befaßten sich – bis zur Auflösung des sowjetischen Staatsgebildes – die wissenschaftlichen Forschungszentren der Akademie der Wissenschaften der UdSSR, die Akademien der Wissenschaften mehrerer Sowjetrepubliken und zahlreiche Staatsministerien (vgl. auch Tabelle 3).
Bei den von diesen Stellen in Auftrag gegebenen Projekten handelte es sich vorwiegend um die Erforschung der zuvor erwähnten mikroleptonischen oder Spinor-Torsionsfelder, deren Charakter und genaue Wirkungsweise westlichen Wissenschaftlern offenbar noch unbekannt sind. Die Leitung der Forschungsprojekte war vom Sowjetischen Staatskomitee für Wissenschaft und Technologie dem »Zentrum für nichttraditionelle Technologien« (kurz: CNT) übertragen worden. Sein Direktor, A. E. Akimow, behauptet, dort seien in der Zeit zwischen 1980 und etwa 1990 besonders im physikalischen Bereich umwälzende Entdeckungen gemacht worden. Es wurde über eine neue Kategorie physikalischer Felder und Teilchen berichtet und den Einfluß, die solche Felder auf biologische und anorganische Systeme, Instrumente und Ausrüstung ausüben.

Bestimmte Kreise der sowjetischen Wissenschaften waren über die behaupteten Entdeckungen der CNT nicht informiert und bestritten die Zuständigkeit dieser Organisation. Später wurden die Forschungsaktivitäten der CNT vom Staatskomitee legitimiert. Das Verteidigungsministerium und andere staatliche Stellen sahen sich veranlaßt, ein spezielles Forschungszentrum VENT einzurichten, zu dessen Generaldirektor eben jener Akimow ernannt wurde. Und diesem flossen im Laufe weniger Jahre von der militärisch-industriellen Kommission des Ministerkabinetts und dem KGB etwa eine halbe Milliarde Rubel zu.

Am 9. September 1991, unmittelbar nach dem Zusammenbruch der Sowjetunion, veröffentlichte die *Komsomolskaja Prawda* einen ungewöhnlichen Beitrag: einen Forschungsbericht des früheren CNT, aus dem hervorgeht, daß sich die dem Zentrum unterstellten Institute mit der (so wörtlich) fern-biologischen, -medizinischen und -psychophysikalischen Beeinflussung der Streitkräfte und Bevölkerung durch »torsionische« Bestrahlung bzw. deren Abwehr befaßt hatten.

Im Herbst 1991 erschienen im Magazin *Molodaja Gwardio* weitere Artikel, in denen behauptet wurde, daß die CNT-Forschung mit der Entwicklung psychotronischer Waffen betraut war. Dazu der Autor, ein gewisser Emil Fedorowitch Bachurin: »Diese Waffen sind schrecklich. Menschen werden zu willenlosen Rädchen in einer höllischen Maschinerie aus allesverschlingender Furcht. Der Verstand eines Individuums kann unterdrückt, seine Schaffenskraft beeinträchtigt werden. Der individuelle Wille wird dem Befehl des Betreibers [eines solchen Gerätes] angepaßt.«

Bachurin führt als Quelle seiner Informationen den im Zusammenhang mit Eduard Naumow schon einmal erwähnten KGB-General Oleg Kalugin an, der im August 1990 in

Krasnodar (Nordkaukasien) mit weiteren Enthüllungen aufgewartet habe. Er beschrieb unter anderem vier psychotronische Waffensysteme, die einsatzbereit seien:

– Eines der destruktivsten Geräte »foltert« seine Opfer, bevor es sie tötet. Es arbeitet auf der Basis von Infraschall (7 Hz). Das menschliche Gehirn und periphere Nervensysteme können einer gerichteten Bestrahlung dieses Geräts auf die Dauer nicht widerstehen. Der Nachteil einer solchen, leicht herstellbaren Waffe besteht darin, daß sie *alle* Menschen im Operationsgebiet einschließlich dem Bediener tötet. Die Entwicklung eines perfekt abgeschirmten Strahlers bereitet große Schwierigkeiten. Bis 1991 hatte man noch keine Lösung gefunden.

– Die zweite Kategorie psychotronischer Waffen verwendet eine Kombination von Mikrowellen- und Ultraschallstrahlung. Obgleich es sich hierbei um zwei völlig unterschiedliche Konzepte handelt, beeinflussen beide effektiv das menschliche Nervensystem. Sie verursachen Schlaflosigkeit, die den Betroffenen letztlich ruiniert. Solche Waffen lassen sich auch portabel herstellen und eignen sich für den mobilen Einsatz.

– Zur dritten Kategorie gehören gleich mehrere Systeme: sogenannte Chronal-Strahler und -»Gewehre«, »Pyramiden«-Systeme sowie »Hohlraum-Strukturen« [eine genaue Beschreibung dieser Geräte liegt bislang nicht vor, es gibt aber gewisse Ähnlichkeiten mit Entwicklungen in den USA, über die im Folgekapitel berichtet wird].

Der zerstörerische Effekt ist hier wohl in der Erzeugung von »Zeitstrahlung« (sic) zu suchen, die aus *Chrononen* (kleinste Zeiteinheiten bzw. Zeit-»Atome«) besteht. Eine solche Strahlung könnte alles durchdringen; ihre extreme Geschwindigkeit hätte eine sofortige Ausbreitung im Raum zur Folge.

In diesem Zusammenhang soll auf die erfolgreichen Experimente des bekannten russischen Astrophysikers und Zeittheoretikers Nikolai Kosyrow hingewiesen werden, die in meinen Büchern *Zeittunnel* und *Zeitschock* (beide bei Langen Müller) ausführlich beschrieben werden. Kosyrow will bei seinen Versuchen festgestellt haben, daß der Zeit auch eine energetische Qualität zukommt, die sich durchaus für psychotronische Systeme nutzen ließe.

Kalugin äußerte sich zur Wirksamkeit solcher Waffen: »Eine Salve aus dem Chronal-›Gewehr‹ reißt die menschliche Aura ›in Stücke‹; die natürlichen biologischen Abwehrmechanismen funktionieren nicht mehr. Sollte der Energiehof (Halo) um den Kopf der Zielperson vom Chronalstrahl getroffen werden, kommt es zur Beeinträchtigung der geistigen Fähigkeiten des Angegriffenen. Solche Waffen töten nicht, sondern verstümmeln die Psyche des Opfers. Eine längere Beschußdauer kann auch das Harnsystem, die Sexualorgane, das Hirn- und Rückenmark der Getroffenen in ihren Funktionen behindern. Leukämie und bösartige Gehirntumoren wären die Folgen.«

– Der vierte Gerätetyp ist für menschliche Ziele der weitaus gefährlichste (für den Betreiber jedoch ungefährlich). Er wird unter der Bezeichnung »Psi-Verstärker« oder »Psi-Dateneinheit« geführt. Dieser Generator erzeugt elektromagnetische Strahlung, die genau der Gehirnfrequenz des Attackierten entspricht. Mit dieser Strahlung kann jede Art von Emotion übertragen werden: Haß, Euphorie, Ärger, Angst und Selbstmordgedanken. Das Gerät eignet sich auch zur Fernübertragung von Gefühlen. Beim direkten »Beschuß« büßt das Opfer seine Willenskraft ein. Sollte es sich in einem Zustand der Erregung befinden oder gerade über etwas intensiv nachdenken, kann es, nach Angaben seiner Kontrukteure, zur Gehirnthrombose kommen.

Der Autor des Beitrages verlangt die vollständige Offenlegung der Unterlagen über psychotronische Waffen, da entsprechende Geräte bereits in Serie hergestellt werden würden.

Ein anderer Journalist aus Jaroslawl (nordöstlich von Moskau) will Beweise dafür haben, daß Psi-Generatoren selbst gegen die eigene Zivilbevölkerung eingesetzt werden. Womöglich spielen solche Einrichtungen beim gegenwärtigen Machtkampf in Rußland eine wichtige Rolle, werden sie dazu benutzt, um einen Stimmungsumschwung in die eine oder andere Richtung herbeizuführen. Allein schon deswegen ist kaum anzunehmen, daß die Forschung auf dem Gebiet der psychotronischen Bewußtseinsbeeinflussung jetzt eingestellt wurde.

Unlängst zitierte der Hessische Rundfunk in einer seiner Nachrichtensendungen den russischen Nationalisten Schirinowski mit einer massiven Drohung, er werde, falls notwendig, seinen serbischen Freunden mit völlig »neuartigen Waffen« beistehen. Es ist nicht auszuschließen, daß er mit dieser ominösen Andeutung den klammheimlichen, kaum nachweisbaren Einsatz psychotronischer Waffensysteme gemeint hat. Gnade all denen, die mit einem Achselzucken über diese Entwicklung hinweggehen. Sie könnten sich eines Tages unvermittelt einer Situation gegenübersehen, der mit herkömmlichen Verteidigungsmaßnahmen nicht länger beizukommen ist.

In den USA muß die Entwicklung psychotronischer Waffensysteme ähnlich verlaufen sein, muß es in der Vergangenheit zwischen privater industrieller Forschung, militärischen Stellen und den Geheimdiensten eine unheilige Allianz gegeben haben. Auch hier wurden unter Ausschluß der Öffentlichkeit, ja selbst ohne die Zustimmung des Kongresses, nachweislich Experimente zur Bewußtseinsbeeinflussung und zur künstlichen Stimulation von Psi-Phänomenen durchgeführt. Ob sie sich tatsächlich so zugetragen haben, wie sie ein an einem dieser Experimente angeblich Beteiligter erlebt haben will, bleibt dahingestellt. Erfahrene Zeitgenossen wissen: Wo viel Rauch, ist auch ein Feuer. Die Rede ist vom mysteriösen *Montauk-Projekt,* das ähnliche Ziele wie die russische Psychotronik-Forschung verfolgt haben soll, eine Experimentalserie, die mit dem legendären *Philadelphia-Experiment* der amerikanischen Marine im Jahre 1943 in einem Atemzug genannt wird.

6 *Das Montauk-Projekt – Untergrundforschung in den USA?*

Etwa 200 Kilometer östlich von New York City, am äußersten Zipfel von Long Island, liegt Montauk Point, in dessen unmittelbarer Nähe sich früher einmal eine Luftwaffenbasis befand, die Ende 1969 ihren Betrieb einstellte.
Schon ein Jahr später wurde die Montauk Air Force Base vom 0773. Radar-Bataillon übernommen, das eine dort installierte Radarstation aus dem Zweiten Weltkrieg – ein »Sage«-Radar – zu bedienen hatte. Diese veraltete Radaranlage, die auf dem Dach des Sendegebäudes installiert war, sollte bei den ab 1970 dort unter größter Geheimhaltung durchgeführten Experimenten eine überaus wichtige Rolle spielen.
Mit Hilfe des modifizierten und ergänzten »Sage«-Radar, und unter Einsatz von speziellen Generatoren, Oszillatoren, Spulensystemen, Hochleistungs-UHF-Verstärkern, sogenannten »Radiosonden«, Computern und exotischen Antennenaufbauten (Delta-T-Konstruktionen), die Zeitkrümmungen bewirken sollten, sowie unter Einhaltung be-

stimmter Fenster-Frequenzen will man in der Montauk Air Base angeblich das menschliche Bewußtsein manipuliert, im Zusammenhang hiermit spontane Psi-Phänomene ausgelöst und Öffnungen zu anderen Zeitabschnitten bzw. Realitäten hergestellt haben.

Daß man solche Berichte, trotz gebotener Zurückhaltung, nicht grundsätzlich als Phantasien sensationslüsterner Zeitgenossen abtun sollte, daß die von einem angeblichen Montauk-Mitarbeiter behaupteten Vorkommnisse zumindest einen wahren Kern enthalten könnten, zeigen jüngste Enthüllungen über Strahlenexperimente in den USA aus den Jahren 1947 bis 1974, vorgenommen an eigenen Landsleuten, die gar nicht einmal wußten, daß sie als »Versuchskaninchen« mißbraucht wurden. Die Liste der »im Namen der Wissenschaft« begangenen, insgeheim durchgeführten kriminellen Experimente ist lang. Opfer dieser Machenschaften waren unter anderem

- geistig behinderte Schüler, denen staatliche Organisationen in Massachusetts zum Frühstück radioaktive Milch verabreichten;
- Kleinstkinder aus farbigen oder armen Familien, denen man in den 40er und 60er Jahren radioaktive Jodpräparate injizierte, um – so die »Begründung« – Diagnoseverfahren für Schilddrüsenerkrankungen zu entwickeln;
- alte Menschen und Schwerkranke, denen man in den 40er Jahren das hochgiftige Plutonium spritzte;
- männliche Gefängnisinsassen im US-Staat Oregon, deren Fortpflanzungsorgane man bestrahlte, ohne sie zuvor über das Krebsrisiko zu informieren;
- ja sogar Schwangere, denen man im Rahmen einer »Vorsorgeuntersuchung« radioaktive Pillen verordnete. Mehrere der ausgetragenen Kinder dieser Frauen starben an Krebs.

Es stimmt nachdenklich, wenn in einem demokratischen

Land, dem die Informationsfreiheit über alles geht, unter dem Deckmäntelchen der »nationalen Sicherheit« über Jahrzehnte hinweg kriminelle Experimente vorgenommen werden konnten, ohne daß die Presse hiervon Wind bekam. Es gibt offenbar sensitive Bereiche, an die sich selbst unerschrockene Journalisten kaum heranwagen, zumal es die überall präsenten Geheimdienste schon immer verstanden haben, allzu neugierige Ermittler vom Ort des Geschehens fernzuhalten bzw. falsche Fährten zu legen.

Schlimmer noch als die kürzlich aufgedeckten medizinischen Perversitäten moderner Frankensteins sind die zahlreichen von der CIA und anderen Geheimdiensten in Auftrag gegebenen und/oder überwachten psychotronischen Experimente, die vielfach nur unter ihrem Codenamen bekannt geworden sind. Gerüchtweise verlautete, daß sich unmittelbar nach dem Zweiten Weltkrieg amerikanische Wissenschaftler mit ihren »frisch importierten« deutschen Kollegen zusammensetzten, um über die Möglichkeit einer künstlich herbeigeführten Bewußtseinskontrolle zu diskutieren. Diesem Projekt »Paperclip« folgten zahlreiche Anschlußaktivitäten mit ominösen Tarnbezeichnungen wie »Bluebird«, »Artichoke«, »Midnight«, »Climax« und »MKULTRA« – Versuchsserien, in die vermutlich auch amerikanische Psychiater verwickelt waren.

Das CIA-Projekt MKULTRA war vorwiegend mit der Entwicklung bewußtseinsverändernder Techniken befaßt. Der oberste Gerichtshof der USA hatte es noch im Jahre 1985 den CIA-Behörden erlaubt, die Namen ihrer am MKULTRA-Projekt beteiligten Wissenschaftler und Ärzte geheimzuhalten. Damals wollte man durch die Verabreichung chemischer, biologischer und radioaktiver Präparate feststellen, ob es einem potentiellen Gegner – der UdSSR – möglich sei, Substanzen zur Bewußtseinskontrolle zu entwik-

keln. Der Zweck heiligt die Mittel, und dies offenbar auch in demokratischen Ländern.
Bei den in den USA projektierten »River Styx«-Waffen [Styx, aus der griechischen Mythologie: ein Fluß der Unterwelt] soll es um die elektromagnetische Beeinflussung der Körperfunktionen gegangen sein. Inwieweit diese auch für die Fernbeeinflussung des Bewußtseins vorgesehen waren, läßt sich leider nicht mehr nachweisen. Dafür liegen heute Berichte über viel raffiniertere Methoden der psychotronischen Bewußtseinskontrolle vor, von denen die Öffentlichkeit bislang keine Ahnung hatte.
Vor einigen Monaten wurde mir von einem unbekannten Absender eine Dokumentation über die geradezu unglaublichen Vorgänge in der vor etwa zwölf Jahren endgültig stillgelegten Montauk Air Force Base auf Long Island zugespielt, ein Bericht über die Aktivitäten einer Gruppe amerikanischer Wissenschaftler und Techniker, der wie Science-fiction anmutet, der aber in jüngster Zeit durch die Aussagen eines an diesem Projekt »maßgeblich Beteiligten« weiter an Glaubwürdigkeit gewonnen hat.
Die in den Grauzonen wissenschaftlicher Forschung stattgefundenen Experimente sind für Laien außerordentlich schwer verständlich, da sie sich außerhalb unserer vierdimensionalen Realität, jenseits unseres physikalischen Vorstellungsvermögens abspielen, in einem unerforschten Bereich, wo Quantenphysik und Bewußtseinsaktivitäten einander überlappen. Der Autor möchte trotz der eingangs dargelegten Vorbehalte interessante Aussagen eines mutmaßlichen Zeugen der damaligen Ereignisse aufgreifen, der sich im Rahmen seiner Tätigkeit bei einer dortigen Kontraktfirma über längere Zeit in der Montauk-Basis aufgehalten haben und vor Ort Recherchen angestellt haben will.

Nach Angaben dieses Gewährsmannes – ein mit der Montage und Wartung von Spezialantennen beauftragter Elektroniker – sollten in Montauk vordergründig radarstrahlenabsorbierende Beschichtungen und für die »Stealth«-Technologie erforderliche konstruktive Maßnahmen (dünnere Materialquerschnitte) entwickelt werden. Insgeheim aber, so der Montauk-Elektroniker, beschäftigte man sich dort mit der Erzeugung von elektromagnetischen Pulsfeldstrukturen (sogenannten »elektromagnetischen Flaschen«), die einmal bei der Bewußtseinskontrolle und zum anderen für die Schaffung von *Zeittunnels* in andere Realitäten benutzt wurden – eine Experimentalserie, die mit dem legendären *Philadelphia-Experiment* aus dem Jahre 1943 in unmittelbarer Verbindung gestanden habe.

Die Montauk-Gruppe bestand aus einem gemischten Team, dem Militärpersonal, Regierungsangestellte [vermutlich Geheimdienstler] und Fachleute aus dem zivilen Kontraktfirmenbereich angehörten. Das gesamte Forschungsprojekt unterstand angeblich einem Dr. von Neumann, einem deutschen Mathematiker und Physiktheoretiker, der sich mit weit fortgeschrittenen Raumzeit-Konzeptionen befaßt haben soll. Das Hauptquartier des Projektes befand sich in den Brookhaven Labs, ebenfalls auf Long Island.

Von Neumann und dessen Team hatten sich bereits zehn Jahre lang mit den Zusammenhängen zwischen elektromagnetischen Feldern und dem durch die Geburt eines jeden Menschen festliegenden »Zeitreferenzpunkt« beschäftigt. Ihre Forschung gipfelte in der etwas esoterisch anmutenden Feststellung, daß der höherdimensionale Energiekörper des Menschen getrennt vom materiellen Körper zu sehen sei und daß diese geistige Komponente schon bei der Empfängnis mit einem ganz spezifischen Zeitreferenzpunkt starte, der den geistigen Menschen einer bestimmten

Zeitlinie zuordne. Und dieser Referenzpunkt diene der Orientierung im Universum, dem Zurechtfinden in dem, was wir als *Zeit* und *Kausalität* zu verstehen glauben.

Hauptanliegen der Montauk-Gruppe war zunächst die Beeinflussung des menschlichen Bewußtseins mittels Radarimpulsen, obwohl dies zuvor vom amerikanischen Kongreß mißbilligt worden war. Während der zu diesem Zweck durchgeführten Experimente war der Reflektor des Sage-Radars auf ein Gebäude ausgerichtet, in dem sich die Versuchsperson aufhielt. Sie saß auf einem Spezialstuhl – dem sogenannten »Montauk-Chair« – und wurde bei rotierender Antenne vom Radargerät mit Mikrowellenenergie im Mega- und Gigawattbereich bestrahlt. Um die Wirkung dieser Energieschübe genau beobachten zu können, veränderte man von Fall zu Fall die Impulsbreite und -geschwindigkeit, benutzte man unterschiedliche Frequenzen. Beobachtet wurden die psychischen Reaktionen der Versuchsperson bei unterschiedlichen Betriebsparametern. Dabei stellte man fest, unter welchen Bedingungen sie schläfrig wurde, wann sie lachte, weinte oder aufgeregt reagierte. Um herauszufinden, wie sich Gehirnwellen »dressieren« und beeinflussen lassen, veränderte man die Folgefrequenz und Amplitude des Radars entsprechend den unterschiedlichen biologischen Funktionen der Versuchsperson. Dadurch will man Zugang zum menschlichen Bewußtsein gefunden haben – bei einer Frequenz zwischen 425 und 450 MHz.

Natürlich konnte es bei den massiven Energieschüben nicht ausbleiben, daß Gehirn und Körpergewebe der Versuchsperson ganz erheblich in Mitleidenschaft gezogen wurden. Neurologen konstatierten bei den Betroffenen denn auch einen Zustand, den sie mit »gehirntot« beschrieben, hervorgerufen durch Sauerstoffmangel im Großhirn.

Es wird behauptet, daß nach einer modifizierten Technik

auch dort stationiertes Militärpersonal sowie die Zivilbevölkerung von Long Island, New Jersey, New York und Connecticut »bestrahlt« wurden, um die Reichweite des Senders zu ermitteln.

Durch Frequenz-»Sprünge« – rasches Umschalten von einer Frequenz zur anderen – will man besonders psychoaktive Modulationen erzielt haben.

Nach mehrjährigem Experimentieren lagen die Beeinflussungsdaten fest, wußte man spezifische Geräteeinstellungen ganz bestimmten Gedankenmustern zuzuordnen. Angeblich wurden Bestrahlungsprogramme ausgearbeitet, um unter der Bevölkerung bestimmte Stimmungslagen zu verursachen, die Kriminalitätsrate zu beeinflussen bzw. Menschen in Unruhe zu versetzen. Mehr noch: Es soll auch der Einfluß bestimmter Bestrahlungskonditionen auf die Funktion unbelebter Objekte wie z. B. Autos untersucht worden sein. So will man unter anderem den Ausfall bestrahlter Kfz-Elektronik beobachtet haben.

Man behauptet, daß eine der Versuchspersonen unter Einwirkung massiver Radarimpulse sogar paranormale und paraphysikalische Fähigkeiten entwickelte. Angeblich konnte sie durch angestrengtes Konzentrieren auf einen Gegenstand in ihrer Umgebung diesen an einem x-beliebigen Ort innerhalb der Basis aus dem Nichts entstehen, d. h. sich materialisieren lassen. Gedanken-»Produkte« nahmen somit materielle Formen an. Gelegentlich waren solche Objekte zwar sichtbar, ließen sich aber nicht berühren. Sie glichen mehr Hologrammen oder Erscheinungen. Die materiell vorliegenden Objekte behielten ihre Konsistenz so lange bei, bis daß der Sender abgeschaltet wurde. Dies würde bedeuten, daß materialisierte Gedankenobjekte »nicht von dieser Welt« sind, daß sie einer anderen Realität angehören. Doch damit nicht genug: Das Spitzenmedium der Basis, über das sich unser Gewährsmann recht ausführlich ausließ, soll im radarmanipulierten Zustand mit allen Sinnen fremder Personen Wahrnehmungen angestellt haben. Es heißt, es habe zudem seine eigenen Gedanken ins Bewußtsein eines Fremden übertragen können.

Zu den paraphysikalischen Experimenten, die bis zum Jahre 1979 andauerten, gehörten die Fernbeeinflussung von TV-Geräten (Bildstörungen, Abschalten), das mentale Bewegen von Objekten sowie die Auslösung von Poltergeistphänomenen. Alle diese Psi-Aktivitäten fanden in einem veränderten Bewußtseinszustand statt, der hier elektromagnetisch ausgelöst wurde.

Es würde zu weit führen, wollte man an dieser Stelle alle Experimente und durch sie verursachten Phänomene ausführlich erörtern. Sie stellen, wenn sie sich tatsächlich wie geschildert abspielten, sicher nur die Spitze eines Eisbergs dar, eines Geschehens, das weit in die Vergangenheit zurückreicht, genaugenommen ins Jahre 1943.

Wir erinnern uns des umstrittenen – von offizieller Seite nie bestätigten – *Philadelphia-Experiments* (bzw. *Rainbow-Projects*) der US-Navy, bei dem der Zerstörer »USS Eldridge« 1943 während eines Tarnungsexperiments durch eine Panne im Generatorsystem zeitweilig aus unserem Universum (Realität) verschwunden sein soll. Es wird behauptet, man habe ursprünglich Schiffe nur für die Radarortung »unsichtbar« machen wollen. Echte Unsichtbarkeit – das Herausschleudern aus unserer Raumzeit – sei überhaupt nicht beabsichtigt gewesen. Als dann der Zerstörer in dem durch Generatoren an Bord erzeugten elektromagnetischen Feld (der sogenannten elektromagnetischen »Flasche«) vor den Augen außenstehender Beobachter tatsächlich verschwand und später, nach einem Zwischenstop in dem Hunderte von Kilometern entfernten Norfolk, wieder am Ausgangsort auftauchte, wußte man, daß etwas schiefgelaufen war. In den Aufzeichnungen damaliger Beobachter heißt es, der Transit hätte katastrophale Folgen gehabt: Ein Teil der Besatzung sei bei dem Experiment elend zugrunde gegangen, habe hilflos in der Deckbeplankung gesteckt oder sei, lebenden Fackeln gleich, herumgeirrt, ohne daß man ihnen hätte helfen können. Die Überlebenden seien zeitlich orientierungslos und geistig verwirrt in psychiatrische Anstalten eingeliefert und später als untauglich entlassen worden.

Nach den Aufzeichnungen unseres Gewährsmannes wurde das *Rainbow-Projekt* Ende der vierziger Jahre unter der Leitung von Dr. von Neumann fortgesetzt und dann im Jahre 1983 durch das Montauk-Projekt mit Erfolg beendet. In jenem Jahr, heißt es, sei es den Wissenschaftlern und Technikern gelungen, eine zeitliche Direktverbindung zum Jahr 1943 herzustellen, eine Öffnung in das Raumzeit-Gefüge zu »schlagen«, durch die einer der Überlebenden in die *Eldridge* des Jahres 1943 vordringen und nach gewissen Korrekturen in deren Maschinenraum das Wiedererscheinen des Schiffes in seiner eigenen Zeit kurz nach seinem Verschwinden bewirken konnte. Mit anderen Worten: der *Eldridge* wurde Hilfe aus der Zukunft zuteil, weil man um die Panne im Generatorraum wußte. Für die Beobachter im Jahre 1943 aber war das Schiff nur für kurze Zeit verschwunden gewesen. Hätte es die Hilfsaktion 1983 nicht gegeben oder hätte sie nicht den gewünschten Erfolg gehabt, so wäre das Schiff für alle Zeiten »zwischen den Dimensionen steckengeblieben« – im Hyperraum, der Vorhölle zur Ewigkeit.

Der Durchbruch zum Jahr 1943 soll unter anderem mit einer »pyramidenartigen« Antennenkonstruktion, einer »Delta T«-Antenne (T steht für »Zeit«) gelungen sein, wobei sich eine dort anwesende, besonders medial begabte Person auf die Situation an Bord der *USS Eldridge* konzentriert habe. Nach Meinung des hier zitierten Elektronikers habe beim Zustandekommen des zeitüberbrückenden Kontaktes eine »nichthertzsche« Komponente mitgewirkt, ein Frequenzbereich jenseits des bekannten elektromagnetischen Wellenspektrums (vgl. Kapitel V/2).

Wie immer man die hier in Kurzfassung geschilderten phantastischen Vorkommnisse bewertet wissen möchte: Tatsache ist, daß sich die Russen in der Zeit des kalten Krieges mit ihrer Psychotronik-Forschung ebenfalls auf wissenschaftliches Neuland vorwagten, auf Gebiete, die noch vor wenigen Jahrzehnten als rein spekulativ verachtet wurden. Die mit ihren Experimenten erzielten schlimmen Resultate sprechen für sich.

VI

Zivile Psi-Strategien

»Der erste Schritt zur Intuition
besteht im Erkennen der symbolischen Bedeutung
unterschiedlicher Dinge,
der nächste erfordert, diese symbolisch darzulegen.«

HAZRAT INAYAT KHAN

1 *Psi-Business*

»Außersinnliche Wahrnehmung (ASW) und Psychokinese (PK) haben bei unserem heutigen Wissensstand keinen praktischen Nutzen. Beide sind nicht zuverlässig genug.« Diese Meinung vertrat kurz nach dem Zweiten Weltkrieg der amerikanische Biologe und Parapsychologe Professor Joseph Banks Rhine, Begründer der auf Laborversuchen und Statistik aufbauenden modernen Parapsychologie im *Journal of Parapsychology,* der renommierten amerikanischen Fachzeitschrift für grenzwissenschaftliche Forschung.

Heute würden die meisten Parapsychologen Rhines Feststellung vehement widersprechen, da es sich inzwischen gezeigt hat, daß zumindest einige Spitzenmedien ihre Psi-Fähigkeiten gezielt und in gewissem Umfang auch wiederholbar, d. h. mit einem relativ hohen Grad an Zuverlässigkeit einzusetzen vermögen.

Die Frage nach dem praktischen Nutzen von Psi-Fähigkeiten stellte sich erneut, als Anfang der sechziger Jahre bekannt wurde, daß namhafte Geschäftsleute und Unternehmer – ein Personenkreis, der bei geschäftlichen Transaktionen normalerweise mehr rationellen Überlegungen nachhängt – gelegentlich oder sogar regelmäßig die Dienste erfahrener Medien in Anspruch nehmen. Interessanter noch: Viele von ihnen sind, ohne es eingestehen zu wollen, selbst »hellseherisch«, d. h. intuitiv veranlagt und wissen diese Gabe durchaus in klingende Münze umzusetzen.

Psi spielt im Geschäftsleben eigentlich schon immer eine wichtige Rolle, natürlich ohne daß man das hiermit verbundene, für viele unverständliche, fast unheimliche Geschehen als paranormal wertet. Inspiration, Intuition, der legendäre »Riecher« für das Machbare, das rechtzeitige Vorauserkennen wirtschaftlicher Entwicklungen und, im Zusammenhang hiermit, das erfolgreiche Spekulieren, sind nichts Neues, nichts Weltbewegendes. Neu ist lediglich der Versuch, diese launischen, unkontrollierbaren Fähigkeiten systematisch zu untersuchen, sie auszuwerten und für praktische Belange möglichst zufallsunabhängig einzusetzen.

Schon vor etwa 30 Jahren erkannten die zuvor erwähnten Dozenten des Newark College of Engineering – Dr. John Mihalasky, Professor für Volks- und Betriebswirtschaft, und sein Mitarbeiter, der Elektrochemiker und Parapsychologe Douglas Dean – die ungeahnten Möglichkeiten, die der *Faktor Psi* bei richtiger Nutzung im Geschäftsleben zu bieten vermag.

Bei Psi/Intuitions-Experimenten mit leitenden Angestellten großer amerikanischer Unternehmen wurden diese zunächst in zwei Gruppen eingeteilt: in Manager, deren Betriebe besonders erfolgreich waren, und solche mit bescheidenen geschäftlichen Erfolgen. Nach zahlreichen statistisch erfaßten Kartenexperimenten, bei denen jegliche intelligente Aktivitäten (Überlegungen, Kombinieren, Folgerungen) ausgeschaltet waren – etwa 5000 Personen hatten sich dem Präkognitionstest unterzogen und »künftige Entwicklungen« vorausgesagt –, stellten Dean und Mihalasky fest, daß die Gruppe der erfolgreichen Manager besser als die anderen abgeschnitten hatten. Ihre Ergebnisse lagen deutlich über der statistischen Zufallserwartung. Die Ergebnisse der »Negativ«-Gruppe lagen zum Teil noch unter dem statistischen Mittelwert. Mit diesem Mega-Experiment war es den beiden Parapsychologen erstmals gelungen, das Psi-Phänomen »Intuition« meßbar und damit transparent zu machen.

Aufgrund der über viele Jahre fortgeführten Experimente und den dadurch gewonnenen Erkenntnissen erarbeitete das Forschungsteam ein Auswertungsystem auf paranormaler Grundlage, das unter anderem bei der Personalauswahl und Schulung von Führungskräften praktisch genutzt werden kann.

Seit kurzem bieten in den USA frühere Armee- und Geheimdienstoffiziere einen Service an, der sich noch am ehesten mit »paranormaler Ausforschung« umschreiben läßt – eine Art »Industriespionage« mittels Fernwahrnehmung (Hellsehen) bzw. Präkognition (Vorauswissen).

Während sich der eingangs erwähnte (vgl. Kapitel II/3) Colonel John Alexander – er leitet derzeit ein Spezialprogramm in den Los Alamos Laboratories, New Mexico – und Major Richard Groller von der *Defence Intelligence Agency* (DIA: Nachrichtendienst des amerikanischen Verteidigungsministeriums) heute mehr publizistisch über den Einsatz paranormaler Bewirkungen im zivilen Bereich auslassen, ist der ehemalige US-Geheimdienstmajor Ed Dames seit 1989 mit der kommerziellen Umsetzung spezieller Psi-Fähigkeiten befaßt. Er unterhält ein kleines Team medial trainierter Männer – die PSI TECH –, die auf Kontraktbasis für Interessenten aus Industrie, Handel und Wissenschaft sogenannte Fernwahrnehmungsstudien durchführt.

Erst unlängst informierte mich Ed Dames über die gesamte Skala der von ihm angebotenen paranormalen Dienstleistungen, die im Prinzip auf dem Zusammenwirken voneinander unabhängig operierender Medien beruhen, etwa nach der Konzeption des berühmten Generalfeldmarschalls Alfred Graf von Schlieffen: »Getrennt marschieren, vereint schlagen.«

In einem von Dames' Statements heißt es: »PSI TECH ist eine technisch hochqualifizierte Gruppe professioneller Analytiker, die über eine weltweit einmalige Datenbeschaffungskapazität verfügen. Wir sind ein Team hervorragend trainierter Fernwahrnehmungsspezialisten. Die Existenz der Fernwahrnehmung (FW) ist während der letzten zwei Jahrzehnte von Regierungs- und privaten wissenschaftlichen Organisationen anerkannt worden. FW-Medien sind in der Lage, Objekte und Ereignisse in räumlicher und zeitlicher Ferne zu lokalisieren und exakt zu beschreiben. PSI TECH hat applizierte Fernwahrnehmung zu einem wirksamen Ermittlungsinstrument entwickelt. Unser diszipliniertes Expertenteam verfügt über mehr als 40 Jahre Erfahrung auf dem Gebiet praktisch angewandter Fernwahrnehmung. Genaue Zielerfassung, Datensammlung und Analysenprotokolle garantieren dem Kunden von PSI TECH Ergebnisse und Lösungen von hohem Wert. PSI TECH versorgt seine Kunden rasch mit zuverlässigen Informationen, die auf anderem Wege kaum zu beschaffen sind.«

Dames führt dann eine ganze Anzahl möglicher kommerzieller Einsatzbereiche an, von denen hier die interessantesten genannt werden sollen:

- Gewinnung tieferer Einblicke in wissenschaftliche und Naturphänomene;
- Konzeptentwicklung: Beschreibung alternativer Problemlösungen; Ideenfindung; Forschungs- und Entwick-

lungsstellen werden auf hochrentable Lösungen hingewiesen;

- Ermittlung von Zusammenhängen; Aufspüren variabler Faktoren;
- Schnelles Klassifizieren, Analysieren und Projektieren der günstigsten technologischen Lösung;
- Überprüfen der wichtigsten Aspekte zurückliegender Ereignisse; Nachbewerten von Unfällen; Ergründen der Ursachen des Versagens von Apparaturen und Experimenten;
- Ausforschen, Beschreiben und Überwachen von Örtlichkeiten, die mit anderen Mitteln als dem der Fernwahrnehmung nicht möglich wären;
- Konzeptionelle und detaillierte Objektbeschreibungen; Zielerfassung usw.

Spektakulär war Dames' zuvor angedeuteter Irak-Einsatz im Auftrag der United Nations. Hierüber berichtete die *Washington Times* in ihrer Ausgabe vom 19. 11. 1991: »Ein UN-Team verlegt sich auf außersinnliche Wahrnehmung, um Saddam Husseins Waffenverstecke ausfindig zu machen. Edward Dames, Präsident einer Gesellschaft namens PSI TECH, sagte, daß sich in einer Aktenmappe, die die U.S./UN Armee-Majorin Karen Jansen mitführte, Skizzen von zwei Örtlichkeiten befanden, wo [nach den Ermittlungen von Dames] die irakischen Führer angeblich biologische Waffen versteckt hätten.

Mr. Dames, ein pensionierter Major des militärischen Nachrichtendienstes, fertigte diese Skizze durch ›Fernwahrnehmung‹ an – eine Fähigkeit, unbekannte Objekte und Vorgänge aus der Ferne zu lokalisieren und zu beschreiben [...].

Major Jansen ist auf ihrer dritten Mission im Irak mit einem Spezialauftrag der UN unterwegs, um verborgene Raketen-, Chemie-, Nuklear- und biologische Waffen aufzu-

spüren und diese zu zerstören. Sie und Mr. Dames kamen in Kontakt, nachdem eine Fernsehstation (KIRO) in Seattle über eine in Maryland ansässige Firma und den Einsatz von Paragnosten (Medien) bei geheimdienstlichen Ermittlungen berichtet hatte. Mr. Dames sagte, daß sie ihn angerufen und ihm mitgeteilt habe, daß sie ein Versteck mit biologischen Waffen suche [...] und ob er ihr helfen könne. Er stimmte zu und begann damit, zwei Verstecke ausfindig zu machen [...].
Mr. Dames erklärte in einem vor kurzem stattgefundenen Interview, daß er für die UN kostenlos gearbeitet habe. Normalerweise hätte er für einen solchen Auftrag zwischen 6000 und 8000 US-$ berechnet.«
Dames' Kurzberichte zu bereits getätigten Operationen hören sich ziemlich nüchtern an und erinnern mehr an Protokolle großer Detekteien, deren Kunden nicht so sehr an Details, sondern ausschließlich an einer Zusammenfassung interessiert sind. Einige dieser Berichte wurden mir kürzlich zugefaxt, und ich möchte sie hier im Wortlaut wiedergeben.

Erstellung eines Krisenprofils von Saddam Hussein
[Zeitpunkt der Anfrage: Vor dem Golfkrieg]

»Unser Auftraggeber, eine große Gesellschaft mit einem strategischen Interesse an Öl aus dem Mittleren Osten, war über die Auswirkungen möglicher Konflikte auf den Ölpreis in naher und ferner Zukunft besorgt.
Die an PSI TECH gestellte Aufgabe lautete, Daten und Analysen über Saddam selbst zu beschaffen, d. h.
- seinen Gemütszustand (Absichten, Motivation, emotionale und Verhaltenscharakteristika) zu erkunden;
- sein Hauptquartier auszuforschen (Ermittlung von

Schlachtplänen, geplante Operationen, mögliche Täuschungsmanöver).
Verlangt wurde ferner die Erstellung einer allgemeinen Prognose für die Golfregion; Geltungsdauer: 6 Monate (von September 1990 bis März 1991).«

Untersuchungsbericht über einen Automobilmotor auf Wasserstoff-Basis

Der Kunde: Ein bedeutender Hersteller von Kraftfahrzeugen. Unser FW-Team unternahm eine weltweite Suche nach gegenwärtig durchgeführten wichtigen Forschungsprojekten und praktischen Ingenieuraktivitäten für wasserstoffbetriebene Automobile. Wir lokalisierten und beschrieben Entwicklungsprojekte in Nordamerika, Japan, Frankreich, China, Deutschland und in Rußland.
In unserem Abschlußbericht wiesen wir auf die wahrscheinlich erfolgreichsten Projekte hin und fügten unserem Bericht Skizzen von Prototypentwürfen sowie Beschreibungen wichtiger Konstruktionsteile (Turbinen, Schwungräder, hydraulische und elektrische Bauteile usw.) bei.«

Projizierte Schlüsseltechnologien für die Ressourcenerschließung auf dem Mond

»Der Kunde: Ein namhafter Ingenieurbetrieb.
Seine Entwicklungsabteilung benötigte Unterstützung bei der Auswahl bzw. Schaffung ökonomischer Technologien, mit denen sich vorwiegend Sauerstoff gewinnen läßt. Gedacht war an eine womöglich auf dem Mond stationierte Energiequelle, die auch für Mond-Mars-Expeditionen benutzt werden kann.

PSI TECH versorgte das Unternehmen mit Beschreibungen und Skizzen für zukünftige Mond-Bergbau- und Ressourcenerschließungstechniken. Es wurden auch Vorschläge für Energierererzeugungsanlagen unterbreitet.«

PSI TECH befaßte sich auch mit dem anomalen Verhalten des russischen Raumfahrzeuges *Phobos II,* einer möglichen Verminderung der Ozonschicht, exotischen Antriebssystemen für Weltraumexpeditionen, Anomalien an der Marsoberfläche und der Ausforschung lateinamerikanischer Umschlagplätze für Drogen.
Interessant ist die Vorgehensweise der Fernwahrnehmungsagenten, die Dames anhand eines hypothetischen Falls – den Absturz eines Flugzeuges – detailliert beschreibt:
– »Das Projekt erhält eine nach dem Zufallsprinzip ermittelte Zielbezugsnummer, die sich der Projektleiter fest einprägt. Sie wird mit der spezifischen Aufgabe in Verbindung gebracht, die *Ursache(n) des Unfalls eindeutig zu bestimmen.*
– Ausgesuchte FW-Medien werden über die gestellte Aufgabe unterrichtet und erhalten, soweit verfügbar, allgemeine Informationen (z. B. die Flugnummer, ungefähre Absturzstelle und Unfallzeit).
– Außer der Zielbezugsnummer und den zuvor erwähnten allgemeinen Angaben gehen den FW-Medien keine weiteren Informationen zu. Diese Prozedur dient nicht nur der Kontrolle. Sie ist vielmehr die Verfahrensweise, nach der die PSI TECH-Mitarbeiter ausgebildet wurden; sie sollen ihre Tätigkeit aufnehmen, ohne durch detaillierte Vorabinformationen abgelenkt zu werden.
– Eine FW-Sitzung dauert etwa 45 Minuten. Während der ersten ›Sondierungen‹ kann es vorkommen, daß ein Mitar-

beiter die Unfallsmaschine noch vor ihrem Absturz ›ortet‹ [Anmerkung: Es wäre dies ein Fall von echter Retrokognition, da PSI TECH erst nach dem Unfall informiert wurde und infolgedessen eine Verhinderung des Absturzes ausgeschlossen war; vgl. Kapitel III/5].
Ein anderes Medium könnte unter Umständen die Absturzstelle beschreiben. Weitere FW-Mitarbeiter würden vielleicht sofort Daten in Erfahrung bringen, die das unmittelbare Unfallgeschehen betreffen usw.
– Anfängliche Berichte werden auf projektbezogene Daten hin überprüft (technischer Vorgang). Es werden neue Hinweise verfolgt bzw. zur Verfeinerung der bereits ermittelten Fakten benutzt, was von den einzelnen Ergebnissen eines jeden Mediums abhängt. Eine hundertprozentige (!) Garantie wird auf solche Daten gegeben, die von allen Projektbeteiligten übereinstimmend bestätigt wurden.
– Nachdem alle FW-Medien eine bestimmte Anzahl von ›Einsätzen‹ durchgeführt haben, werden die ermittelten Daten auf ihren Gehalt hin analysiert, Schlüsselinformationen identifiziert und für den Auftraggeber Zwischenreports erstellt. Wenn unsere Ermittlungen auf einen Materialschaden unmittelbar vor dem Unfall hindeuten, würde das Team einen solchen in Form von Skizzen des betreffenden Teiles/Gerätes festhalten und eine Beschreibung des Ereignishergangs abfassen.
– Zu diesem Zeitpunkt könnte der Auftraggeber wünschen, daß wir bestimmte Dinge detaillierter ausarbeiten. Das wäre z. B. der Fall, wenn PSI TECH eine Bombe als Absturzursache ermittelt hätte. Wir würden dann versuchen, wesentliche Details über diese Bombe – ihre Plazierung im Flugzeug, die hierfür verantwortlichen Personen usw. – in Erfahrung zu bringen.
– Sind alle Anforderungen unseres Auftraggebers erfüllt,

erstellen wir einen abschließenden Projekt-Report, in dem alle Projektdaten aufgeführt sind. In ihm sind auch unsere eigenen Schlüsselbewertungen enthalten.«

Ed Dames' Männer sind nicht gerade das, was man für gewöhnlich als mediale »Naturtalente« bezeichnen könnte. Ihnen wurde vielmehr die Fähigkeit der gezielten Fernwahrnehmung von dem in diesem Buch häufig zitierten Sensitiven Ingo Swann antrainiert.

PSI TECH vermittelt nach einer von Swann ausgearbeiteten Methode FW-Fähigkeiten auch an Dritte. Die in Albuquerque, New Mexico, abgehaltenen Wochenkurse werden nach einem speziell für diese Schulungen entwickelten Handbuch durchgeführt, wobei die Studenten zwischen echter Fernwahrnehmung und Imagination bzw. trendabgeleiteten Schlüssen zu unterscheiden lernen.

Solche Workshops könnten sich irgendwann einmal als überflüssig erweisen, besonders dann, wenn auch bei uns die *Virtuelle Realität* auf breiter Basis Einzug hält. Nach Ansicht des Autors müßten sich ausgereifte »Realitätsmaschinen« für das Trainieren paranormaler Fähigkeiten als geradezu ideal erweisen.

2 *Virtual Reality – Psi-Training an der »Realitätsmaschine«*

Ein Mann steht vor der Fernsehkamera und demonstriert anhand eines Filmstreifens einem nach Millionen zählenden Zuschauerpublikum, wie man durch Visualisieren die gewaltigen Energieströme einer gerade aufgehenden Sonne in seinem Körper, seinen linken Arm, seine Hand und schließlich in seine Fingerspitzen eindringen läßt.

Die Finger seiner rechten Hand umschließen das Ende eines Löffelstiels. Er hat den Löffel fest im Griff. Mit einem Finger seiner »energetisch aufgeladenen« linken Hand fährt er auf der Ansatzstelle zwischen Stiel und Kelle hin und her. Und diese Stelle scheint plötzlich zu erweichen, ihre ursprüngliche feste Konsistenz zu verlieren. Plötzlich hält der Mann mit seiner Reibbewegung inne. Er ergreift das vordere Ende des Löffels, das er mit einem Ruck scheinbar mühelos um seine eigene Achse dreht.

Noch während der Sendung rufen Hunderte begeisterter Fernsehzuschauer im Studio an, um unter dem Eindruck des soeben Erlebten zu berichten, daß es auch bei ihnen zu Hause »geklappt« habe.

Man könnte nun einwenden, mit einer gewissen Kraftanstrengung, mit irgendwelchen Tricks ließen sich Biegeoperationen wie diese von jedem bewerkstelligen. Das mag für typische Kraftprotze bei Verwendung großer, handlicher Löffel durchaus zutreffen, nicht aber für Kinder oder körperlich schwache Personen, die es mitunter fertigbringen, Löffel und Gabel gleich mehrfach zu verdrehen. Auch dürfte dies nur dann möglich sein, wenn der Stiel tatsächlich eine Erweichungsstelle aufweist.

Wir haben einmal vor Jahren einer privaten Biegedemonstration beigewohnt, in deren Verlauf der durch zahlreiche Fernsehauftritte bekannte Ethnologe und Parapsychologe Dr. Walter Frank auf Wunsch meiner Frau vor unseren Augen einen Suppenlöffel offenbar mühelos einmal um seine Achse bog. Manipulationen waren völlig ausgeschlossen, da wir ihm einen x-beliebigen Löffel vom Frühstückstisch übergeben hatten.

Man muß sich fragen, wie es kommt, daß psychokinetische Effekte (Psi-Phänomene überhaupt) bei dem einen häufiger und bei dem anderen überhaupt nicht auftreten. Ist jeder Mensch anders disponiert? Und gibt es eine spe-

zielle Begabung für das Auslösen paranormaler und paraphysikalischer Phänomene? Heute ist man generell der Auffassung, daß Menschen, die Psi-Experimenten gegenüber positiv eingestellt sind – fest an deren Gelingen glauben –, höhere Erfolgsquoten aufweisen als solche mit einer skeptischen Einstellung. Aber: Zwischen »glauben wollen« und »fest an etwas glauben« – von etwas völlig überzeugt sein – besteht ein himmelweiter Unterschied. Das Gelingen eines Psi-Experiments setzt voraus, daß man wie ein kleines Kind zu glauben lernt, das von der Existenz eines Weihnachtsmannes und eines Osterhasen felsenfest überzeugt ist. Jemand, der sich auf Psi-Experimente einläßt, muß mit diesen gewissermaßen »verschmelzen«, einen Zustand erreichen, den der Princeton-Professor Robert Jahn als echte »Mensch/Maschine«-Interaktion bezeichnet. Er (sein Bewußtsein) muß mit dem zu beeinflussenden Objekt »eins werden«, über jeden Zweifel am Gelingen des Experiments erhaben sein. Dann erst wird (muß) dieses gelingen. Leider können nur wenige Menschen diesen Zustand des »echten Überzeugtseins« erreichen, da sie mit ihrem Wachbewußtsein ständig irgendwelchen Ablenkungen ausgesetzt sind, so daß die Verbundenheit mit dem Zielobjekt und der Aufgabe gar nicht erst zustandekommt.
Interessant ist, daß dieser Zustand der totalen Überzeugung mitunter auch bei sogenannten »Biegeparties« erreicht wird – Veranstaltungen, bei denen sich viele Menschen im Verbiegen von Besteckteilen versuchen. Hier kann ein gewisser »Ansteckungseffekt« beobachtet werden: Alle, denen auf Anhieb das Verbiegen eines Objekts gelingt, werden einen Teil der bis dahin Erfolglosen davon überzeugen, daß dieses Phänomen tatsächlich existiert und dadurch auch bei diesen den Biegeeffekt auslösen. Die Überzeugung vom Gelingen solcher Experimente kann erwiese-

nermaßen auch durch Filme ausgelöst werden, selbst wenn der gezeigte Hergang getrickst ist. Hier scheinen psychosomatische Faktoren mitzuwirken.

Das Hineinstimulieren in die Überzeugung von der Machbarkeit solcher Phänomene kann bei ausreichendem Imaginationsvermögen auch durch Schilderungen anderer, bereits erfolgreicher Personen, ja sogar durch bloßes Lesen einschlägiger Literatur erfolgen. Ich selbst erlebte nach dem Lesen des 1974 erschienenen Buches *Die astrale Doppelexistenz* von Dr. Susi Smith eine ganze Serie unfreiwilliger Astralkörperaustritte (AKEs) – eine Fähigkeit, die ich dann über einige Jahre sogar gewollt herbeiführen konnte, die mir aber im Laufe der Zeit wieder verlorenging. Damals war ich so fest von der Existenz dieses Phänomens überzeugt, daß es eines Tages abrupt bei mir einsetzte. Erlebt man AKE auch nur ein einziges Mal, ist die Überzeugung meist so groß, daß sie immer wieder auftritt. Fast könnte man von einem Automatismus sprechen.

Helene Hadsell, eine Amerikanerin, die in ihrem Schulungszentrum in Alvarado, Texas, die Bewußtseinsthematik behandelt, geht in ihrer Freizeit einem ungewöhnlichen Hobby nach. Sie hat es sich in den Kopf gesetzt, die seltene Fähigkeit der Levitation – das nach den Gesetzen der klassischen Physik nicht erklärbare freie Schweben von Personen und Objekten – zu erlernen.

Um sich selbst davon zu überzeugen, daß die Levitation des eigenen Körpers möglich ist, trainierte sie auf einem gewöhnlichen Trampolin. Indem sie dadurch, anders als bei normalen Luftsprüngen, die Dauer ihres Verweilens in der Schwerelosigkeit verlängern und sich psychisch auf einen doch ungewöhnlichen Schwebezustand einstellen konnte, hoffte sie im stillen, ihre Zweifel an der Durchführbarkeit von Levitationen zu überwinden. Obwohl sie zusätzlich

Yoga und Meditation praktizierte, war ihr kein Erfolg beschieden.

Bei einer ihrer Vorlesungen in Detroit wurde sie in der Pause überraschend von einem älteren Herrn mit der Bemerkung angesprochen: »Sie möchten eigentlich gar nicht wirklich levitieren, und ich denke, Sie werden erst dann daran glauben, wenn es ihnen tatsächlich einmal gelingt.« Dann zeigte er ihr, was sie tun müsse, um die Levitation einzuleiten: die Hände so, als ob sie schwimmen möchte, ausgestreckt halten, das Körpergewicht ausbalancieren, um eine Schieflage zu vermeiden.

Der Mann, der vorgab, bei seinen Spaziergängen in der Natur vor Bäumen levitieren zu können, muß Frau Hadsell irgendwie überzeugt haben. Und offenbar hatte sich diese Überzeugung in ihrem Unbewußten festgekrallt. Sie setzte ihre Trampolin- und Meditationsübungen unverdrossen fort, mehr denn je davon überzeugt, daß ihr das Abheben eines Tages doch einmal gelingen werde.

Ein paar Monate später, als sie sich früh am Morgen der Kirche auf dem Gelände der Universität von Dallas näherte, um dort dem Gottesdienst beizuwohnen, bemerkte sie auf einmal, daß sie etwa 15 Zentimeter vom Boden abgehoben hatte, daß ihr Körper frei in der Luft schwebte. Auf dem etwas abschüssigen Weg zur Kirche – sie war nur noch wenige Meter von ihr entfernt – gab es weder Büsche noch Bäume, an denen sie sich hätte festhalten können. Panik überfiel sie. Dann erinnerte sie sich der Empfehlung des alten Herrn in Detroit. Sie streckte ihre Arme aus und versuchte balancierend die Kirche zu erreichen. Ihr Blick war stur auf einen Pfeiler am Kirchenportal gerichtet. Als sie diesen schließlich erreicht und mit beiden Händen umfaßt hatte, glitt sie vorsichtig an ihm herunter. Zitternd vor Aufregung, schaute sie sich nach allen Seiten um, besorgt darüber, ob jemand ihre Hilflosigkeit bemerkt habe. Glücklicherweise hatte sich zum Zeitpunkt ihrer Levitation niemand in ihrer Nähe aufgehalten. Das aufregende Erlebnis sollte sich fortan nicht mehr wiederholen.

Levitationen treten zur nachtschlafenden Zeit, wenn das Bewußtsein, anders als im Wachzustand, durch keine äußeren Einflüsse abgelenkt wird, häufiger als bei Tage auf. Budd Hopkins, bekannt durch seine Bestseller über sogenannte Abduktionen (angebliche Entführungen durch Ufo-Entitäten), berichtet von einer Amerikanerin, die eines Nachts erwachte, um festzustellen, daß sie, wenige Meter von ihrem Bett entfernt, etwa 1,50 Meter horizontal über dem Fußboden schwebte. Sekunden später, nachdem sie die für sie unfaßbare Situation voll erfaßt hatte, stürzte sie ab, prallte sie mit aller Wucht auf einen unter ihr stehenden Stuhl, wobei sie sich schlimme Brustverletzungen zuzog.

Nur einer der üblichen Fälle von Schlafwandeln? Wohl kaum. Nach Berichten über Schlaf-»Fliegen« wird man in der medizinischen Fachliteratur vergeblich suchen.

Personen, die nicht gerade mediale »Naturtalente« sind, verdanken ihre Psi-Fähigkeiten häufig der Stimulation durch erfahrene Dritte oder durch ständiges Trainieren – immer fest davon überzeugt, daß ihnen eines Tages der Durchbruch gelingen werde. Diese oftmals langwierige Prozedur mit ungewissem Ausgang könnte sich womöglich schon in naher Zukunft als überflüssig erweisen, nämlich dann, wenn es die mit Hilfe der modernen Cyberspace-Technik – der Totalsimulation einer Computerrealität – geschaffene »Virtuelle Realität« (engl.: Virtual Reality) für das Antrainieren gewisser Psi-Fähigkeiten zu nutzen gelingt.

Unter »Virtueller Realität« (kurz: VR) versteht man grundsätzlich einen gedachten oder »Informations«-Raum, der, ebenso wie unser Bewußtsein – unsere Gedankenwelt – jenseits unserer materiellen Raumzeit angesiedelt ist. Hierbei handelt es sich offenbar um den gleichen »inneren Raum«, den der geniale englische Physiktheoretiker Professor David Bohm mit seiner »impliziten« (eingefalteten) Ordnung verstanden wissen wollte. Ihr gehört alles an, was nicht unmittelbar wahrgenommen werden kann, das im Hyperraum Verborgene, wie z. B. unsere Gedanken. Bohm stellt dieser impliziten eine explizite Ordnung gegenüber, unsere sichtbare Welt, die aufgrund der Unvollständigkeit unserer klassischen Physik, mangels holistischen Durchblicks, bedauerlicherweise als die einzig Existierende angesehen wird.

Virtuelle Realitäts-Einrichtungen – manche bezeichnen sie als »Realitätsmaschinen« – ermöglichen die Erkundung einer computergenerierten Welt, in die wir eintauchen und in der wir uns visuell wie haptisch (durch Greifen) bewegen können. Grundsätzlich wird zwischen drei Grundformen der VR unterschieden:

1. Bei der bekanntesten Methode wird mit zwei kleinen Bildschirmen und Kopfhörern im Helm sowie mit einem Datenhandschuh gearbeitet.

2. Videokameras versetzen das Bild eines oder mehrerer Benutzer in eine virtuelle Welt, in der diese mit virtuellen Gegenständen operieren. Dabei kann das Videobild auch in eine grafische Darstellung des Benutzers umgesetzt und diese in die virtuelle Welt eingespielt werden.

3. Es wird eine dreidimensionale Darstellung benutzt, die allerdings eine 3D-Brille erfordert. Als Alternative kann man die virtuelle Wert auf einen Flachbildschirm bzw. einen gekrümmten Schirm projizieren, um einen besseren »Eintaucheffekt« zu erzielen.

VR-Engineering – der Einsatz von Cyberspace-Systemen in allen Bereichen der Wissenschaft, Technik, Ausbildung, Kunst und Unterhaltung – dürfte im nächsten Jahrhundert einen Entwicklungsstand erreichen, der die Lebensweise zukünftiger Generationen total verändern wird. Mit dem Aufkommen »synthetischer Welten« wird eine Evolution bislang ungekannten Ausmaßes einhergehen, deren Folgen derzeit noch nicht überschaubar sind.

Gleichwohl gibt es heute schon erste Einsatzmöglichkeiten für VR-Maschinen, die sich aber, verglichen mit den projektierten Anwendungen, recht bescheiden herausnehmen. So führt z. B. ein Londoner Immobilienmakler mit einem Desktop-VR seine Interessenten in Luxusobjekten herum, in Häusern und Apartments, die er zuvor vielleicht selbst nicht einmal gesehen hat. Gleiches gilt für Objekte, von denen gerade einmal ein Bauplan vorliegt.

Die Autoren Barrie Sherman und Phil Judkins berichten über einen amerikanischen Möbelhersteller, der sich eines VR-Systems bedient, um den Käufern die Wahl bestimmter Stühle zu erleichtern, dem Angebotenen einen persönlichen Touch zu verleihen. Auf diese Weise lassen sich nicht nur neue Ideen realisieren, sondern auch Lagerhaltungskosten einsparen. Reiseveranstalter könnten mit VR Interessenten in die Urlaubswelt eintauchen und sie »vor Ort« am Freizeitgeschehen teilhaben lassen. Schnupperaufenthalte dieser Art wären sicher überzeugender als Prospekte oder Videostreifen.

Luft- und Raumfahrtunternehmen haben schon längst den Wert von VR-Strategien erkannt. Der von der NASA entwickelte LHX-Simulator soll bei der Konstruktion eines Leichthubschraubers Einsparungen von einer Milliarde Dollar ermöglicht haben, weil man durch Totalsimulation verschiedene Prototypen erst gar nicht bauen und erproben

mußte. Ein amerikanischer Flugzeughersteller benutzt ein spezielles VR-Programm, um Fluggastkabinen, die Sitzverteilung, Frachträume und die Cockpitgestaltung zu planen.
Da Reparaturen bzw. Montagen im Weltraum problematisch sein können, wird man diese in Zukunft von ferngesteuerten Telepräsenz-Robotern durchführen lassen, die von ihren auf der Erde oder im Raumschiff stationierten Bedienern mit Datenhelm und -handschuhen gesteuert werden. Alle Bewegungen des Operateurs werden vom Roboter nachvollzogen. Bei simulierter Tastempfindung (Kraft-Rückkopplung) »spürt« der Operateur sogar das, was der Roboter gerade greift. Selbst die Blickrichtung des Bedienenden wird von ihm simuliert. Das Phantastische an solchen Mensch/Maschine-Systemen ist die Tatsache, daß der Operateur, anders als bei den üblichen Fernsteuerungen, den Roboter selbst nicht sieht, sondern nur das, was dieser mit seinen Kamera-»Augen« erkennt. Mit anderen Worten: Der Operateur *bedient* nicht einfach einen Roboter – *er ist der Roboter.* Dabei könnte es durchaus vorkommen, daß er glaubt, *neben sich zu stehen,* obwohl er geradeaus schaut und dabei sein virtuelles »Ich« von der Seite betrachtet.
Im übertragenen Sinne geschieht dies auch bei sogenannten *Astralkörperaustritten,* was den Autor in seiner Überzeugung bestärkt, daß sich VR-Techniken in geradezu idealer Weise auch zum »Erlernen« paranormaler und paraphysikalischer Fähigkeiten eignen müßten.
In der virtuellen Realität wird das in unserer 3D-Welt physikalisch Unmögliche mit einem Mal machbar: Wir können körperlich unversehrt und ohne irgendwelche Spuren zu hinterlassen, d. h. ohne Gewaltanwendung, durch Wände gehen (Penetrieren und Teleportieren), wie bei Astralkörperexkursionen (AKEs) nach Art eines »Superman« mit

unserem Körper in einer fiktiven Landschaft dahinfliegen oder so wie Helene Hadsell frei in der Luft schweben (levitieren).

Da im VR-Zustand Dinge bzw. Vorgänge, anders als bei Bildern, Filmen und Fernsehdarbietungen nicht einfach nur betrachtet, sondern – scheinbar dreidimensional eingetaucht in eine synthetische Welt – als am dortigen Geschehen unmittelbar beteiligt erlebt werden, müßte jemand, der in der virtuellen Realität Psi-Fähigkeiten trainiert, diese nach einer gewissen Zeit auch in unserer 3D-Welt beherrschen. Anders ausgedrückt: Wenn jemand in der VR die Überzeugung gewinnt, daß alle diese physikalisch »absurden« Fähigkeiten tatsächlich realisierbar sind, müßte er theoretisch die »Vernunftshemmschwelle« überwinden und entsprechende Phänomene auch im Alltag hervorbringen können, zumal es genügend Sensitive gibt, die mit ähnlichen Leistungen die Existenz von Psi-Effekten längst bewiesen haben. Psychosomatische Mechanismen funktionieren offenbar nach einem ähnlichen Prinzip.

Totales Überzeugtsein kann realitätsverändernd wirken … kann »Berge versetzen«. Kommt noch hinzu, daß es eigentlich niemand gibt, der den Realitätsbegriff – er wirkt sich in unserer physikalischen, grobmateriell festgelegten Welt eher hindernd aus – so recht zu definieren weiß, denn nicht alles, was wir mit unseren fünf Sinnen erfahren, ist tatsächlich real. Behauptete doch der Biologe Richard Dawkins, daß sich der Mensch nicht am unmittelbaren Bezug zur Außenwelt orientiert, sondern durch ein im Gehirn erzeugtes virtuelles Faksimile. Und dieses virtuelle Modell erfährt nur dann eine Anpassung, wenn das Gehirn mit einer ausgeprägten Differenz zwischen Außenwelt und virtuellem Faksimile konfrontiert wird. Ein Beispiel soll das erläutern.

Was wir als Kind von unserer unmittelbaren Umgebung wahrnehmen – so unter anderem die Größe von Straßen, Plätzen, Gebäuden und Landschaften – erscheint uns (vielleicht nach jahrelanger Abwesenheit) im Erwachsenenalter ganz anders, meist viel kleiner, unbedeutender. Wir haben nämlich in unserem Gehirn die Vorstellung von diesen Örtlichkeiten so gespeichert, wie wir sie als Kind erfuhren. Und diese Realität ist eben eine andere als die, die wir als Erwachsene sehen. Die Maxi-Realität schrumpft im Alter zu einer Mini-Realität, was besagt, daß es offenbar viele voneinander abweichende Realitäten gibt, unabhängig davon, ob wir sie nun als subjektiv oder objektiv bewerten, denn in einem multidimensionalen Universum gibt es eine solche Unterscheidung ohnehin nicht. Keine kann, für sich allein betrachtet, als die einzig wahre bezeichnet werden.
Physiktheoretiker wie Professor John Hasted und Fred Alan Wolf glauben ohnehin, daß unsere gesamte Existenz in einer Art »Realitäten-Mix« stattfindet, einem Parallelwelt-»Theater«, in dem es durchaus vorkommen kann, daß physikalische und psychische Prozesse hin und wieder »verrückt spielen«. Dies braucht niemand zu verwundern oder gar zu erschrecken, denn paranormale und paraphysikalische Prozesse sind nun einmal Teil unseres Holo-Universums.

3 *Schöne neue Welt – Mit Psi ins dritte Jahrtausend*

Wieder einmal einer jener unangenehmen, naßkalten Märztage, die jeder zum Teufel wünscht, der die Wärme der Frühlingssonne herbeisehnt. Mich fröstelt, trotz meines mollig warmen Arbeitszimmers, trotz der guten Aussichten, dieses Buch bald abschließen zu können.

Das Kältegefühl scheint mehr von innen zu kommen, und dies nicht ohne Grund. Der Gedanke an all die schrecklichen Möglichkeiten eines volltechnisierten Psi-Szenariums, einer rein strategisch orientierten Psychotronik, läßt mich schaudern. Was mag wohl in den Köpfen derer vorgehen, die, ungeachtet der vielen anderen globalen Bedrohungen, zu allem Überfluß noch an eine Reglementierung und »Militarisierung« des menschlichen Bewußtseins denken?
Müssen wir uns angesichts dieser von staatlichen Stellen stets geleugneten oder doch zumindest verharmlosten Entwicklung, dieser Infiltration von innen, nicht energisch widersetzen? Aufklärung tut not. Sie könnte dazu beitragen, daß die Öffentlichkeit hellhörig wird, daß sie von Wissenschaftlern und Politikern gleichermaßen Rechenschaft fordert über Forschungsprojekte, die bei unzureichender Kontrolle in den »Untergrund« abzugleiten drohen.
Bewußtseinsforschung und Paraphysik werden nicht zuletzt durch die mit Supercomputern und »Realitätsmaschinen« gesammelten Erkenntnisse, durch den Umgang mit dem, was Kybernetiker als *Künstliche Intelligenz* (KI) bezeichnen, im nächsten Jahrtausend eine neue Qualität erreichen.
Wenn durch die virtuelle Simulation von Psi-Phänomenen – eine Art »Virtu-Training« – die Menschen der Zukunft mediale Fähigkeiten erlangen sollten, wenn dadurch geistige Hemmnisse beseitigt und unsere Aktivitäten transparenter, d. h. ehrlicher werden, könnte das nicht den Durchbruch bedeuten, hin zu einer Gesellschaft mit mehr Eigenverantwortung und Disziplin?
Hoffnung keimt auf: Vielleicht ist uns das Schicksal noch einmal gnädig, vielleicht driften wir dank PSI allmählich in eine humanere, ausgeglichenere Realität, in der wir Muße finden, uns vorurteilsfrei all den Phänomenen zu widmen,

die heute noch als *para-normal* unterbewertet werden, die aber, ungeachtet ihrer Flüchtigkeit, auf ein höheres Prinzip hindeuten. Dessen Erkundung und Beachtung erscheint heute mehr denn je dringend geboten.
Allen Unkenrufen zum Trotz hat die grenzwissenschaftliche Forschung in den letzten Jahrzehnten Erstaunliches geleistet, was nicht zuletzt auf die subtile Arbeitsweise renommierter Institute zurückzuführen ist. Wenn der militärische Aspekt – die Konkurrenzsituation Ost-West – zur Bewilligung ansonsten nicht zur Verfügung gestellter finanzieller Mittel nun indirekt auch der zivilen Psi-Forschung Vorteile bringt, hat der Wettstreit der Großmächte auf diesem Gebiet dennoch etwas Gutes bewirkt. Jetzt gilt es die Gunst der Stunde zu nutzen, den »Faktor Psi« zum Wohle der menschlichen Gesellschaft einzusetzen.

Begriffserläuterungen

Abduktionen: Behauptete kurzzeitige Entführungen von Personen durch hypothetische Ufo-Insassen, meist um an den Betroffenen medizinisch-biologische Untersuchungen oder Experimente vorzunehmen; ihr Realitätscharakter ist umstritten.

Außerkörperliche Erfahrungen (AKE): Auch: Astralreisen oder -projektionen. Hierunter versteht man das Loslösen des hypothetischen feinstofflichen Körpers (sog. Astralleibes) eines Lebewesens vom physischen Körper und seine Aussendung. Hierbei soll die Physis (unser grobstofflicher Körper) durch die sog. »Silberschnur«, eine Art feinstoffliche »Nabelschnur«, mit dem Astralleib verbunden sein.

»Aktionsoberflächen«: Begriff aus der Psychokinetik, geprägt von Prof. John Hasted, Universität London. Die vom PK-Medium ausgehenden psychokinetischen Kräfte setzen seiner Meinung nach am Zielobjekt flächig an und umgreifen dieses wie mit Tentakeln.

Apporte: Das physikalisch nicht erklärbare Herbeischaffen von Gegenständen, ohne erkennbaren Kontakt zu diesen.

ASW: Abkürzung für »außersinnliche Wahrnehmung«. Hierzu zählen unter anderem Telepathie, Hellsehen (Fernwahrnehmung), Präkognition (Vorauswissen) usw.

Backster-Effekt: Der Amerikaner Cleve Backster stellte 1966 mit Hilfe eines Lügendetektors (Polygraph) fest, daß Pflanzen beim

Bewässern oder Anbrennen der Blätter mit »Gefühlsäußerungen« reagieren. Schon der bloße Gedanke an die Zerstörung von Pflanzenteilen genügte, um den Zeiger eines angeschlossenen Polygraphen ausschlagen zu lassen. Der Autor vermutet emotionale Kontakte zwischen Mensch bzw. Tier und Pflanze auf paranormaler Ebene (HP-PP und AP-PP).

Bewußtseinsfeld (auch »*Gedankenfeld*«): Ein hypothetisches immaterielles Feld höherer Ordnung (geistiger Art), das die untergeordneten Biofelder (oder Bioplasmafelder) steuert.

Bewußtseinskoordinaten: Nach Professor R. Jahn, Princeton University, auch »weiche Koordinaten«. Gemeint sind die qualitativen Dimensionen jenseits unserer vierdimensionalen Raumzeit-Welt. Innerhalb der durch sie festgelegten immateriellen Bereiche (vgl. *implizite Ordnung*) treten paranormale und paraphysikalische Phänomene in Erscheinung.

»Bewußtseins«-Physik: Ein von Professor Robert Jahn und dem Autor geprägter Begriff, der postuliert, daß zur Erklärung von Psi-Phänomenen das geistige Prinzip (Bewußtsein) in die klassische Physik eingeführt werden muß. Übergänge sind im quantenphysikalischen Bereich zu erwarten.

Bioenergetik: Sie beschreibt Phänomene im Zusammenhang mit dem Erzeugen objektiv wahrnehmbarer Effekte ohne Inanspruchnahme bekannter physikalischer Kräfte oder Energien. Zur Bioenergetik gehören die Psychokinese im weitesten Sinne, antigravitative Phänomene, Energieumwandlungen, elektromagnetische Bewirkungen ohne hinreichende klassisch-physikalische Erklärung, unerklärliche chemische und biologische Prozesse, die offenbar unter Einwirkung des Bewußtseins ablaufen.

Biofeedback: Ein technisches Verfahren, mit dessen Hilfe sich bisher als unkontrollierbar geltende Körperfunktionen bewußt steuern lassen. Pulsfrequenz und Alphawellen des Gehirns werden für die Versuchsperson optisch und akustisch wahrnehmbar gemacht. Der Rückmeldeeffekt bewirkt, daß man nach einem gewissen Training die Körperfunktionen willentlich beeinflussen kann.

Biogravitation(sfeld): Hypothetisches, auf der Existenz sogenannter Biogravitonen aufbauendes Feld. Der russische Physiker W. Bunin definierte 1960 erstmals die Biogravitation als die »Fähigkeit lebender Organismen, Gravitationswellen zu erzeugen und zu empfangen«. W. Puschkin will mit diesen Feldern auch Psi-Phänomene erklären.

Biokommunikation (Psychotronik): Nach der russischen Definition versteht man hierunter sowohl die *Bioinformatik* als auch die *Bioenergetik*. Die Bioinformatik (ASW) umfaßt das Einholen bzw. den Austausch von Informationen ohne Inanspruchnahme der normalen Sinnesorgane, also auf »außersinnlichem« Wege. Die wichtigsten Erscheinungsformen der Biokommunikation sind: Hypnose (Bewußtseinskontrolle), Telepathie, Hellsehen (Fernwahrnehmung), Präkognition, Retrokognition, außerkörperliche Erfahrung, das »Sehen« mit den Händen und anderen Körperpartien (dermoptische Wahrnehmung), Inspiration, Wahrnehmung von Erscheinungen usw.

Biolumineszenz, ultraschwache: vgl. Biophotonen.

Biophotonen (auch: *UV-Photonen*): Ultraschwache elektromagnetische Ausstrahlung aller lebender Systeme im »optischen« Frequenzfenster von etwa 200 bis 800 nm (Nanometer-Bereich).

Bioplasma(feld) (kurz: *Biofeld*): Hypothetisches, biologisches Plasma(feld). Dem physischen Körper mit seinen Zellen, Molekülen, Atomen und Kernteilchen entsprechendes Energiefeld (vgl. *Hochfrequenzfotografie*).

»Branching Universe Theory«: Theorie vom sich ständig verzweigenden Universum. Sie ist in der »Viele-Welten-Interpretation der Quantenmechanik« von Wheeler, Everett und Graham enthalten und besagt, daß in jedem Sekundenbruchteil unzählige neue Universen (Realitäten) entstehen.

»Chronal«-Strahler (-Gewehr): Eine angeblich von russischen Wissenschaftlern entwickelte psychotronische Waffe, die auf der Erzeugung von »Zeitstrahlung« beruht. Sie soll sich aus *Chrononen,* den hypothetisch kleinsten Einheiten der Zeit, zusammensetzen. Der Autor vermutet, daß diese Waffe, sofern sie tatsächlich existiert, mentale Verwirrungszustände auslösen und das menschliche Bewußtsein zerstören könnte.

Cyborg-Prinzip (-Technik): Es besagt, daß über den Hyperraum, dem Operationsgebiet für Psi-Phänomene (Zeitkanal), nicht nur alle Lebewesen (deren Bewußtsein) untereinander, sondern diese auch mit allen unbelebten Objekten in unserem Universum in Verbindung stehen. Dies gilt auch für sog. virtuelle Objekte.

Doppelgänger: »Sichtbares«, feinstoffliches Double einer Person, das vom materiellen Körper räumlich etwas versetzt bzw. an einem anderen Ort erscheint. D. h., eine Person wird von Zeugen an zwei oder mehr Orten gleichzeitig gesehen, entweder als scheinbar vollmaterialisierte Erscheinung oder nur schemenhaft.

Doppelspaltexperiment: Nach den Regeln der klassischen Physik nicht erklärbar. Es zeigt die Doppelnatur der Materie: Elektronen verhalten sich einmal wie Wellen, ein anderes Mal wie Teilchen. Es wird erst nach dem von Thomas Bearden formulierten *vierten Gesetz der Logik (Meta-Logik)* verständlich.

Einstein-Podolsky-Rosen-Paradoxon (EPR-Paradoxon): Ein von den Physikern A. Einstein, B. Podolsky und N. Rosen ausgedachtes Gedankenexperiment. Es besagt, daß Teilchen aus einer Emissionsquelle auch dann, wenn sie schon beliebig weit auseinander sind, so tun, als könnten sie sich *simultan* verständigen, unabhängig von der Signalgeschwindigkeit.

Einzustands-Entitäten: In unserer vierdimensionalen materiellen Welt unterscheidet man zwischen Wellen und Teilchen; sie liegen nur in einem dieser beiden Zustände vor. Im nichtsichtbaren, virtuellen Zustand kennt man nur sogenannte *Zweizustands-Entitäten* – den Masse-Zeit-Verbund, sog. *Wavikels* (aus engl. »wave«, Welle, und »particle«, Partikel). Sie sind für uns nicht vorstellbar.

ELF-Wellen: engl. extra low frequency; etwa Niedrigstfrequenz-Wellen (1 bis 100 Hertz).

Energiesatz (auch: *Entropiesatz* oder *Zweiter Hauptsatz der Thermodynamik*): Bei allen Energieumwandlungen bleibt der Betrag der Gesamtenergie erhalten. Ferner: In der Natur geht der unwahrscheinliche Zustand der Ordnung von selbst in den wahrscheinlichen der Unordnung über.

Faradayscher Käfig: Ein »Käfig« aus bleiabgedichteten Blechen, Stäben und Maschendraht, der gegen elektromagnetische Felder abschirmt. Mit Hilfe solcher Vorrichtungen konnte man glaubhaft nachweisen, daß sich Psi-»Signale« nicht auf elektromagnetischem Wege fortpflanzen.

Felder, morphogenetische: Hypothetische, von dem englischen Biochemiker Rupert Sheldrake postulierte Felder, die er als transräumliche und transtemporale Verbindungsfelder – von Raum und Zeit nicht behinderte Gestaltungsmuster – verstanden wissen will.

Fernwahrnehmung (Hellsehen auf Distanz): Wahrnehmung fremder Örtlichkeiten aus der Ferne, für bestimmte Ausforschungsaufgaben auch nach vorgegebenen Zielkoordinaten.

»Flaschen«, elektromagnetische: Flaschenförmige elektromagnetische Pulsfeldstrukturen, die bei den umstrittenen Philadelphia- und sog. Montauk-Experimenten zur Erzeugung von Unsichtbarkeit bzw. später bei Zeitversetzungsexperimenten erzeugt worden sein sollen.

Gedankenobjekte: Gedachte, virtuelle Objekte, die jedoch in einer höherdimensionalen Welt (Realität) tatsächlich existieren. Nach Th. Bearden werden solche »Gedankenobjekte« in der Zeitkomponenten eines jeden Photons (Lichtteilchens) mitgeführt.

Geheimdienste:

Russische:	KGB und GRU (militärische Abwehr)
Amerikanische:	CIA: Central Intelligence Agency
	NSA: National Security Agency
	DIA: Defense Intelligence Agency
	DARPA: Defense Department Advanced Research Project

Gehirnwellen-Synchronisator (BWS): Elektronisches Gerät zur Hypno-Konditionierung von Einzelpersonen und Gruppen; auch zur Einleitung von Selbsthypnose geeignet.

Geistheilung (auch *psychische* bzw. *paranormale Heilung*): Ein schwer definierbarer Bereich therapeutischer Verfahren außerhalb der Schulmedizin. Der Geistheiler versucht den Krankheitsverlauf durch geistige Kräfte positiv zu beeinflussen. Man unterscheidet im wesentlichen zwischen Glaubens- und Gebetsheilung, Ritualheilung und der spiritualistischen Form der Geistheilung. Hierher gehört auch die sog. *Geistchirurgie*, der operative psychokinetische Eingriff zur Beseitigung innerer oder äußerer Krankheiten, wobei es zu De- und Rematerialisationserscheinungen, Penetrationen, Apporten, Teleportationen, spontanen Wundschließungen usw. kommt.

Gravitonen: Elementarteilchen des Gravitationsfeldes.

Hellsehen (auch: *Fernwahrnehmung*): Paranormales Erfahren von Gegenständen bzw. Sachverhalten in Gegenwart, Zukunft (Präkognition oder Vorauswissen) sowie Vergangenheit (Retrokognition oder Rückerinnerung, auch anhand von noch vorhandenen Gegenständen).

Hochfrequenzfotografie (auch: *Kirlian-Fotografie*): Ein von dem russischen Forscherehepaar S. D. und W. K. Kirlian entwickeltes Verfahren, organische bzw. anorganische Objekte im hochfrequenten Feld zu fotografieren (filmen). Inzwischen wurden für unterschiedliche Aufgaben zahlreiche Varianten dieses Verfahrens entwickelt. Die Aufnahmen zeigen offenbar eine Art »Reibungseffekt« zwischen normalen physikalischen Feldern und ihren feinstofflichen Feld-Entsprechungen (z. B. R. Sheldrakes *morphogenetische Felder*).

Hyperraum: Vorerst nur mathematisch erfaßbares Gebilde jenseits unseres 4D-Universums. Der raumzeit-freie Hyperraum dürfte als Abwicklungsbereich für Psi-Phänomene gelten.

Interferometer, psychotronisches (nach Th. Bearden): Ein Instrument, mit dem sich eine normale elektrische Welle in zwei *Skalarwellen* unterschiedlicher Laufgeschwindigkeiten zerlegen läßt. Treten diese wieder zusammen, entsteht ein elektromagnetischer Impuls, der als Vernichtungswaffe (Feuerball) benutzt werden kann. Bearden will aufgrund zahlreicher Beobachtungen von »Feuerbällen« in entlegenen Gegenden der Erde die Existenz von Skalar-Waffen bestätigt sehen.

Kausalität: Zusammenhang zwischen Ursache und Wirkung. Das Kausalitätsprinzip erfährt durch die Relativitätstheorie gewisse Einschränkungen. Vorauswissen (Präkognition) läßt sich nur akausal erklären; ein präkognitiv wahrgenommenes Ereignis läge schon zum Zeitpunkt der Verursachung fest.

Künstliche Intelligenz (KI): »Künstliche Intelligenz ist der Zweig der Computerwissenschaft, der sich damit befaßt, Computer so zu programmieren, daß sie Aufgaben ausführen können, die – wenn sie von einem Menschen ausgeführt würden – Intelligenz erfordern.« (Zit. Gevarter, W. B.: »Intelligente Maschinen. Einführung in die Künstliche Intelligenz und Robotik«; Weinheim 1987)

Levitation: Das klassisch-physikalisch noch nicht erklärbare freie Schweben von Objekten und Personen (Autolevitation). Der Autor vermutet hinter der Levitation das Wirken bioplasmatischer Stützfelder hoher Konzentration, die die Gravitation aufheben (antigravitative Wirkung).

Magnetometer: Instrument zum Messen magnetischer Feldstärken und des Erdmagnetismus.

Materialisationen (Verstofflichungen): Das Hervorbringen filmartiger, transparenter oder dreidimensional wirkender, scheinbar stofflicher Gebilde, die offenbar unter Einwirkung des Bewußtseins auf Bioplasmafelder zustandekommen.

Meta-Logik: Nach Th. Bearden: Das Gesetz der Grenzzustände. Alles, was den drei klassischen Logik-Gesetzen widerspricht, wird durch das vierte, das »Gesetz der Paradoxa« erklärt.

Mensch-Maschinen-Interaktion: Hier: Das Ankoppeln von Bewußtseinsprozessen an physikalische Systeme; das Einwirken des Bewußtseins auf elektronische Einrichtungen (vgl. *Psychotronik*).

»Mikroleptonische« Waffen: Genaue Beschreibung liegt noch nicht vor (Leptonen: Elementarteilchen mit einer geringeren Masse als Protonen). Könnten der Desorientierung des menschlichen Bewußtseins dienen.

Minilabors (von Cox): Es handelt sich hierbei um versiegelte Flaschen, in denen sich kleine Gegenstände befinden, die von außen psychokinetisch beeinflußt werden.

Mini-Schwarze und -Weiße Löcher: Mikroskopische Entsprechungen der kosmischen Schwarzen und Weißen Löcher. Ihr Durchmesser ist mit nur 10^{-33} cm kalkuliert worden (vgl. *Wurmlöcher*).

Mitose: Zellkernteilung (dabei: mitogenetische Strahlung).

Nebelkammer: Gerät zum Sichtbarmachen der Bahnen elektrisch geladener Teilchen in einem staubfreien Gas, das mit Wasserdampf übersättigt ist.

Neutrino: Masseloses Elementarteilchen ohne elektrische Ladung.

Ordnung, explizite: Entfaltete Ordnung; die für uns wahrnehmbare, materielle Welt in ihrer Gesamtheit.

Ordnung, implizite: Eingefaltete Ordnung. Alles für uns nicht unmittelbar Wahrnehmbare, Manifeste, d. h. alles Immaterielle (gem. D. Bohm).

Organisationsfelder: Hypothetische biologische Felder (R. Sheldrakes *morphogenetische Felder,* H. Drieschs *[L-]Lebensfelder,* W. Reichs *Orgon* usw.).

Orthorotation: Ein von Th. Bearden geprägter Begriff aus der Psychotronik. Durch Orthorotieren lassen sich sogenannte Gedankenobjekte (bestimmte Vorstellungen) in unseren dreidimensionalen Anschauungsraum (unsere materielle Welt) hineinstimulieren. Nach diesem Prinzip ist die gesamte Paraphysik zu verstehen.

Paradoxon: Ein Widerspruch in sich. Eine scheinbar zugleich wahre und falsche Aussage.

Paralleluniversum (Parallelwelt): Parallel zu unserem 4D-Universum existierende, für uns normalerweise nicht sichtbare Welten (vgl. *implizite Ordnung*). Nach F. A. Wolf gibt es Parallelwelten in unendlich großer Zahl.

Partikelstrahlwaffen: Wissenschaftler arbeiten schon seit Jahren an der gebündelten Freisetzung von Protonen- bzw. Neutronenstrahlen für wirksame Raketenabwehrwaffen. Ihre technische Realisierung scheiterte bislang am hohen Energiebedarf und an atmosphärischen »Hindernissen«.

Perzipient: Der Empfänger einer ASW-Information.

Pheromone: Lockstoffe (z. B. für Insekten).

Photonenvervielfacher (Photomultiplier): Gerät zum Nachweis der ultraschwachen *mitogenetischen Strahlung (Biophotonen).*

Plethysmograph: Gerät zur Messung von Umfangsveränderungen an den Extremitäten (z .B. an den Fingern). Hiermit lassen sich auch telepathische Kontakte nachweisen.

Poltergeistphänomene (Spuk): Auch: Spontane, wiederkehrende Psychokinese, gekennzeichnet durch unerklärliche Geräusche und physikalische Belästigungen (z. B. spontane Objektversetzungen, Levitationen; Bilder fallen von den Wänden oder drehen sich um ihre Aufhängung; Stühle, Tische und Schränke bewegen sich von selbst durch den Raum; Telefone wählen sich automatisch an; Computer werfen, ohne betätigt worden zu sein, unerklärliche Mitteilungen aus; Radio- und Fernsehapparate schalten sich von selbst ein oder aus; ohne erkennbare Ursachen treten Wasserschwälle oder Brände auf usw.).

Polygraph: Lügendetektor.

Präkognition: Das Vorauswissen um zukünftige, nicht erwartete, durch Trendverfolgung nicht abschätzbare Ereigniseintritte. Dieses Phänomen hebt die *Kausalität* scheinbar auf.

Psychofotos (Gedankenfotos): Offenbar auf psychokinetischem Wege mit oder ohne Kamera erzeugte Fotos.

Psychokinese (PK): Physikalisch vorläufig nicht erklärbare, psychisch ausgelöste Bewirkungen auf materielle Systeme (Bender 1974, nach Rhine 1946). Bewegungen und/oder Veränderungen von Körpern, ohne daß man deren Ursache mit den heutigen Mitteln der Wissenschaft erklären könnte. Die Existenz von PK wurde in den letzten Jahren vor allem an der Princeton University, Princeton (USA), von R. Jahn und B. Dunne experimentell einwandfrei nachgewiesen.

Psychotronik: Im weiteren Sinne: Hierunter versteht man nicht nur *psychokinetische Effekte,* sondern auch das gesamte Spektrum der *außersinnlichen Wahrnehmung,* wie *Telepathie, Hellsehen, Prä-* und *Retrokognition, AKE* usw.
Im engeren Sinne: Sämtliche *psychokinetischen Phänomene,* vor allem aber deren Stabilisierung und Reproduzierbarkeit mittels technischer Einrichtungen (Elektronik, Biophysik, neuronale Netzwerke, Computer, KI, Kybernetik, Virtuelle Realität [VR] usw.).

Quanten-Geometrodynamik: Geometrie der gekrümmten Raumzeit auf Quantenebene. Das von dem deutschen Physiker Burkhard Heim entwickelte Modell der Quanten-Geometrodynamik umfaßt 6 bzw. 12 Dimensionen. Die über die vier klassischen Raumzeit-Dimensionen hinausreichenden Dimensionen werden als *Transkoordinaten* (R. Jahn: »weiche« Koordinaten) bezeichnet.

Radar-»Trance«: Aktive Radaroperateure können bei längerer Bedienungsdauer gelegentlich in tranceartige Zustände geraten.

Radiästhesie: Die wissenschaftliche Untersuchung und die praktische Ausübung des Rutengehens und Pendelns.

Radionik: Spezialgebiet der Radiästhesie. Sie befaßt sich mit dem Herbeiführen energetischer Gleichgewichtszustände in den von der Natur vorgegebenen Organisationsmustern.

»Realitäts-Maschinen«: Geräte zur Simulation der Virtuellen Realität werden gelegentlich in Kurzform als »Realitäts-Maschinen« bezeichnet.

Realität, virtuelle (VR): Ein gedachter oder »Informationsraum«, der, genau wie unser Bewußtsein (Gedankenwelt), jenseits unserer materiellen Raumzeit angesiedelt ist.

Regressionsverfahren: Hypnotische Rückversetzung einer Person zur Klärung vergessener Sachverhalte.

Retrokognition: Hellsehen in die Vergangenheit.

SADDOR: (engl.) *Sa*tellite-*D*eployed *Do*wsing *R*od; etwa: satellitengestützte Wünschelrute bzw. Fernmutung über Satelliten.

SEAFARER: (engl.) *S*urface *E*xtremely-low-frequency radio wave *A*ntenna *F*or *A*dressing *RE*motely-deployed *R*eceivers: Unterirdische Antenne für extrem niedrigfrequente Langwellen zur

Kommunikation mit in großer Entfernung verteilten Empfangsstellen.

SHC: Abkürzung für (engl.) *S*pontaneous *H*uman *C*ombustion: spontane Selbstverbrennung; das ohne erkennbare Ursache erfolgende Selbstentzünden und Verbrennen eines lebenden Menschen.

Skalarwellen: Ein von N. Tesla geprägter Begriff für hypothetische nicht-hertzsche, nicht-elektromagnetische Wellen. Ein den Faktor Zeit berücksichtigender, vierdimensionaler Wellentyp.

Spinor-Torsionsfelder: Nicht näher definierte Felder; hierbei handelt es sich offenbar um psycho-aktive Felder zur Beeinflussung des menschlichen Bewußtseins.

Stimmenphänomene (Tonbandstimmen, Transkommunikation): Kontakte mit hypothetischen »Jenseitigen«, d. h. Bewußtseinsinhalten Verstorbener, die sich beim körperlichen Tod verselbständigt haben (vgl. Senkowski, E. O., *»Instrumentelle Transkommunikation«*, R. G. Fischer, 1989, 3. Aufl.).

Strahlung, mitogenetische: Diese bei der Zellkernteilung (Mitose) freiwerdende Strahlung wurde 1923 von dem russischen Biologen Alexander Gurwitsch postuliert. Es handelt sich hierbei um eine ultraschwache elektromagnetische Ausstrahlung aller lebender Systeme (*UV- oder Biophotonen*).

Superstring-Theorien: Sie ersetzen die von der Relativitätstheorie her bekannten »Weltlinien« durch »Geschichten von winzigen Fäden (sog. Strings)« und verwenden Hyperräume mit elf Dimensionen (nach I. v. Ludwiger).

Synchronizität: Gem. der Definition von C. G. Jung und Wolfgang Pauli (1952): Ein Prinzip, das die »sinngemäße Koinzidenz« zweier oder mehrerer Ereignisse erklären soll. Das kausal unerklärliche Zusammenstimmen von psychischen Erlebnissen bzw. Vorgängen und physischem Geschehen.

Tachyonen: Der amerikanische Physiker Gerald Feinberg postulierte 1967 diese hypothetischen überlichtschnellen Teilchen, die sich in der Zeit rückwärts bewegen würden. Sie könnten unter anderem das Phänomen der *Präkognition* erklären. Nach Auffassung vieler Wissenschaftler stellen die Tachyonen eine notwendige Ergänzung der Relativitätstheorie dar.

Tele-Hypnose: Telepathische Beeinflussung aus der Ferne; ihre Existenz wurde experimentell nachgewiesen.

Telepathie: Eine nicht durch die uns bekannten Sinne vermittelte Erfahrung eines fremdpsychischen Vorgangs. Übertragen werden Eindrücke, Ideen, Stimmungen, Bilder, Namen usw.

Teleportation: Das auf paraphysikalischem Wege erfolgende Versetzen eines Objekts oder Menschen an einen anderen Ort (vielleicht auch in eine andere Zeit).

Telepräsenz-Roboter: Diese Roboter werden über Kabel oder Funk von einem anderen Ort aus mittels Datenhelm und -handschuh ferngesteuert. Der Operateur hat das Gefühl, *am Ort der Handlung selbst anwesend zu sein.*

Tunneleffekt: Ein quantentheoretischer Effekt, demzufolge eine kurzzeitige Verletzung des *Energiesatzes* möglich ist. Er besagt, daß atomare Teilchen auch dann noch durch einen Energiewall hindurchtreten können, wenn ihre Bewegungsenergie nach der klassischen Mechanik nicht ausreichen würde, um die beim Anlaufen gegen den Wall auftretenden abstoßenden Kräfte zu überwinden.

Virtuelle Realität (VR): Siehe unter *Realität, virtuelle.*

VWI: Viele-Welten-Interpretation der Quantenmechanik: Sie bestätigt die Existenz praktisch unendlich vieler dimensional versetzter Welten (*Parallelwelten*). Wegen ihrer Verbundenheit mit allem Lebenden (Biosystemen) werden sie auch *Biofelder* genannt. Demzufolge besitzen Gedanken(objekte), Träume, Halluzinationen, Erscheinungen und andere Ausdrucksformen unseres Bewußtseins innerhalb ihres spezifischen Wirkungsbereiches einen ihrer Stofflichkeit angepaßten Realitätsstatus. Sie sind dort ebenso real und greifbar wie materielle Objekte in unserem 4D-Universum.

Wavikels: Kunstwort aus (engl.) wave: Welle und particle: Partikel(Teilchen). Es handelt sich hierbei um sogenannte *Zweizustands-Entitäten,* um etwas, das sowohl Welle als auch Teilchen ist (vgl. *Meta-Logik*).

Wurmlöcher: Grundeinheiten der Vernetzung, die im dreidimensionalen Raum zeit- und entfernungslos alles mit allem verbinden. Sie lassen sich dreidimensional nicht darstellen. Durch die ständig auftauchenden und wieder verschwindenden (virtuellen) Wurmlochverbindungen bewegen sich Signale, die eine *sofortige* Kommunikation zwischen allen Teilen des Raums erlauben (gewissermaßen zeitlos).

Zener-Karten: Ein aus 25 Karten und 5 Zeichen bestehendes Kartenspiel, das für quantitative ASW-Experimente benutzt wird. Mit ihm kann man feststellen, ob jemand über telepathische, hellseherische und/oder präkognitive Fähigkeiten verfügt.

Zustand, virtueller: Hier: ein in unserem 4D-Universum nicht realer, immaterieller Zustand; eine nichtstoffliche »Schablone« (vgl. Bohms *implizite Ordnung*).

Literatur

II Planspiele des Bewußtseins

Alexander, J. B.: *The New Mental Battlefield - Beam Me up Spock;* Military Review, Dezember 1980

Anderson, J.: *Yes, Psychic Warfare is Part of the Game;* Washington Post, 5. Feb. 1981

-: *CIA Toys With Extrasensory Weapons;* The Washington Post, 30. März 1981

An E.S.P. Gap - Exploring Psychic Weapons; Time, 23. Jan. 1984

Bearden, T. E.: *Excalibur Briefing;* San Francisco 1980

Bonin, W. F.: *Lexikon der Parapsychologie;* Bern/München 1976

Broad, W.: *Pentagon Is Said To Focus on ESP For Wartime Use;* The New York Times, 10. Jan. 1984

Cunis, R.: *Der Mols-Zwischenfall;* München 1981

DIA: *Paraphysics R & D - Warsaw Pact;* DIA Task No. PT-1810-18/76, 30. März 1978 (freigegeben)

Fire Support Mission Area Analysis (FSMMA); Anfang 1981

Franke, H.: *Lexikon der Physik, Bd. 3;* Stuttgart 1969

Gregory, A.: *Crackdown on Parapsychology;* New Scientist, 13. Feb. 1975

Gris/Dick: *Psi als Staatsgeheimnis;* Bern/München 1979

Große Sowjet-Enzyklopädie, Bd. 19; Moskau 1975

Harlacher, W. M.: *Das Unmögliche erreicht;* esotera 7/79

Hasted, J.: *The Metal Benders;* London 1981

Holden, C.: *Parapsychology Update;* nature, 2. Dez. 1983

Iwanenko, A. G.: *Cybernetic Systems with Combined Control;* Moskau 1967

Iwanenko, A. G.: *Polynominal Theory of Complex Systems;* IEEE Transactions on Systems, Man and Cybernetics, vol. 1, no. 4, 10/71

Journal of the Society of Psychical Research (JSPR); 4. April 1974

Klein, K.: *Psi unterm Sowjetstern;* Europa, 31. Jahrg. 12/80

Korrespondenz des Autors mit M. Truzzi; Eastern Michigan University, 2. Juni 1981

Krippner, St.: *Song of the Siren;* New York 1975

Krippner, St., Davidson, R.: *Parapsychology in the USSR;* Saturday Review, 15. Mai 1977

LaMothe, J. D.: *Controlled Offensive Behaviour – USSR;* Office of the Surgeon General, Medical Intelligence Office; Dez. 1990 entklassifiziert

Lewis, F.: *Soviet Research in Parapsychology for Military Uses;* The New York Times, 19. Juni 1977

Lwow, W.: *Mythen und Realität in der Sowjetunion;* Le Monde, 4. August 1976

McConnell, R.: *Parapsychology in the USSR;* J. of Parapsychology, 39/1975

Maire III, L. F., LaMothe, J. D. Major, MSC: *Soviet and Czechoslovakian Parapsychology Research;* Defense Intelligence Agency; 15. April 1975

Military Leadership; Headquarters, Dept. of the Army, Wash., D.C., FM 22-100 (31. 10. 1983)

Naumow, E. K.: *Phenomenon of Human Nature;* Moskau 1993

Ostrander/Schroeder: *PSI;* Bern/München/Wien 1972

Reif, A.: *Psychotronik – Eine neue Dimension der Rüstung;* Ein Gespräch mit Ernst Meckelburg, München 1982

Reppert, B.: *Soviets Lead in »Psychic Warfare« Race;* durch Korrespondenz mit M. Ebon, 7. Nov. 1983

Ryzl, M.: *Neue Impulse im Osten;* esotera 2/82

Stone, W. C., Growning, N. L.: *The Other Side of the Mind;* Englewood Cliffs, N.J. 1964

Targ, R., Harary, K.: *Inside Soviet Psychic Research Labs;* Fate 11/84

Welinow, I.: *Recent Soviet Experiments in Telepathy;* Foreign Science Bulletin, 4,8/68
Wassiliew, L. L.: *Experimentelle Untersuchungen der Mentalsuggestion;* Bern/München 1965
Warson, L.: *Herausforderungen und Chancen,* aus: Heiler und der Heilprozeß; München 1980
What is Psychotronics?; J. of Paraphysics, 8/74
Wilhelm, J. L.: *Psychic Spying?;* The Washington Post, 7. April 1977

III Psi für den Ernstfall – Die Para-Truppe

Alexander, J. B.: *The New Mental Battlefield – Beam Me up, Spock;* Military Review, Dez. 1980
An ESP Test from »Apollo 14«; J. of Parapsychology, vol. 35, no. 2, Juni 1971
Bohm, D.: *Wholeness and the Implicate Order;* London 1980
Bonin, W. F.: *Lexikon der Parapsychologie;* Bern/München 1976
Brodeur, P.: *Mikrowellen – Die verheimlichte Gefahr;* München 1980
Dunne, B. J., Jahn, R. G., Nelson, R. D.: *Precognitive Remote Perception;* Princeton, Aug. 1983
Dunne, B. J., Nelson, R. D., Jahn, R. G.: *Operator-Related Anomalies in a Random Mechanical Cascade;* J. of Scientific Exploration, vol. 2, no. 2, 1988
Dunne, B. J., Jahn, R. G.: *Experiments in Remote Human/Machine Interaction;* Princeton, N.J. 1991
Ebon, M.: *Direkte Visionen von Küste zu Küste;* esotera 4/81
Estabrooks, G. H.: *Hypnotism;* E. P. Dutton and Co., Inc. 1955
Gris/Dick: *PSI als Staatsgeheimnis;* Bern/München 1979
Harrison, M.: *Fire From Heaven;* New York 1976
Hasted, J.: *The Metal Benders;* London 1981
Hopkins, B.: *Ufo Abductions – The Physical Dimension;* The

Bulletin of the Intruders Foundation, vol. 1, no. 1, Herbst 1989
Jahn, R. G.: *The Complementarity of Consciousness;* Princeton, PEAR 910086, Dez. 1991
Jung, C. G.: *Das Geheimnis der goldenen Blüte;* Olten/Freiburg 1971
Kogan, I. M.: *Ist Telepathie möglich?;* Radiotechnika, Bd. 21, Nr. 1, 1966
–: *Telepathie – Hypothese und Beobachtungen;* Radiotechnika, Bd. 22, Nr. 1, 1967
–: *Informationsanalyse von Experimenten mit der telepathischen Kommunikation;* Radiotechnika, Bd. 23, Nr. 3, 1968
Korrespondenz des Autors mit der Defense Logistics Agency; Alexandria/Virginia (USA), 5. Nov. 1981
Krippner, St.: *Song of the Siren;* New York 1975
LaMothe, J. D.: *Controlled Offensive Behaviour – USSR;* Office of the Surgeon General, Medical Intelligence Office, Washington, D.C., Aug. 1981
McRae, R., Merrow, S.: *Psychic Warfare;* The Investigator, Oktober 1981
Maire III, L. F., LaMothe, J. D. Major, MSC: *Soviet and Czechoslovakian Parapsychology Research;* Defense Intelligence Agency, 15. April 1975
Meek, G. W.: *Heiler und der Heil-Prozeß;* München 1980
–: *Manuskript eines am 6. April 1982 vor dem National Press Club, Washington, gehaltenen Vortrags;* Dr. R. Determeyer
Michrowski, A.: *USSR ELF Emissions;* The Investigator, Okt. 1981
Moser, F.: *Das große Buch des Okkultismus;* Olten 1974
Musès, Ch.: *Trance States, Precognition and the Nature of Time;* J. for the Study of Consciousness, Bd. 5, Nr. 1, 1972
Naegeli-Osjord, H.: *Die Logurgie in den Philippinen;* Remagen 1977
Naumow, E., Fesenko, R.: *An was wir jetzt arbeiten;* Wissenschaft und Religion, Sept. 1966

New Scientist; 14. Febr. 1980
Ostrander/Schroeder: *Vorauswissen mit Psi;* Bern/München/Wien 1975
–: *PSI-Training;* Bern/München 1982
Parnow, Je.: *Das Neutrino – warum nicht?* Wissenschaft und Religion, Nr. 3, 1966
Popp, F.-A.: *Electromagnetic Bio-Information;* München/Wien/Baltimore 1979
Puharich, A.: *Beyond Telepathy;* New York 1962
Puthoff, H. E., Targ, R., May, E. C.: *Experimental Psi Research: Implications for Physics;* SRI-Papier, Houston, Tex., 3.–8. Jan. 1979
Rae, J. P.: *The Algonquin Experiments;* Ottawa 1978
Rogo, S.: *Die Abwehr von Psi-Angriffen;* esotera 2/85
Schukoborsky, S.: *An Experimental Approach to the Study of Psychic Healing,* in: Parapsychology in the USSR, Part III; San Francisco
Smith, J.: *Paranormal Effects on Enzyme Activity;* Professional Paper No. 2, Human Dimensions, vol. 1., no. 2, 1972
Stelter, A.: *Psi-Heilung;* Bern/München 1973
Sunday People; 14. März 1976
Swinka-Zielinski, L.: *Wolf Messing;* Newsletter of the Parapsychology Foundation, Jan./Feb. 1969
Uphoff, W. H.: *Der Geist in den Flaschen;* esotera 3/83
Vaughan, A.: *Psi-Schock 1984;* esotera 2 und 3/82
Wassiliew, L. L.: *Mysteriöse Phänomene der menschlichen Psyche;* Moskau 1959
–: *Experimentelle Erforschung der Mentalsuggestion;* Leningrad 1962
Wilenskaja, L.: *Parapsychology in the USSR, Part. III;* San Francisco 1981
Wilhelm, J. L.: *Psychic Spying?;* Outlook/Washington Post, Sunday Magazine, 7. Aug. 1977

IV Wissenschaft im Umbruch – Ohne Bewußtsein geht nichts

Bearden, T. E.: *Excalibur Briefing;* San Francisco 1980
Castaneda, C.: *Der Ring der Kraft – Don Juan in den Städten;* Frankfurt 1974
Coe, M. R.: *True;* 8/57
Eccles, J. C.: *Hirn und Bewußtsein;* Mannheimer Forum 77/78, Mannheim: Boehringer GmbH, 1978
Everett, H. III : *The Many Worlds Interpretation of Quantum Mechanics, a Fundamental Exposition;* Princeton 1973
Ferguson, K.: *Das Universum des Stephen Hawking;* Düsseldorf/ Wien 1993
Feynman, R. P., Leighton, R. B., Sands, M.: *The Feynman Lectures on Physics;* vol. 1, Menlo Park 1963
Floyd, K.: *Of Time and the Mind;* Fields within Fields, Nr. 10, Winter 1973/74
Hasted, J.: *The Metal Benders;* London 1981
Jahn, R. G.: *The Persistent Paradox of Psychic Phenomena – An Engineering Perspective;* Proceedings of the IEEE, vol. 70, no. 2, Feb. 1982
Jahn, R. G., Dunne, B. J.: *Margins of Reality;* Orlando 1987
Johari, H.: *Das Große Chakra-Buch;* Freiburg 1979
Kosyrow, N. A.: *Possibility of Experimental Study of the Properties of Time;* Arlington, 2. 5. 1968
Meckelburg, E.: *Der Überraum – Expeditionen ins Unfaßbare;* Freiburg 1978
–: *Zeittunnel – Reisen an den Rand der Ewigkeit;* München 1991
–: *Transwelt;* München 1992
Meek, G. W.: *Heiler und der Heil-Prozeß;* München 1980
Resch, A.: *Aspekte der Paranormologie;* Innsbruck 1992
Sarfatti, J., Toben, B.: *Space-Time and Beyond;* New York 1975
Toben, B.: *Raum-Zeit und erweitertes Bewußtsein;* Essen 1980
Walker, E. H.: *The Nature of Consciousness;* Mathematical Bio-Sciences, Nr. 7, 1970

Wertz, E. C.: *Novel Biophysical Information Transfer Mechanism;* Torrance, CAL, 14. Jan. 1976
Wheeler, J. A.: *Superspace and the Nature of Quantum Geometrodynamics;* New York 1967

V Psychotronische Manipulationen – Zwischen Fiktion und Wirklichkeit

A Flash of Light; Newsweek, 5. Nov. 1979
Alla Vinogradowa: Demonstration in Moscow; J. of Paraphysics 6, 1972
Atkinson-Scarter, H.: *Symphatie-Magie und Zaubermedizin;* Berlin 1960
Bach, L. M. N.: *Tulane Symposium on Flicker;* New Orleans, Louisiana, 6. April 1957
Beck, R. C.: *Extreme Low Frequency Magnetic Fields and EEG Entrainment;* AT-Newsletter, April 1978
Beets, M. G. J.: *Odour Similarity Between Structurally Unrelated Odorants;* CIBA Foundation Symposium on Mechanisms of Taste and Smell in Vertebrates, London, 23.–25. 9. 1969
Brand, I.: *Ungewöhnliche Eigenschaften nichtidentifizierbarer Lichterscheinungen;* MUFON-CES 1978
Brodeur, P.: *Mikrowellen – Die verheimlichte Gefahr;* München 1980
Dodge, C.: *The Soviet Potential for Visual Countermeasures Operations (S/NFD);* NAVSTIC Draft, Medical Intelligence Office, 29. Sept. 1971
Fox, B.: *Through the electromagnetic minefield;* New Scientist, 30. Sept. 1989
Goodavage, J.: *The Great Psionics Put-Down;* Fate 4/81
Harrowell, R.: *Somewhere, over the horizon, radar pulses;* New Scientist, 31. Aug. 1991
Information Report 00-B-321/03044-70; 13. Feb. 1970
Kasnachejew, V. P. et al.: *Distant Intercellular Interactions in a*

System of two Tissue Cultures; Psychoenergetic Systems, 1/76
Korrespondenz des Autors mit dem »Russian Ufology Research Center«, Tarzana, CA (USA)
Kulagin, V. V.: *Nina Kulagina;* J. of Paraphysics, 5/71
LaMothe, J. D.: *DIA: Controlled Offensive Behaviour - USSR;* Office of the Surgeon General, Medical Intelligence Office; entklassifiziert Dez. 1990
Litsitsyn, S. K.: *New Approach to the Analysis of Electroencephalograms;* Defense Documentation Center, AD 730045
Naegeli-Osjord, H.: *Die Logurgie in den Philippinen;* Remagen 1977
Nichols, P. B., Moon, P.: *The Montauk Projects - Experiments in Time;* New York 1992
Playfair, G. L.: *The Indefinite Boundary;* St. Albans 1977
Ponte, L.: *The Menace of Electric Smog;* Reader's Digest 1/80
Popp, F.-A. et al.: *Electromagnetic Bio-Information;* München/Wien/Baltimore 1979
Popp, F.-A.: *Bio-Kommunikation;* Labor 2000, 1987
Radionics, Fact or Fiction?; Sonderdruck der Delaware Laboratories Ltd., Oxford (GB)
Schaffranke, R.: *An International Overview of Non-Conventional Energy Research;* Planetary Association for Clean Energy, Newsletter, vol. 3, Dez. 1981
Schneeball des Wissens und der Liebe; (Zusammenfassung über die »Montauk«-Experimente; Zusendung Feb. 1994, anonym)
Scientists Fail to Solve Vela Mystery; Science, vol. 207, 1. Feb. 1980
Stark, W.: *Marah;* Genf 1975
Tompkins, P., Bird, Ch.: *Das geheime Leben der Pflanzen;* Bern/München 1974
Warson, L.: *Geheimes Wissen;* New York 1973
Whittacker, E. T.: *Proc. Lond. Math. Soc. 1/1903*

Alexander, J. B., Groller, R., Morris, J.: *The Warriers Edge;* New York 1990
Arthur, Ch.: *Did reality move for you?;* New Scientist, 23. Mai 1992
Cross, M.: *Japan's quest for the brainy computer;* New Scientist, 26. Jan. 1991
Eintauchen in die Welt des Computers; VDI-Nachrichten, Nr. 14, 3. April 1992
Huneeus, J. A.: *The PSI TECH story;* Fate 9/93
Korrespondenz des Autors mit Ed Dames, PSI TECH; 10. 11. 1993
Meckelburg, E.: *Sechster Sinn;* Wirtschaftswoche Nr. 6, 5. 2. 1988
-: *Transwelt – Erfahrungen jenseits von Raum und Zeit;* München 1992
PSI TECH-Publikationen
- *Global Competitive Strategies*
- *PSI TECH Operations*
- *Additional General Information about PSI TECH*

Radaj, D., Michel, P.: *Werden Computer wie Menschen sein oder Menschen wie Computer?;* Technische Rundschau 5/90
Sherman, B., Judkins, P.: *Virtuelle Realität;* München 1993
Stonehill, P.: *Soviet Psychic Warfare;* Fate 2/94

Register